The Report on the Development of China's Foreign Trade:
Focus on Trade in Technology Goods

中国对外贸易发展报告

——技术贸易篇

曲如晓　杨　修　刘　霞／著

中国财经出版传媒集团
经济科学出版社
Economic Science Press

前言

党的十九大报告指出，要“拓展对外贸易，培育贸易新业态新模式，推进贸易强国建设”。当前，中国正处于贸易大国向贸易强国迈进的关键阶段。技术贸易是国际贸易的重要组成。加快推动技术贸易发展，实现贸易结构的转型升级，对于贸易强国建设具有重要的理论和现实意义。自加入世界贸易组织以来，中国技术贸易取得了快速发展，技术贸易结构逐渐优化，技术贸易合作伙伴日益扩大，企业研发投入规模不断增加，技术研发实力日益增强。然而，中国技术贸易仍然面临着技术贸易逆差、国内制造业技术进口依赖度偏高、部分关键技术领域国际竞争力亟待加强等问题，这些问题制约着中国贸易强国、创新型国家的建设。在此背景下，系统总结和梳理中国技术贸易发展现状，找到中国技术贸易发展的问题，提出新时代中国技术贸易发展的对策与建议，对于贸易强国建设具有重要意义。基于上述考虑，我的团队，即北京师范大学全球化与创新研究团队选择技术贸易作为中国对外贸易发展报告的主题进行研究与撰写。

本报告继续前几期的研究架构，包括八章内容。其中，第 1 章为导论，重点从本报告选题的研究背景和研究意义进行介绍，并围绕技术贸易对国内外文献进行总结与梳理，为报告后续章节的撰写奠定理论基础。第 2 章为技术贸易的概念与分类统计，对技术贸易概念、技术贸易统计框架等核心内容进行界定，是本报告研究的基石。第 3 章从技术服务的视角，对中国技术服务贸易的发展现状、存在问题与典型案例进行总结与分析，以期全面系统地呈现中国技术服务贸易发展的事实与特征。第 4 章从高技术产品的视角，对中国高技术产品贸易的发展现状、合作伙伴、存在问题等核心内容进行了系统梳理与分析。第 3 章和第 4 章相互并列，互为补充，全面客观地分析了中国技术贸易发展的事实和特征。第 5 章聚焦合作国别，分析了中国与美国、德国、日本、英国、荷兰、以色列以及北欧四国等全球科技创新强国之间的技术贸易合作与发展情况，明确双边技术贸易发展特点、重点与问题。

本报告的第 6 章至第 8 章为专题研究，分别从技术距离、技术出口管制与技术贸易壁垒的角度对中国技术贸易发展进行分析。第 6 章重点研究了技术距离对中国高技术产品贸易影响的理论机制，通过测度中国与世界主要国家技术差异程度，分别实证估计了技术距离对世界主要国家高技术产品贸易、中国高技术产品贸易的影响，进一步检验技术距离在国家高技术产品贸易中的作用。第 7 章研究了技术出口管制与中国高技术进口，特别对美国技术出口管制与中国高技术产业发展进行了重点研究，并提出相应的对策与建议。第 8 章重点聚焦技术贸易壁垒，在对技术贸易壁垒概念和分类进行统一界定的基础上，分析了技术贸易壁垒的经济效应，并对中国面临的技术贸易壁垒进行了总结与分析。

当前，“逆全球化”思潮在一些西方国家抬头，中美贸易战持续升温，全球保护主义趋势愈发明显，中国经济和科技创新实力的快速发展引起了西方发达国家的关注，中国在关键技术领域面临的限制与挑战不断增加。那么，中国技术贸易未来将如何发展？如何发挥技术贸易在贸易强国建设中的重要作用？这些问题都是我们亟须思考并给出答案的。我们希望本报告的研究内容，可以对上述问题的回答提供一定的思路与参考。

曲如晓

2019 年 8 月

目　录

Contents

第1章

导论

随着经济全球化的不断发展，科学技术作为最活跃、最具革命性的生产要素，日益成为国家竞争力的核心体现。在人工智能、大数据、云计算、区块链等技术应用不断涌现的背景下，技术的可贸易性不断增强，大力发展技术贸易是新一轮科技革命和产业变革的客观需要，是实现经济高质量发展的必然要求，是创新型国家建设的必由之路。同时，中国正处在经济发展的转型时期，大力发展技术贸易也已成为全社会的共识，也是中国参与全球治理和国际竞争的主要形式之一。

党的十九大报告强调“推进贸易强国建设”。贸易强国关键要发挥科技创新的重要支撑作用，要积极鼓励和支持技术贸易发展，提升技术贸易在我国对外贸易结构中的比重。改革开放以来，我国产业通过引进技术的消化吸收和再创新与自主创新，实现了传统产业的转型升级，形成了较为完备的工业化体系，在装备制造、信息通信、基础设施等领域拥有大量成熟的工业化技术，产品技术含量和质量显著提升，推动了我国在航空航天、信息通信、电力、石油勘探、汽车制造等领域的技术产品与服务出口，优化了我国对外贸易结构，有力地推动了我国贸易高质量发展。然而，我国技术贸易发展起步较晚，与美国、德国等发达国家存在差距，在很多关键技术领域对国外依赖度较高，航空航天、信息通信等产品国际竞争力有待进一步提高。在“逆全球化”与“全球化”相互交织的今天，部分发达国家在一些关键技术领域加以防备，如何合理地、有效地引进国外先进技术及有关设备，推动我国先进适用技术和高技术产品“走出去”，特别是加强与“一带一路”国家和地区的技术贸易合作，对于贸易强国建设具有重要的现实意义。

1.1 研究背景

1.1.1 中国技术贸易发展迅速，技术转移和转化体系日益完善

近年来，中国深入实施创新驱动战略，坚持以创新引领发展，持续释放创新活力，促进技术贸易的迅速发展。截至2017年底，中国已与130多个国家和地区建立了技术贸易联系。2017年中国技术进出口总额达到557亿美元，同比增长约27%。① 因此，发展技术贸易不仅是中国“科技兴贸”战略的重点，也是中国发展社会经济、提升国际竞争力、培育新外贸增长点的关键所在。

中国技术贸易迅速发展的同时，技术转移体系和技术转化制度也日益完善。目前，中国各类技术交易市场已经超过了1 000家，2017年中国技术合同成交额约为1.34万亿元人民币，同比增长17.7%。其中，涉及专利的技术合同就超过了1.5万项，成交额超过1 400亿元人民币。在不断完善的体系和制度下，近37万项科技成果通过各类技术市场转移、转化，催生出大量新产品、新产业和新的商业模式，形成推动经济高质量发展的强大动能。② 随着“一带一路”倡议的不断推进，中国与沿线国家和地区在技术上的合作交流也日益频繁，在技术转移体系不断完善的背景下，中国应充分利用平台优势，加快信息技术建设。

①② 《中国已与130多个国家建立技术贸易联系》，http://cul.chinanews.com/cj/2018/04-19/8495399.shtml，2018年4月19日。

1.1.2 国际技术壁垒逐步替代关税成为主要的贸易保护措施

在中国技术贸易迅速发展，自主创新能力和科技成果转换率不断提升的同时，中国所面临的国际经济环境的不确定性仍然存在，技术壁垒正逐步替代关税成为主要的贸易保护措施。根据世界贸易组织（World Trade Organization，WTO）2016年统计数据，技术性措施、卫生和植物检疫措施在全球非关税措施总数中占比高达83.3%。[①] 随着发达国家最低生产技术标准的不断提高和对进口产品质量要求的日益严格，对于从事进出口贸易的企业而言，国际技术性贸易壁垒会增加其在国际市场的竞争压力，只有通过不断创新提高生产技术水平，提高产品质量才能在国际市场立足。所以，为了打破拥有先进技术的大国在技术贸易领域的垄断地位，应对瞬息万变的国际经济局势，中国应该鼓励高技术企业加大研发投入，不断提高自主创新能力，进而大力发展对外技术贸易。通过高技术产品进出口贸易，学习和吸收国外先进技术，提高中国技术水平，增强出口企业的国际竞争力。

1.2 研究意义

技术贸易作为科技创新和市场的纽带，在推动产业优化升级、增强企业创新能力、培育经济增长新动能等方面发挥着日益重要的作用，是中国建设创新型国家的重要助推器和加速器。在中国出口贸易转型升级之际，研究对外技术贸易的发展现状和趋势，深度剖析未来进一步发展对外技术贸易所存在的问题，并对此提出相应的对策建议，具有非常重要的理论意义和现实意义。

首先，积极发展对外技术贸易符合“十三五”发展规划纲要中关于高技术

① 王婉如：《技术标准、贸易壁垒与国际经济效应研究——基于“一带一路”沿线国家的实证分析》，载于《国际贸易问题》2018年第9期。

产业发展的基本要求，有利于中国推进供给侧改革。在世界信息科技产业迅猛发展的趋势下，中国经济发展已经进入了新常态，创新驱动对经济增长的重要性更加突出。国家高度重视高技术产业发展，通过淘汰落后产能，重点培育创新型企业，加大对科技创新的支持力度，为企业的成果转换建立高技术产业园区、高新产业基地、自主创新示范区等各种平台。鼓励创新，发展高技术产业，促进对外技术贸易，这有利于中国更好地实现“四个率先”：率先形成有利于“大众创业、万众创新”的创新创业生态和高效率的创新体系；率先形成具有全球竞争力的创新型产业格局；率先形成绿色协调发展的科技产业新城区；率先形成开放共享、深度融入全球经济体系的发展平台。

其次，对外技术贸易是提高企业创新能力、推动产业结构优化升级的重要举措。企业要成为市场经济的创新主体，实现技术的不断升级，不仅需要加大研发投入、提高人力资本水平，更需要先进的技术资源作为引导。通过研究中国对外技术贸易的发展趋势和未来前景，正视企业发展过程中存在的不足，了解同行业中国内外先进技术水平，为中国企业创新能力提升寻求先进技术来源。分析目前技术贸易发展存在的问题和面临的挑战，鼓励企业合理配置研发人员数量，注重高级人力资本要素的积累，充分利用国外先进技术所产生的外溢效应，通过学习、模仿和吸收这些先进技术，进而不断创新，提高企业生产效率。对整个行业而言，合理配合各种要素资源，加强行业制度和基础设施方面的建设，推动产业结构优化升级。

所以，在中国经济进入高质量发展和全面开放的新阶段，从不同层面研究中国对外技术贸易的发展趋势，推动中国技术贸易的进一步发展，对于促进高技术产业结构优化升级，提高企业自主创新能力，提升产品国际竞争力有非常重要的意义。

1.3 文献综述

国内外学者对国际技术贸易的研究主要集中在以下几方面：技术贸易现状

（封荔，2018；张仁开，2004；赵永宁，2003）、技术引进研究（孙建、吴利萍，2009；彭峰，2013；王伟光、冯荣凯，2015）、技术产品贸易（林玲，2007；顾学明，2012；陈继勇，2010；陈颖芳，2011；张丹，2013），以及技术产品贸易与知识产权（刘娟，2011；陈丽静，2012；胡晓，2011；柴江艺，2011；余长林，2011；许陈生，2012；沈国兵，2010）等。

我国对外技术贸易的总体特征表现为规模迅速扩大、国际地位不断提升（封荔，2018），这种现象的产生主要是因为科学技术进步加速了科学技术成果的迅速转化，以及跨国公司的全球扩张促进了各国高新技术的经济合作（张仁开，2004）。现阶段，我国技术贸易的格局从最初的引进成套设备和流水线为主要方式向专利技术许可、合作研发等高附加值的“软技术”贸易转型。并且随着航空装备产业、卫星及应用产业、轨道交通装备产业、海洋工程装备产业、智能制造等高端装备行业自主创新能力的提升，开始出现大量高端装备产品的出口（封荔，2018）。尽管我国技术贸易实现了较快的增长，但依然存在参与国际技术贸易活动的技术手段和营销方式陈旧落后等问题，阻碍我国技术贸易进一步深化（赵永宁，2003）。

技术引进的相关文献围绕着外来技术的引进与自主研发的关系展开，技术引进对自主研发同时存在替代和互补两种对立的效应。从长短期的观点来看，王伟光（2015）认为，技术引进与自主研发之间的替代效应只是短期的，技术引进资金不会长期挤占研发投入。从行业异质性来看，孙建（2009）认为，只有在低技术工业企业中二者表现出替代关系，说明技术水平的高低也会在一定程度上影响技术引进和自主创新之间的关系。技术引进对企业自主创新能力的替代作用表现在对技术引进的路径依赖削弱了企业自主创新的动力（张永成、郝冬冬，2009），因为技术引进的短期效益较高，投入比自主研发少，所以企业有依赖技术引进的倾向。

技术引进与企业自主研发的互补效应表现在技术引进使企业通过消化吸收先进技术提高研发能力，从而有利于推进自主创新，并通过自主创新带动企业积极学习，引进更先进的技术，弥补自身的不足（孙建，2009）。

有些研究对二者之间的替代或互补关系持怀疑态度。肖黎明（2014）将企业自主创新分为四个阶段，认为只有当四个阶段的所有因素都能满足自主创新要求时，技术引进和自主创新之间才表现为互补关系，否则技术引进可能在任意阶段挤出研发投入，所以二者之间没有确定的替代或互补关系。产生上述分歧的原因可能是研究的样本不同或者选取的方法存在差异。赵志耘（2015）认为技术引进对创新能力的影响并不显著，可能存在滞后现象（王伟光，2015）。

对高技术产品贸易的研究文献主要集中在三个方面。

第一，关于中国高新技术产品贸易的现状研究（范柏乃，2002；许婧，2007；张威，2011；涂竞，2012）。我国的高技术产品贸易在全球经济复苏过程中表现出高成长性和高波动性，受各种不确定因素的影响还很大，各省份的发展具有很强的区域不平衡性（张威，2011）。虽然存在世界经济增长低迷，劳动力成本上升、企业融资困难、贸易保护主义抬头等阻碍我国高技术产品贸易发展的问题，但新兴领域的宏观支持政策的陆续出台、企业研发支出持续增长、科技兴贸创新基地不断发展也为我国高技术产品贸易的发展提供了有力支撑（涂竞，2012）。

第二，关于中国高技术产品出口竞争力的影响因素研究，主要有科研投入（杨波，2006；邓路、高连水，2009）、技术创新（齐俊妍、刘伟，2010；王晓燕，2015）、产业政策（徐光耀，2014）。

不仅企业科学研究与实验发展（research and development，R&D）投入和产品出口量之间呈现显著的正向关系（杨波，2006；彭中文，2006；沈亚军，2006），内资企业资本投入和研发人员投入也能显著提高企业技术创新能力（刘伟，2010），同时国内技术购买支出、技术引进经费支出以及外资企业本土化人员和经费投入通过竞争机制显著提高自主创新效率与产品竞争力（高连水，2009）。虽然企业规模、外商直接投资（傅素英，2010）、高技术产业化程度（陈昊，2011）、制度环境、知识产权保护水平（徐双、耿伟，2013）也是影响高技术产品出口的主要因素，但外商直接投资的作用较小（陈昊，2011）。

在利用相关指数对我国高技术产业技术创新效率进行分析时，发现我国现阶段存在着产业发展不平衡，东部产品出口竞争力较强（柴华奇，2010），且高技术产业行业内产品的技术创新效率也存在差异（赵琳，2011）。高科技企业在发展过程中不仅需要提升技术创新效率，更应该注意技术创新成果的保护（齐俊妍、王晓燕，2015）。

从产业政策与高技术产品出口的关系来看，高技术产品出口与出口退税之间存在显著的线性关系（王宁，2006），具体到对不同细分行业的作用效果，以医药制造业促进效果最强，航天航空器制造业最弱（陈琳，2014）。充分发挥出口政策对高新技术开发区的引导作用，有利于我国高技术产品出口竞争力的增强（徐光耀，2014）。

第三，中国与其他国家高技术产品贸易往来的比较分析，以中国与美国的高技术产品贸易为例。中美高技术产品贸易呈现出中国对美国贸易顺差的状态，且差距逐步扩大，这显然与美国在高新技术领域完全的比较优势和较强的国际竞争力相悖，出现这种贸易逆差的主要原因是美国对中国高技术产品严格的出口管制（林玲，2007）以及近年来中美双方不断增加的贸易摩擦阻碍（顾学明，2012）。类似的研究还有陈继勇（2010）、杨仕辉（2006）、刘威（2009）、闫逢柱（2009）等。除此之外，还有一些学者研究了中国与其他国家的高技术产品贸易，例如，中日的高技术产品贸易优势产品重合度较低，贸易以互补为主，双边贸易潜力巨大，中国部分细分高技术产品的竞争力高于日本（陈颖芳，2011）；中欧高技术产品贸易在金融危机后出现了较大的波动，欧盟市场在中国高新产品出口占比中呈下降趋势，双边贸易摩擦不断增加，这要求未来我国应采取积极财务措施稳定欧盟市场份额，并借欧债危机欧洲国家积极扩大出口的时机，鼓励欧洲国家放松技术管制促进高技术产品进口（张丹，2013）。

直接研究知识产权保护与高技术产品贸易的文献相对较少，就出口而言，国内学者更多的是在研究知识产权保护与出口贸易结构的关系时引入高技术产品贸易，考虑知识产权保护程度与高技术产品出口的关系。例如，刘娟（2011）研究知识产权保护对出口产品所含技术含量的高低影响，不同技术产量的出口产品受到知识产权保护的程度也存在差异。陈丽静（2012）则是从要素密集度、技术含量、技术复杂度三个不同层面检验了我国出口产品结构受技术创新及知识产权保护的影响情况。类似的研究还有胡晓（2011）、郑明贵（2009）等，大多数学者的研究都支持知识产权保护对高技术产品出口具有促进作用的观点。

就知识产权保护的进口贸易效应而言，知识产权保护对我国高技术产品进口的市场扩张效应和市场垄断效应同时存在，且市场扩张效应占优（柒江艺，2011）。具体到总体和各细分行业，我国知识产权保护对总体进口贸易的影响还是以市场扩张效应为主，但表现出明显的行业差异，我国知识产权保护总体上显著增加了技术密集型产品的进口贸易，对劳动密集型产品进口贸易的影响并不显著，对资本密集型产品进口贸易的影响则介于两者之间（余长林，2011）。与此同时，各个地区的模仿能力与模仿威胁也影响着知识产权保护程度对我国高技术产品进口贸易的空间差异。具体而言，对东部模仿能力强或模仿威胁强的地区，知识产权保护程度与高技术产品进口贸易表现为市场扩张效应；在中西部，模仿能力弱或模仿威胁弱的地区，则以市场垄断效应为主（许陈生，2012）。类似的研究还有陈丽静（2011）。

与上述结论所不同的是，沈国兵（2010）认为我国高技术产品进口并不取决于我国知识产权保护水平，知识产权保护水平整体上对高技术产品进口贸易没有产生显著影响。

由于数据可得性的限制，现有技术贸易的相关文献多见于宏观和中观层面，细化至企业微观层面的研究非常匮乏。就研究内容而言，大多数文献是对现状的描述和分析，更进一步的理论阐述和实证研究寥寥无几，该领域的研究还有待进一步深化。

1.4　研究思路和框架

随着世界技术贸易的迅速发展，中国高技术产业结构日益完善，高技术产品国际竞争力也不断提升。但是，中国对外技术贸易和高技术产业发展依然存在着如进出口结构不平衡、产品核心技术水平低、市场多元化程度弱等问题。本报告立足中国技术贸易的发展，深入探讨中国对外技术贸易的发展现状、主要特征及演变趋势，为中国技术贸易的进一步增长提供了重要的事实基础。本报告的研究内容主要包括以下五个方面：

（1）对技术贸易的概念进行界定，在此基础上，借鉴国家海关总署、商务部及经济合作与发展组织等部委、机构关于技术贸易的统计框架，进一步明确和规范本报告中技术贸易的统计分析体系。本报告综合商务部和国家海关总署关于技术贸易的界定，将技术贸易分为技术转移和高技术产品贸易两类来进行研究与分析。国家海关总署关于统计技术贸易，多指高新技术产品贸易，从高技术产品层面对技术贸易的界定是一种物化的技术贸易，属于货物贸易的范畴。本报告通过规范研究对象的概念及统计口径，确保报告所有定性及定量分析的规范性和统计数据来源的一致性，为接下来对技术贸易的进一步研究奠定了基础。

（2）本报告从技术转移的角度，对中国国际技术转移的规模、结构、国别等发展现状和国际技术引进模式分别进行深入探讨，并在此基础上进一步分析了中国未来技术转移所面临的各种国际问题，以及中国应该采取的应对措施。具体地，在总体规模上中国技术转移总额近年来不断扩大，贸易逆差持续增加，其中知识产权使用费是中国技术贸易逆差的主要来源。在技术引进方面，技术引进模式以技术咨询与服务、专有技术转让为主，技术引进来源国主要集中在美国、日本、德国、韩国和英国等发达国家。尽管如此，中国技术转移仍存在着知识产权争端，在核心技术领域面临美欧等发达国家和地区的技术封锁，技术输出能力弱等问题。未来中国要进一步完善技术转移服务体系建设，坚持在开放环境下自主创新发展，注重高技术领域知识产权保护，扩大与“一带一路”沿线国家和地区的技术合作与交流。

（3）本报告采用描述性统计分析、理论分析与实证检验相结合的研究方法对中国高技术产品贸易的发展现状、技术距离和技术管制等重要影响因素进行分析。首先，采用描述统计的方法重点分析了2001～2017年中国高技术产品贸易整体的发展概况及存在的主要问题。在此基础上，对中国与主要贸易伙伴国在高技术产品贸易上的发展现状、具体存在问题以及中国未来应对措施等方面展开深入分析，具体国别包括美国、德国、日本、以色列、荷兰、英国以及北欧四国。其次，基于目前中国高技术产品贸易的发展现状，本报告进一步探讨了技术距离和国际技术出口管制对中国高技术产品贸易的影响。其中，在分析技术距离对高技术产品贸易的影响上，分别从理论层面和实证层面加以阐述，进而突出中国高技术产业发展对提高国家创新能力和产品质量，实现中国从全球价值链低端向高端飞跃的重要性。而在技术管制方面，本报告集中对美国、日本及欧洲等主要国家和地区的技术出口管制体系进行了详细介绍，如技术出口管制的原因、出口管制政策的演变，以及技术管制对政策实施国和管制国的影响等。考虑到中美贸易争端持续不断，美国对中国的技术出口管制有进一步加强的趋势，本报告重点分析了美国对中国技术管制趋势发展以及对中国的高技术产业发展所产生的影响。

（4）系统梳理了中国所面临的国际技术贸易壁垒问题。本报告对技术性贸易壁垒概念进行界定，技术性贸易壁垒又称技术性贸易措施或技术壁垒，通常以国家或地区的技术法规、协议、标准和认证体系（合格评定程序）等形式出现，涉及的内容广泛，涵盖科学技术、卫生、检疫、安全、环保、产品质量和认证等诸多技术性指标体系。在此基础上又进一步分析了技术贸易壁垒的经济效应、技术性贸易壁垒的作用机制、中国面临的技术性贸易壁垒类型、技术性贸易壁垒对中国的影响以及中国应对技术性贸易壁垒的措施等方面的问题。

（5）深入探讨技术贸易相关专题内容。本报告以中国技术创新和专利申请为专题，重点分析了中国企业技术创新对中国对外出口贸易产品质量升级的影响；中外专利技术合作对中国出口贸易及出口二元边际的影响；中外专利技术合作对中国出口产品多样化水平的影响；外国在华专利申请对中国企业技术进步所产生的影响等。

第2章

技术贸易的概念与分类统计

本章对技术贸易的概念进行界定，并在此基础上，借鉴国家海关总署、商务部及经济合作与发展组织等机构关于技术贸易的统计框架，进一步明确和规范本报告中技术贸易的统计分析体系。

2.1 技术贸易的概念

有关技术贸易的概念，目前主要是从技术服务和高技术产品两个层面进行界定。从技术服务的角度上看，这种界定认为，技术贸易是指不同经济体企业之间，一方将某种内容的技术通过签订商业协议或合同的形式转让给另一方，并收取一定的技术使用费的行为。技术贸易包括技术知识的跨境交易、与技术转让密切相关的设备等货物的跨境交易。具体来看，技术贸易主要包括专利、商标等工业产权；专有技术或技术诀窍；工程设计以及设备安装、操作和使用；与技术转让有关的机器、设备和原料的交易等。

根据商务部《中华人民共和国技术进出口管理条例》和《技术进出口合同登记管理办法》，技术贸易是指“从中华人民共和国境外向中华人民共和国境内，或从中华人民共和国境内向中华人民共和国境外，通过贸易、投资或者经济技术合作的方式转移技术的行为”，主要包括专利权转让、专利申请权转让、专利实施许可、技术秘密转让、技术服务和其他方式的技术转移。

从技术服务角度所界定的技术贸易与一般货物贸易存在以下区别。（1）技术贸易交易的是知识产品，是在科学实验和生产过程中所创造的各类科技创新成果。然而，货物贸易强调的是商品所有权的转移，意味着原产品所有者不能再拥有原来产品的使用和出售权。（2）技术贸易出口方一般不转移所有权，只转移使用权，在技术转让后，技术所有权仍归技术所有人。同时，一项技术可以多次转让。（3）技术贸易的交易时期长，需要经过提供资料、吸收和消化技术等过程，最后完成技术贸易行为；而货物贸易在交易完结后即标志着贸易活动的完成。（4）交易主体关系不同。技术贸易交易双方存在一定技术水平差异，且往往处于同一个生产领域，交易双方的利益和竞争关系相对复杂，如技术出口方要通过出口技术获得利润和保持技术垄断地位。（5）交易条件不同。与货物贸易相比，技术贸易的交易条件不仅包括技术内容、专利使用范围，还包括交易双方的义务与责任，技术的交易价格也相对复杂。

从高技术产品角度上看，技术贸易是一种物化的技术贸易，属于货物贸易的范畴。国家海关总署关于统计技术贸易多指高新技术产品贸易。本报告将综合商务部和国家海关总署关于技术贸易的界定，将技术贸易分为技术转移和高技术产品贸易两类来进行研究与分析。

2.2 技术贸易的分类统计

本报告将借鉴商务部、科技部、国家海关总署及经济合作与发展组织（Organization for Economic Cooperation and Development，OECD）关于技术贸易的统计框架，明确本报告中技术贸易的统计体系。

2.2.1　国际技术转移

按照商务部和科技部关于国际技术转移的分类，本报告将国际技术转移分为八类（见表 2—1）。

表 2—1　国际技术转移的分类

<table>
<tr><th>序号</th><th>主要内容</th><th>序号</th><th>主要内容</th></tr>
<tr><td rowspan="2">1</td><td rowspan="2">专利技术的许可或转让
（包括专利申请权的转让）</td><td>5</td><td>商标许可</td></tr>
<tr><td>6</td><td>合资生产、合作生产等</td></tr>
<tr><td>2</td><td>专有技术的许可或转让</td><td rowspan="2">7</td><td rowspan="2">为实施以上内容而进口的成套设备、关键设备、生产线等</td></tr>
<tr><td>3</td><td>技术咨询、技术服务</td></tr>
<tr><td>4</td><td>计算机软件的进口</td><td>8</td><td>其他方式的技术进口</td></tr>
</table>

资料来源：《中国科技统计年鉴（2016）》。

2.2.2　高技术产业

根据《高技术产业（制造业）分类》，高技术产业是指国民经济行业中研究与试验发展投入强度（即研发投入经费支出占主营业务收入的比重）相对较高的制造业行业，包括六大类：医药制造；航空、航天器及设备制造；电子及通信设备制造；计算机及办公设备制造；医疗仪器设备及仪器仪表制造；信息化学品制造。研究与试验发展是指在科学技术领域，为增加知识总量以及运用这些知识创造新的应用而进行的系统创造性的活动。

根据《高技术产业（制造业）分类》，在借鉴经济合作与发展组织关于高技术产业的分类方法，以《国民经济行业分类》（GB/T 4754—2011）为基础，对国民经济行业分类中符合高技术产业范畴相关活动进行分类（见表 2—2）。

表 2—2　　高技术产业的分类

大类	中类	小类	名　　称
01			**医药制造业**
	011		化学药品制造
		0111	化学药品原料药制造
		0112	化学药品制剂制造
	012	0120	中药饮片加工
	013	0130	中成药生产
	014	0140	兽用药品制造
	015		生物药品制品制造
		0151	生物药品制造
		0152	基因工程药物和疫苗制造
	016	0160	卫生材料及医药用品制造
	017	0170	药用辅料及包装材料
02			**航空、航天器及设备制造业**
	021	0210	飞机制造
	022	0220	航天器及运载火箭制造
	023		航空、航天相关设备制造
		0231	航天相关设备制造
		0232	航空相关设备制造
	024	0240	其他航空航天器制造
	025	0250	航空航天器修理
03			**电子及通信设备制造业**
	031		电子工业专用设备制造
		0311	半导体器件专用设备制造
		0312	电子元器件与机电组件设备制造
		0313	其他电子专用设备制造
	032		光纤、光缆及锂离子电池制造
		0321	光纤制造
		0322	光缆制造

续表

大类	中类	小类	名　　称
		0323	锂离子电池制造
	033		通信设备、雷达及配套设备制造
		0331	通信系统设备制造
		0332	通信终端设备制造
		0333	雷达及配套设备制造
	034		广播电视设备制造
		0341	广播电视节目制作及发射设备制造
		0342	广播电视接收设备制造
		0343	广播电视专用配件制造
		0344	专业音响设备制造
		0345	应用电视设备及其他广播电视设备制造
	035		非专业视听设备制造
		0351	电视机制造
		0352	音响设备制造
		0353	影视录放设备制造
	036		电子器件制造
		0361	电子真空器件制造
		0362	半导体分立器件制造
		0363	集成电路制造
		0364	显示器件制造
		0365	半导体照明器件制造
		0366	光电子器件制造
		0367	其他电子器件制造
	037		电子元件及电子专用材料制造
		0371	电阻电容电感元件制造
		0372	电子电路制造
		0373	敏感元件及传感器制造
		0374	电声器件及零件制造
		0375	电子专用材料制造
		0376	其他电子元件制造

续表

大类	中类	小类	名　　称
	038		智能消费设备制造
		0381	可穿戴智能设备制造
		0382	智能车载设备制造
		0383	智能无人飞行器制造
		0384	其他智能消费设备制造
	039	0390	其他电子设备制造
04			**计算机及办公设备制造业**
	041	0410	计算机整机制造
	042	0420	计算机零部件制造
	043	0430	计算机外围设备制造
	044	0440	工业控制计算机及系统制造
	045	0450	信息安全设备制造
	046	0460	其他计算机制造
	047		办公设备制造
		0471	复印和胶印设备制造
		0472	计算器及货币专用设备制造
05			**医疗仪器设备及仪器仪表制造业**
	051		医疗仪器设备及器械制造
		0511	医疗诊断、监护及治疗设备制造
		0512	口腔科用设备及器具制造
		0513	医疗实验室及医用消毒设备和器具制造
		0514	医疗、外科及兽医用器械制造
		0515	机械治疗及病房护理设备制造
		0516	康复辅具制造
		0517	其他医疗设备及器械制造
	052		通用仪器仪表制造
		0521	工业自动控制系统装置制造
		0522	电工仪器仪表制造
		0523	绘图、计算及测量仪器制造

续表

大类	中类	小类	名　　称
		0524	实验分析仪器制造
		0525	试验机制造
		0526	供应用仪器仪表制造
		0527	其他通用仪器制造
	053		专用仪器仪表制造
		0531	环境监测专用仪器仪表制造
		0532	运输设备及生产用计数仪表制造
		0533	导航、测绘、气象及海洋专用仪器制造
		0534	农林牧渔专用仪器仪表制造
		0535	地质勘探和地震专用仪器制造
		0536	教学专用仪器制造
		0537	核子及核辐射测量仪器制造
		0538	电子测量仪器制造
		0539	其他专用仪器制造
	054	0540	光学仪器制造
	055	0550	其他仪器仪表制造
06			**信息化学品制造业**
	061		信息化学品制造
		0611	文化用信息化学品制造
		0612	医学生产用信息化学品制造

资料来源：《高技术产业（制造业）分类（2017）》，国家统计局网站。

2.2.3　高技术产品

经济合作与发展组织按照产品研发投入强度，将产品分为高技术产品、中高技术产品、中低技术产品和低技术产品。

基于以上概述，本报告按照经济合作与发展组织提供的 SITC 四位码的高技术产品清单，将高技术产品分为以下九大类：航空航天设备、电脑办公设备、电子通信设备、医药产品、科学仪器、电机设备、化学品、非电机设备、武器装备（见表2—3）。

表2—3　　高新技术产品名录—SITC rev. 3

大类	中类	名　　称
1		**航空航天设备**
	1—1	直升机
	1—2	飞机
	1—3	螺旋桨、转子及其部件
	1—4	起落架及其部件
	1—5	飞机发动机
	1—6	其他航行仪器
2		**电脑办公设备**
	2—1	文字处理机
	2—2	影像机
	2—3	电脑
	2—4	电脑零部件
3		**电子通信设备**
	3—1	视频设备
	3—2	其他音响设备
	3—3	电信设备
	3—4	印制电路
	3—5	电板和控制台
	3—6	光纤电缆
	3—7	微波管
	3—8	其他阀门和管道
	3—9	半导体设备
	3—10	电子集成电路和微型组件
	3—11	压电晶体
	3—12	数字记录保持设备

续表

大类	中类	名　　称
4		**医药产品**
	4—1	抗生素
	4—2	激素及其衍生物
	4—3	糖苷、腺体、抗血清、疫苗
	4—4	含抗生素及其衍生物的药物
	4—5	含激素及其衍生物的药物
5		**科学仪器**
	5—1	药学、外科、放射科专用电诊断仪
	5—2	双筒望远镜、天文仪器和光学望远镜
	5—3	显微镜（除光学显微镜）
	5—4	化合物光学显微镜
	5—5	液晶设备、激光和其他光学仪器
	5—6	医用钻牙机
	5—7	测量设备
	5—8	照相机
	5—9	电影摄像机
	5—10	隐形镜
	5—11	其他光纤
	5—12	助听器
	5—13	骨科设备
	5—14	义眼仪器
	5—15	心脏肌肉刺激起搏器
6		**电机设备**
	6—1	固定电容器
	6—2	含个体功能的电机
	6—3	电声或可视信号装置
7		**化学品**
	7—1	无机化学元素
	7—2	放射性物质

续表

大类	中类	名　　称
	7—3	有机色料和色淀
	7—4	聚对苯二甲酸乙二醇酯
	7—5	杀虫剂、消毒剂
8		**非电机设备**
	8—1	其他燃气涡轮机
	8—2	燃气涡轮机部件
	8—3	核反应堆
	8—4	非辐射燃料元件
	8—5	核反应堆部件
	8—6	同位素分离设备
	8—7	激光或其他光或光子束、超声波、放电或电化学加工机床
	8—8	数控机床
9		**武器装备**
	9—1	装甲战车
	9—2	炸弹、鱼雷、导弹等
	9—3	非军事武器
	9—4	装甲战车、非军事武器部件

注：根据国际 SITC rev. 3 标准进行类别划分。

资料来源：Thomas Hatzichronoglou，“Revision of the High-technology Sector and Product Classification”，*STI Working Paper Series*，OECD/GD（97）216.

第 3 章

中国国际技术服务贸易的现状、问题及对策

国际技术服务贸易是技术贸易的重要组成部分，包括专利权转让、专利申请权转让、技术秘密转让、技术服务和其他方式的技术服务贸易。国家或地区的技术服务贸易规模不仅显示了其技术创新能力，也体现了其对全球技术资源的集聚与利用的水平。当前，中国已进入高质量发展和构建全面开放新格局的攻坚期。积极推进国际技术服务贸易，特别是加强向“一带一路”沿线国家和地区的技术输出，可以优化中国外贸出口结构，解决沿线国家和地区的技术难题与需要，提升沿线国家和地区的技术能力；通过引进关键技术资源，解决中国核心技术和技术短板问题，实现中国对全球创新资源的有效利用具有重要的意义。

3.1 中国国际技术服务贸易的现状

基于第 2 章的界定，本报告借鉴曲洁等（2017）的研究，基于《国际收支和国际投资头寸手册（第六版）》（BPM6）为统计口径，选取 2001～2017 年中

国在以下两类具有很强技术贸易特征的指标来衡量中国国际技术服务贸易规模：一是知识产权使用费，包括大部分技术转让、技术授权等技术贸易内容；二是计算机、电信和信息服务，与互联网等高技术行业关系密切，是技术贸易的重要组成部分。

3.1.1 中国国际技术服务贸易的总趋势

1. 规模持续增加，贸易逆差逐年扩大

2001～2017年中国国际技术服务贸易规模持续快速上升，2017年中国国际技术服务贸易规模达797.77亿美元，较2001年增长了20倍之多，即便是2008年金融危机以来，中国国际技术贸易规模仍然保持着快速增长，当年技术服务贸易规模达233.86亿美元，较2007年增长约34%(见图3—1)。

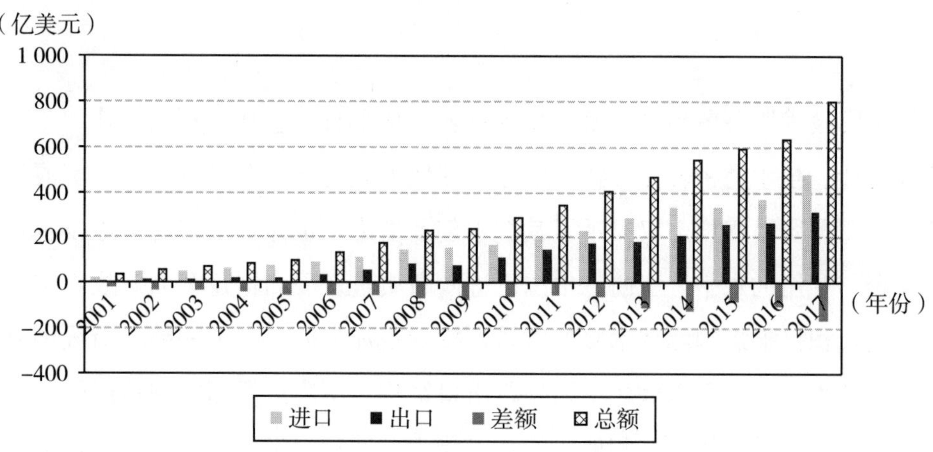

图3—1 2001～2017年中国国际技术服务贸易规模

资料来源：国家外汇管理总局网站。

在技术输出和输入上，如图3—1所示，除了2016年外，中国国际技术输出和输入均呈现逐年增长态势，年均增长率分别为28%和20%。此外，中国国际技术服务贸易一直呈现贸易逆差，且差额逐年扩大。2001年中国国际技术服务贸易逆差为17.66亿美元，2017年中国国际技术服务贸易逆差增加至164.50亿美元。中国国际技术服务贸易逆差反映出中国技术领域的核心竞争能力不强，很多技术领域对国外技术存在依赖性，吸引国际优势技术流入国内仍然是中国科技创新发展的重要方式。

2. 知识产权使用费呈现贸易逆差，逆差额不断扩大

如图 3—2 所示，从技术服务贸易结构来看，中国国际技术服务贸易主要以计算机、电信和信息服务为主，2017 年计算机、电信和信息服务费总额达 462.27 亿美元，明显高于知识产权使用费（335.49 亿美元）。2017 年，中国计算机、电信和信息服务费输出规模明显高于输入规模；贸易顺差额达 74.93 亿美元，说明中国在计算机、电信和信息服务领域拥有输出能力，具有一定的国际竞争优势。这与中国近年来在该领域产业快速发展有着密切的关联。在知识产权转让方面，中国知识产权使用费输入规模明显高于输出规模，属于贸易逆差，且逆差规模呈扩大态势。2017 年中国知识产权使用费逆差为 239.43 亿美元，是 2001 年约 9 倍。这说明中国在技术转让、技术授权等领域存在较大的外部依赖性，很多技术领域发展仍以吸收和借鉴国外先进技术为主，在以知识产权为特征的核心技术领域竞争力仍有待进一步提升。

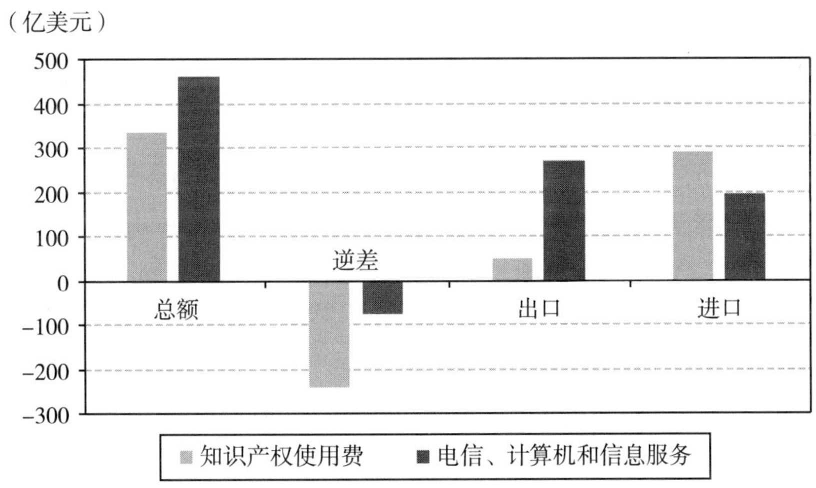

图 3—2　2017 年中国国际技术服务贸易结构分析

资料来源：国家外汇管理总局网站。

3.1.2 中国国际技术服务贸易的主要特点

受中国技术输出规模数据的限制，考虑到中国国际技术服务贸易仍以技术引进为主，本报告重点从地区、国别、领域和引进模式对中国技术引进情况进行分析。

1. 东部地区仍是国外技术引进的主要区域

目前，国外技术引进主要流入是中国的东部地区，其中上海、江苏、广东和北京是技术流入最主要的 4 个省份。根据《中国科技统计年鉴（2017）》的统计数据，2016 年，中国吸引技术外资 307.28 亿美元，合同数量 6 806 项，其中，东部地区外资为 230.89 亿美元，合同数量为 5 173 项；中部地区 22.95 亿美元、681 项；西部地区 40.14 亿美元、531 项；东北部地区 13.28 亿美元、421 项。上海吸引国外技术外资合同数量 1 668 项，是中国国外技术引进项目数量最多的省份，其次是广东、江苏和北京。广东吸引技术外资 91.69 亿美元，是中国国外技术引进经费规模最大的省份，其次是上海、江苏和北京。

2. 发达国家的先进技术仍是中国引进国外技术的主要区域

如表 3—1 所示，中国国外技术引进仍主要集中在科技创新实力较强的国家，如美国、日本、德国、韩国和新加坡等。如表 3—1 所示，2016 年中国从国外引进技术项目合同数量为 6 806 项，经费总规模 307.28 亿美元，主要集中在日本、美国、韩国等发达国家。日本、美国、德国和韩国为技术引进前四位的国家，占引进合同和经费数量的比重超过 60%，其中日本为中国技术引进最多的国家，引进合同数量 1 754 项、合同经费 65.34 亿美元，占比分别为 25.77% 和 21.26%。

表3—1　　2017年中国国外技术引进的主要国家与规模

排序	国家	合同数量（项）	占比（%）	合同金额（亿美元）	占比（%）
1	日本	1754.00	25.77	65.34	21.26
2	美国	1189.00	17.47	96.37	31.36
3	德国	878.00	12.90	31.36	10.21
4	韩国	452.00	6.64	17.50	2.20
5	英国	215.00	3.16	6.76	2.20
6	意大利	179.00	2.63	3.59	1.17
7	新加坡	171.00	2.51	4.04	1.31
8	法国	171.00	2.51	6.14	2.00
9	爱尔兰	114.00	1.67	2.86	0.93
10	瑞士	107.00	1.57	8.04	2.62
11	荷兰	102.00	1.50	4.05	1.32
12	瑞典	77.00	1.13	19.26	6.27
13	奥地利	74.00	1.09	1.39	0.45
14	加拿大	65.00	0.96	1.01	0.33
15	澳大利亚	54.00	0.79	0.60	0.20

资料来源：《中国科技统计年鉴（2017）》。

3. 技术引进模式以技术咨询与服务、专有技术转让为主

根据技术引进的几种模式，本报告对中国国外技术引进合同数量占当年总合同数量进行了统计分析。结果发现，中国引进国外技术主要以技术咨询与服务、专有技术的许可或转让为主，2016年中国引进技术咨询与服务、专有技术的许可或转让合同数量分别为3 615项和2 221项，占比分别为53%和33%，是中国国外技术引进最主要的两大模式（见图3—3）。其次为专利技术的许可或转让、计算机软件的进口。此外，中国在成套设备、关键设备及生产线等，以及合资生产、合作生产等方面技术引进合同数量最少，仅为132项，占比不到2%。

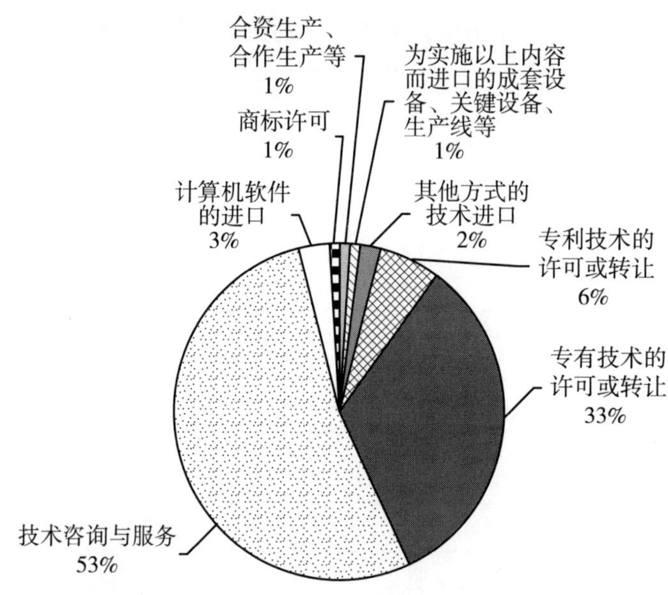

图 3—3 2016 年中国国外技术引进的模式分析

资料来源：《中国科技统计年鉴（2017）》。

4. 制造业是中国国外技术引进的最大行业

中国国外技术引进主要集中在技术密集型及传统生产行业。如表 3—2 所示，2017 年中国国外技术引进合同数量最多的三个行业分别为制造业、房地产业和科学研究与技术服务业，其中制造业引进外国技术合同数量 4 780 项，合同经费 261.46 亿美元，占比 70.23%和 84.81%。其次为房地产业，合同数量 582 项，但合同经费规模偏低，仅为 11.21 亿美元，占比仅为 3.64%。根据《中国科技统计年鉴（2017）》的数据，中国国外技术引进最低的几个行业包括文娱行业、卫生业、信息技术服务业、教育业和公共管理业。这反映出未来中国应进一步加快以上行业的对外开放力度，加快推进上述领域的技术引进，实现以上领域科技创新发展。

表 3—2 2017 年中国国外技术引进集中的 10 大行业

排序	行业	合同数量	占比（%）	合同经费（亿美元）	占比（%）
1	制造业	4 780	70.23	261.46	84.81
2	房地产业	582	8.55	11.21	3.64

续表

排序	行业	合同数量	占比（%）	合同经费（亿美元）	占比（%）
3	科学研究和技术服务业	386	5.67	3.73	1.21
4	信息传输、软件业	373	5.48	10.12	3.28
5	居民服务、修理和其他服务业	85	1.25	2.66	0.86
6	租赁和商务服务业	83	1.22	1.05	0.34
7	批发和零售业	73	1.07	1.5	0.49
8	住宿和餐饮业	59	0.87	0.48	0.16
9	电力、煤气及水的生产业	45	0.66	0.85	0.28
10	交通运输、仓储和邮政业	38	0.56	1.65	0.54

资料来源：《中国科技统计年鉴（2017）》。

3.1.3　中国国际技术服务贸易的有关政策

2006 年至今，中国商务部会同科技部、发改委等部委共同出台了五项有关中国国际技术服务贸易的规定、方案、实施意见等文件，用于指导中国技术贸易的稳步有序发展，实现在开放环境下促进中国自主创新，促进中国外贸高质量发展。本报告分别对 2006～2018 年《中国鼓励引进技术目录》和《关于鼓励技术出口的若干意见》两个文件进行概述。

1.《中国鼓励引进技术目录》概述

《中国鼓励引进技术目录》（以下简称《目录》）主要目的是对引导企业引进先进适用技术、提升引进技术的质量和水平、增强消化吸收和再创新能力、提高核心竞争力起到积极的推动作用。《目录》明确了包括 29 个行业的 214 项技术，同时对符合国家有关外国企业所得税减免规定的 149 项技术条目进行了标注，以增强技术引进税收优惠政策落实的透明度、规范化和可操作性。

在具体行业上，农业 23 项、林业 29 项、纺织业 19 项，成为中国传统资源密集型和劳动密集型中鼓励技术引进最多的行业；非金属矿物制品业 17 项、黑色金属冶炼及压延加工业 41 项、有色金属冶炼及压延加工业 25 项、交通运输设备制造业 23 项、电气机械及器材制造业 25 项，成为中国制造业中鼓励技术引进最多的行业。此外，《目录》还积极鼓励无线技术、高速移动数据通信技术等 6 项电信和其他信息传输行业技术、太阳能发电技术、快堆核电站设计新技术及关键设备制造技术等 11 项电力、热力的生产和供应业技术，集成电路芯片制造与封装加工工艺、液晶显示器件、等离子（PDP）显示器件用平板玻璃制造技术等 7 项通信设备、计算机及其他电子设备制造业技术的引进，以弥补中国在关键技术领域的短板。

2.《关于鼓励技术出口的若干意见》概述

《关于鼓励技术出口的若干意见》（以下简称《意见》）从政策扶持、加强国际合作、完善管理和服务三个方面提出了政策措施，以支持企业积极出口成熟的产业化技术。一是在落实好现行政策的基础上，积极提供金融保险支持，推动科研机构承接境外研发业务，鼓励科技型企业“走出去”。二是在进一步推动国际技术合作的同时，利用各种促进平台，组织举办技术出口推介和洽谈会，宣传中国优势技术。三是要推动技术出口服务体系建设，加强对知识产权的管理和保护，进一步完善法律法规和管理体系。

《意见》积极鼓励成熟的产业化技术出口，支持企业通过贸易、投资或者经济技术合作的方式出口技术（指未列入《中国禁止出口限制出口目录》的技术）；支持科研机构承接境外研发业务，鼓励跨国公司在华设立研发机构及委托其在华研发机构研发技术，以及鼓励大学和科研机构承接境外研发业务；鼓励科技型企业“走出去”，鼓励和支持科技型企业通过对外投资、承包工程、技术与知识产权入股等方式开展对外合作业务，鼓励科技型企业并购境外高新技术企业、设立境外研发机构，建立海外研发基地和产业化基地；推动服务贸易领域自主创新，建立以企业为主体、市场为导向的服务贸易领域技术创新体制；加强国际技术合作，将多双边技术合作与援外、对外投资、境外承包工程等工作结合起来，在推进与发达国家合作的同时，加强与发展中国家的合作，进一步推动国际技术合作；注重加强对知识产权的管理和保护，要求健全知识产权管理和保护制度，建立技术出口企业知识产权辅导服务机制，建立知识产权数据库和公共信息服务体系，支持技术出口企业境外知识产权维权，增强技术出口企业解决海外知识产权争端的能力。

3.2　中国国际技术服务贸易的典型案例

近年来，中国积极推动与发达国家、“一带一路”沿线国家和地区的技术贸易往来，通过国际工程承包、科研合作等多种方式加强在核能、智能制造、数字技术等领域的技术合作，取得了显著的成绩。本报告重点对中国近年来在技术服务贸易上取得显著成效的案例进行梳理。

3.2.1　技术输出：中国应用技术促进非洲农业机械化发展[①]

非洲的农业机械化尚处于初级阶段，根据联合国粮食及农业组织（以下简称“粮农组织”）和非洲联盟联合发布的《可持续农业机械化：非洲框架文件》数据显示，中部非洲85%的农田都依靠人力生产；在西非，人力占比达70%；南部非洲和东部非洲情况较好，但人力的比例也达到了54%和50%。在过去半个世纪，非洲的农业机械化一直停滞不前，甚至出现衰退。联合国粮食及农业组织（以下简称“粮农组织”）的数据显示，20世纪60年代，非洲的农业机械化水平与大多数亚洲国家相近。然而，此后数十年非洲农业机械化水平增长非常缓慢，2000年时非洲仅有拖拉机22.1万台，且70%集中在南非和尼日利亚。除去南非，撒哈拉以南非洲80%的土地依旧使用人力耕种，而亚洲拖拉机使用率已达到了60%。提高农业机械的使用不仅能够提高非洲的粮食产量，也能减少收割期前后的损失，从而提高生产效率。

---

① 李志伟：《应用中国技术促进粮食增产，非洲农业踏上机械化之路》，http：//world. people. com. cn/n1/2018/1119/c1002-30407211. html，2018年11月19日。

莫桑比克土壤肥沃，用水便利，适合大规模农业开发。然而，由于农业技术落后，农田管理水平低下，当地农业抗灾能力差，农产品产量低，农民种植积极性不高。该国现有农田耕种面积 840 万亩，仅占可耕地的 15.6%。而从事农业生产的家庭占到该国家庭总数的 75.1%。

万宝公司加强与莫桑比克农业科技合作，与当地的种植户签订协议，为他们在生产资料、农机和技术等方面提供服务，最后按合同约定回收稻谷，支付粮款。与当地农户合作种植水稻面积达 1.2 万亩，合作种植户 450 户，高峰时雇用当地员工 900 余人。此外，万宝公司还举办了 10 余期插秧机、拖拉机、收割机等农用车辆培训班，中国农业专家培训了 100 多名当地农机司机。项目入驻后，农业机械的使用大幅提升了农田产出。万宝农业项目执行经理胡计高介绍说，在 2017～2018 年种植季，万宝项目共完成种植总面积 3.2 万亩，入库稻谷合计 1.35 万吨，平均亩产 415 公斤，是项目实施以来种植面积、总产和单产最高的一年。中非大规模水稻种植技术合作的落地，促进了农业机械的大规模使用，让曾经的荒地变成了今天的良田。

得益于中国公司在技术、机械服务上的支持，莫桑比克农民的粮食产量显著增加，粮食单产从原来培训前的每公顷 2～2.5 吨增产到 6～7.5 吨。以前种地赔钱，现在种地能有可观的收入，当地农民种田的积极性大大提升。许多农民争相签订合同种植水稻，当地的水稻种植面积也开始快速扩张。

3.2.2 技术合作：中德技术合作构建中国新能源汽车生态体系①

在过去 15 年里，华晨宝马推动实施可持续发展和本土化核心战略，在沈阳建设了大东和铁西两座整车工厂和一座动力总成工厂，其沈阳生产基地已成为中国国内最具领先性的豪华汽车生产基地，并且成为宝马集团在全球最大的生产基地之一。2017 年华晨宝马新研发中心在沈阳揭幕，使中国成为宝马集团

① 闫晓虹：《中德合力构建中国新能源汽车生态体系》，http：//www.sohu.com/a/253569618_162758，2018 年 9 月 13 日。

在德国之外最大的研发基地，其研发重点聚焦于新能源汽车，以新能源技术为突破口，在中国本地实现从设计概念到量产交付的全流程开发，华晨宝马也由此成为中国首家建立动力电池中心的豪华汽车制造商。作为“工业4.0”技术应用的典范，华晨宝马的两座整车工厂均可实现新能源车型与传统动力车型的共线灵活生产，为中国汽车业的生产质量、生产灵活性和生产效率树立了新基准。2020年宝马品牌核心产品系列的首款纯电动车型将在沈阳投产，这款车不仅面向中国消费者销售，还将出口到全球市场。

3.3　存在的主要问题

围绕国际科技创新发展形势，结合中国国际技术服务贸易现状，本报告对中国国际技术贸易存在的主要问题进行总结与分析，主要存在以下问题。

3.3.1　高技术领域中知识产权争端时有出现

技术贸易主要涉及知识产权的授权与转让、专利技术的转让、商标权的许可等知识密集型产品与服务。近年来，中国科技创新实力大幅提升，与美、欧发达国家和地区产业互补性降低、竞争性增强，越来越多的发达国家在专利技术转让或授权、核心技术产品进口上对中国加强防备，提高了警觉。以美国为代表的发达国家，甚至以知识产权保护等为借口，频繁对中国发起知识产权诉讼，专利密集型的高技术领域所受影响最大。

以美国“301调查”为例。1991～2018年，美国对中国发起“301调查”共计6次，其中1991年、1994年、1996年、2010年和2017年均涉及知识产权问题。1991年调查主要涉及中国专利法的缺陷，尤其是美国作品的著作权和商标权在中国的缺乏；1994年调查主要涉及中国知识产权实施问题，要求中国开放知识产权产品；1996年美国将中国纳入重点调查国家，对中国知识产权领域展开制裁；2010年美国认为中国在清洁能源的激励和保护政策违背了WTO

规则，提起 WTO 争端机制下的磋商请求；2017 年美国对中国知识产权问题发起调查，主要针对微型芯片和电动汽车领域。该贸易调查除了要保护美国钢铁等劣势产业外，更重要的一个目的是阻碍中国科技创新发展对美国高技术产业的负面影响。

3.3.2 关键核心技术引进面临发达国家的封锁

长期以来，中国在关键核心技术引进方面一直遭到美欧日等发达国家和地区严苛的出口管制。从国家层面看，这些国家除担心向中国出口高端技术对国家竞争力构成威胁外，还有更多其他方面考虑，如在信息通信、生物医药、航天航空、军民两用等敏感产业，担心向中国转移技术可能引发安全威胁；再如，将技术出口管制作为它们谋求其他方面利益（如要求扩大市场开放）的谈判工具。其中，美国、欧盟长期对中国限制高科技产品和技术出口最为典型，技术水平越先进，对中国出口限制越严格。根据美国《出口管理法》，美国出口管制制度具有一定的域外管辖效力，违反美国出口管制法规的外国企业，均可能被美国列入“实体清单”（entity list），即被视为参与违背美国国家安全或外交政策利益活动的企业或机构。2017 年，美国商务部以中兴公司违反美国出口管制法规为由，将其列入“实体清单”，并对中兴公司采取了严苛的限制性措施，禁止美国国内元器件供应商向中兴公司出口元器件、软件、设备等技术产品。由于中兴公司核心的芯片技术掌握在美国芯片供应商手中，最终中兴公司缴纳 8.9 亿美元的高额罚款与美国政府达成和解。此外，欧盟长期以来对中国军事武器装备出口也执行着严厉的出口管控措施。

3.3.3 技术服务输出能力弱，自主创新能力有待加强

中国是世界上最大的贸易顺差国，但与货物贸易相比，中国技术输出能力不强，国际技术服务贸易处于贸易逆差状态，与中国贸易大国地位不匹配。正如前所述，在知识产权使用费上，中国技术服务贸易呈现严重的贸易逆差，

2017 年技术服务贸易逆差达 116.75 亿美元，说明中国在知识密集型技术服务上更多地依赖国外技术，对外输出能力需要进一步加强，特别是在关键核心技术领域自主创新能力不强。与欧美发达国家相比，中国技术出口仍存在着较大差距，远低于美国、日本、德国等科技强国，说明中国的自主研发水平、科技创新能力和企业竞争力与当今世界科技强国相比仍有一定差距。

此外，中国自主创新能力仍与发达国家存在着较大差距。尽管中国科研投入和科研人员数量已位列世界前列，但中国科研经费投入占 GDP 的比重仍然偏低，多数关键核心技术也未进入世界前列，具有国际竞争力的科技创新型企业在全球仍屈指可数。根据科技部发布的《2017 年我国规模以上工业企业 R&D 活动统计分析》统计显示，2017 年，全国开展 R&D 活动的规模以上工业企业共 10.2 万个，占全部规模以上工业企业的 27.4%；拥有研发机构的规模以上工业企业共 7.1 万个，占全部规模以上工业企业的 19.0%。值得注意的是，中国的大批中小企业的创新仍以一般性产品创新为主，处于产业链的中低端；中国科技创新成果应用转化能力较弱，科研和产业界仍然是“两张皮”；全球专利交易市场的前 15 位买家与卖家，均为美欧日韩等科技强国的企业。

3.4　对策与建议

结合中国国际技术服务贸易现状特征，针对中国国际技术服务贸易存在的主要问题，本报告从以下几个方面提出促进中国国际技术贸易发展的对策与建议。

3.4.1　坚持在开放的条件下加强自主创新

自主创新是提升中国技术贸易竞争力的源泉，也是中国高质量发展的关键。未来中国应继续扩大对外开放水平，坚持在开放的条件下开展自主创新，通过扩大外资、加快国外关键技术引进、促进高端科技人才合作与交流等方式，消化吸收国外先进技术，实现国外优势技术的转移转化。同时，要积极鼓励中国国际型企业在海外设立研发机构、搭建海外联合研究平台、建立海外科技创新合作园区，支持越来越多的国内科技型企业“走出去”，实现对国外创新资源的集聚和有效利用，在更加开放的环境中提升中国企业的研发能力，实现关键技术的自主创新。

3.4.2 完善中国国际技术服务贸易的促进与服务体系

要加强政府对中国国际技术服务贸易的引导与扶持，建立并完善中国国际技术服务贸易的促进与服务支撑体系，实现贸易、科技和产业三者的协同发展。

一是进一步完善中国技术贸易进出口的有关政策，尽快研究完善《对外贸易法》《反垄断法》《反不正当竞争法》中与技术进出口相关的管理条例。尽快做好《技术进出口管理条例》《中国禁止进口限制进口技术目录》《中国禁止出口限制出口技术目录》等技术贸易管理规章制度的意见征求工作，完善有关制度。继续推进自由进出口技术合同的登记程序，建立合理有序的技术进口审查、许可与监管制度，以及技术出口管制与许可制度，为中国国际技术服务贸易营造良好的法律环境。

二是推进金融与技术服务贸易的融合，加强金融财政政策对国际技术服务贸易的鼓励与支持。积极探索促进技术贸易发展的财政、税收、金融、外汇、海关等支持政策；完善企业研发费用计核方法，调整目录管理方式，扩大研发费用加计扣除优惠政策适用范围；放宽对外资创业投资基金的投资限制，支持创业投资机构并加大对境外高端研发项目的投资；改善中小企业技术贸易的融资条件，鼓励金融机构推进知识产权质押贷款、科技保险、科技资产证券化等科技金融产品创新。

三是推进中国技术贸易服务体系的建设，要重点支持发展研发、技术服务贸易、检测检验认证、创新创业孵化、知识产权、科技咨询、科技金融、贸易融资等业态，加强技术进出口合同登记管理，建立和完善技术贸易企业和项目数据库，强化贸易、科技、海关、外汇等部门间的信息共享，提高监测预警和监管能力。

3.4.3　重视高技术领域知识产权保护，有效应对技术贸易壁垒

重视、加强高技术领域知识产权保护是推进中国国际技术服务贸易有序发展的关键，特别是在当前“逆全球化”思潮涌动、单边主义抬头的背景下，知识产权保护将成为中国与发达国家在高技术领域的核心议题。

一是加强对发达国家在高技术领域知识产权保护规则的研究，主要包括限制性商业条款、专利与专有技术保护、数字化产品与服务等国际规则，特别要重视在数字经济等新兴技术领域规则的研究，做好国际趋势的研判，积极参与新兴技术领域知识产权保护规则的制定。

二是要正视、有效应对发达国家对华技术出口管制，持续跟踪发达国家出口管制政策的变化，精准评估其出口管制政策对中国高技术领域进口的影响，加强对技术出口企业关于国外出口管制相关法律法规及政策的培训，引导中国企业建立完善的出口合规体系。

三是提升中国应对知识产权有关的贸易摩擦的能力。加强知识产权与贸易部门间联动，尽快建立更高级别的知识产权谈判协调机制，研究制定知识产权贸易摩擦的临时应急方案，最大限度地维护中国高技术企业的自身利益。同时要强化国内企业知识产权保护意识，鼓励并引导国内企业加强知识产权的海外布局，切实维护中国企业海外知识产权权益。

3.4.4　不断扩大与“一带一路”沿线国家和地区的技术合作与交流

中国应积极推进“一带一路”沿线国家和地区的技术合作与交流，结合不同区域国别特征，制订和实施技术合作与交流方案。一是加强对沿线国家和地区的技术特点及发展趋势研判，明确沿线各国（地区）技术发展需求、技术优势及重点技术，精准定位技术合作的重点领域，研究形成技术合作与交流的实施方案。二是围绕沿线国家和地区的技术需要，推动中国优势先进适用技术对

沿线国家和地区的“输出”，特别要推动中国在空间科学、交通运输、先进制造、信息技术和生命科学等领域，解决沿线国家和地区的技术难题，切实提升其科技创新能力。三是完善技术合作与交流的方式。积极推动“一带一路”联合实验室建设，加强与沿线国家和地区的科技创新合作平台以及技术服务贸易中心建设，充分发挥技术创新在与沿线国家和地区的产能合作中的作用；推动中国与沿线国家和地区的创新创业合作，搭建创新创业合作平台，促进中国先进技术向沿线国家和地区的转移，精准对接沿线国家和地区的技术需求；开展跨国并购、国际工程承包等多种形式技术贸易，通过股权并购、技术参股、战略联盟等方式，实现工程咨询、评估、规划、勘探、设计、施工各环节的参与，采用 BOT（建设—经营—转让）、PPP（公私合作模式）等承包方式，带动中国交通、电力、建筑等相关基础设施领域先进技术的出口。

第 4 章

中国高技术产品贸易的发展

本章基于经济合作与发展组织（OECD）对技术产品贸易的统计框架，从贸易规模、细分产品结构、主要贸易伙伴考察了2001～2017年中国高技术产品贸易的发展演变，据此对当前中国高技术产品贸易发展存在的主要问题进行总结，并提出相应对策建议。

4.1 中国高技术产品贸易发展概况

技术贸易主要是指技术知识的跨境交易，以及与技术转让密切相关的设备等货物的跨境交易，具体包括专利权转让、专利申请权转让、专利实施许可、技术秘密转让、技术服务和其他方式的技术转移。技术贸易又可进一步区分为技术服务贸易和技术产品贸易。经济合作与发展组织按照产品研发投入强度，将技术产品分为高技术产品、中高技术产品、中低技术产品和低技术产品，并提供了 SITC rev. 3 四位码的高技术产品清单，同时将高技术产品分为九大类：航空航天设备、电脑办公设备、电子通信设备、医药产品、科学仪器、电机设备、化学品、非电机设备、武器装备。

本章根据 OECD 提供的 SITC rev. 3 四位数代码考察了中国高新技术产品贸易的发展演变。相应数据来源于联合国商品贸易数据库（UN Comtrade)。

4.1.1 高技术产品进出口规模变化

表 4—1 和图 4—1 显示了 2001～2017 年中国高技术产品出口额、进口额、进出口贸易总额及贸易差额的具体数额及其变化趋势。

表 4—1　　2001～2017 年中国高技术产品国际贸易情况　　单位：亿美元

年份	出口	进口	贸易总额	贸易差额
2001	485.66	549.46	1 035.12	—63.80
2002	682.27	760.96	1 443.23	—78.69
2003	1 074.7	1 155.82	2 230.52	—81.12
2004	1 610.67	1 618.66	3 229.33	—7.99
2005	2 121.93	2 032.67	4 154.60	89.26
2006	2 679.87	2 545.82	5 225.69	134.05
2007	2 993.2	2 915.22	5 908.42	77.98
2008	3 351.67	3 063.63	6 415.30	288.04
2009	3 049.80	2 782.45	5 832.25	267.35
2010	4 030.28	3 674.63	7 704.91	355.65
2011	4 533.77	4 015.58	8 549.35	518.19
2012	5 032.79	4 424.39	9 457.18	608.4
2013	5 580.79	4 921.85	10 502.64	658.94
2014	5 563.01	4 813.56	10 376.57	749.45
2015	5 457.70	4 765.08	10 222.78	692.62
2016	4 933.59	4 505.64	9 439.23	427.95
2017	5 059.03	2 359.87	7 418.90	2 699.16

资料来源：联合国商品贸易数据库（UN Comtrade)。

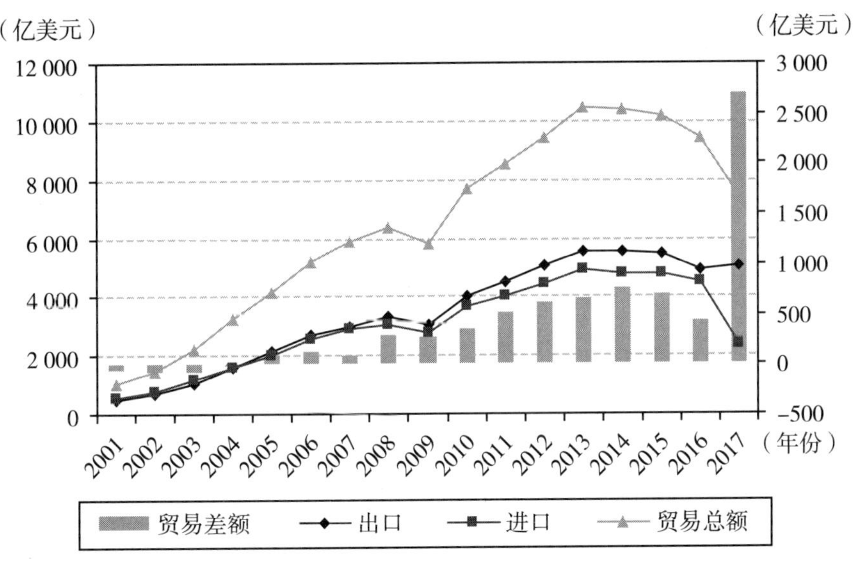

图 4—1　2001～2017 年中国高技术产品国际贸易情况

资料来源：联合国商品贸易数据库（UN Comtrade）。

可以看出，中国高技术产品出口额、进口额及贸易总额呈现整体明显增长的态势。其中，高技术产品出口额由 2001 年的 485.66 亿美元增加到 2017 年的 5 059.03 亿美元，同期，进口额由 549.46 亿美元增加到 2 359.87 亿美元，进出口贸易总额由 1 035.12 亿美元增加到 7 418.90 亿美元。

从具体增长变化来看，2001 年以来，随着中国加入世界贸易组织，中国的对外开放程度日益深化，贸易范围也从产品贸易进一步拓展到技术贸易，因此，2001 年之后中国的高技术产品进出口逐年增加，2001 年中国高技术产品出口额、进口额和进出口贸易总额分别为 485.66 亿美元、549.46 亿美元和 1 035.12 亿美元，由此持续增长到 2008 年的 3 351.67 亿美元、3 063.63 亿美元和 6 415.30 亿美元；2009 年，由于全球次贷危机的爆发，中国高技术产品贸易额出现短暂的下降，出口额、进口额和贸易总额分别降低到 3 049.80 亿美元、2 782.45 亿美元和 5 832.25 亿美元。尽管如此，得益于中国政府对高新技术产品发展的高度重视和大力支持，中国高技术产品贸易迅速反弹，由 2009 年的“小低谷”再次持续增长，直到 2013 年达到历史高点，中国高技术产品出口额达到 5 580.79 亿美元，进口额达到 4 921.85 亿美元，贸易总额 10 502.64 亿美元。此后，由于全球经济长期处于低迷状态，以及欧美等发达国家对中国高技术产品发展的忌惮，中国高技术产品贸易额出现缓慢减少趋势，尤其是 2017 年中国高技术产品的进口，相比 2013 年的 4 921.85 亿美元减少一半多，仅为 2 359.87 亿美元。造成这一结果的原因可能是欧美等发达国家和地区对中国高技术产品出口的限制，以及中国自身高技术产品发展的提升造成的对部分高技术产品进口的替代。

从贸易差额来看，中国高技术产品贸易由 2001 年的逆差 63.80 亿美元增加到 2017 年顺差 2 699.16 亿美元。可见，加入世界贸易组织初期，中国高技术产品的生产制造较少，能够用于出口的有限，主要以进口为主；随着中国高技术产业的发展，中国高技术产品的贸易竞争力日益加强，2005 年中国高技术产品出口首次超过进口，贸易顺差额 89.26 亿美元；此后，中国高技术产品贸易顺差明显增长，2017 年由于中国高技术产品进口大幅降低而导致贸易顺差额高达 2 699.16 亿美元。

4.1.2 不同类别高技术产品贸易发展及其占比

经济合作与发展组织（OECD）将高技术产品分为航空航天设备、电脑办公设备、电子通信设备、医药产品、科学仪器、电机设备、化学品、非电机设备、武器装备九大类。本小节重点考察不同类别的高技术产品的贸易发展情况。

1. 不同类别的高技术产品进出口贸易

表 4—2 和表 4—3 分别显示了 2001～2017 年中国不同类别高技术产品贸易总额及其占比。

表 4—2　**2001～2017 年中国不同类别高技术产品贸易情况**　单位：亿美元

年份	电机设备	电子通信设备	非电机设备	航空航天设备	化学品	电脑办公设备	科学仪器	武器装备	医药产品
2001	40.30	482.00	10.55	42.54	20.59	329.00	95.20	0.23	14.71
2002	53.60	683.00	13.88	36.01	22.40	485.00	130.00	0.22	19.12
2003	69.00	1 004.00	17.85	41.98	27.77	786.00	261.40	0.19	22.32
2004	99.90	1 470.00	30.17	51.08	38.53	1 076.00	439.00	0.24	24.40
2005	110.60	1 919.00	34.06	69.59	50.84	1 355.00	585.00	0.31	30.20
2006	143.40	2 510.00	43.21	117.67	61.40	1 617.00	697.00	0.41	35.60
2007	180.40	2 760.00	38.89	114.02	87.10	1 768.00	911.00	0.61	48.40
2008	200.10	2 970.00	42.80	118.70	128.30	1 866.00	1027.00	0.80	61.60
2009	182.20	2 770.00	35.26	123.80	74.10	1 685.00	888.00	0.68	73.20
2010	258.00	3 620.00	51.30	151.40	130.80	2 207.00	1 189.00	1.01	96.40
2011	317.00	4 090.00	65.40	169.00	185.70	2 297.00	1 314.00	1.25	110.00
2012	295.00	4 720.00	67.50	212.10	142.00	2 446.00	1 454.00	1.48	119.10
2013	367.00	5 700.00	64.60	274.10	159.00	2 344.00	1 454.00	1.64	138.30
2014	363.00	5 500.00	63.20	343.20	173.00	2 391.00	1 386.00	1.67	155.50
2015	362.00	5 800.00	54.60	333.60	153.90	2 034.00	1 316.00	1.78	166.90
2016	308.00	5 430.00	55.60	311.90	141.90	1 839.00	1 179.00	1.53	172.30
2017	365.00	3 205.00	68.00	346.80	164.30	1 937.00	1 207.00	1.40	124.40

资料来源：联合国商品贸易数据库（UN Comtrade）。

表 4—3　**2001～2017 年中国不同类别高技术产品贸易总额占比**　单位：%

年份	电机设备	电子通信设备	非电机设备	航空航天设备	化学品	电脑办公设备	科学仪器	武器装备	医药产品
2001	3.89	46.56	1.02	4.11	1.99	31.78	9.20	0.02	1.42
2002	3.71	47.32	0.96	2.50	1.55	33.61	9.01	0.02	1.32
2003	3.09	45.01	0.80	1.88	1.25	35.24	11.72	0.01	1.00
2004	3.09	45.52	0.93	1.58	1.19	33.32	13.59	0.01	0.76
2005	2.66	46.19	0.82	1.68	1.22	32.61	14.08	0.01	0.73
2006	2.74	48.03	0.83	2.25	1.17	30.94	13.34	0.01	0.68

续表

年份	电机设备	电子通信设备	非电机设备	航空航天设备	化学品	电脑办公设备	科学仪器	武器装备	医药产品
2007	3.05	46.71	0.66	1.93	1.47	29.92	15.42	0.01	0.82
2008	3.12	46.30	0.67	1.85	2.00	29.09	16.01	0.01	0.96
2009	3.12	47.49	0.60	2.12	1.27	28.89	15.23	0.01	1.26
2010	3.35	46.98	0.67	1.96	1.70	28.64	15.43	0.01	1.25
2011	3.71	47.84	0.76	1.98	2.17	26.87	15.37	0.01	1.29
2012	3.12	49.91	0.71	2.24	1.50	25.86	15.37	0.02	1.26
2013	3.49	54.27	0.62	2.61	1.51	22.32	13.84	0.02	1.32
2014	3.50	53.00	0.61	3.31	1.67	23.04	13.36	0.02	1.50
2015	3.54	56.74	0.53	3.26	1.51	19.90	12.87	0.02	1.63
2016	3.26	57.53	0.59	3.30	1.50	19.48	12.49	0.02	1.83
2017	4.92	43.20	0.92	4.67	2.21	26.11	16.27	0.02	1.68

资料来源：联合国商品贸易数据库（UN Comtrade）。

从贸易总额来看，电子通信设备、电脑办公设备、科学仪器是中国高技术产品进出口中最重要的三项，这三类高技术产品的进出口贸易额总占比长期超过85%：2001年，电子通信设备、电脑办公设备、科学仪器的进出口贸易总额分别为482.00亿美元、329.00亿美元和95.20亿美元，占中国高技术产品进出口总额的比重分别是46.56%、31.78%和9.20%；2017年贸易总额分别为3 205.00亿美元、1 937.00亿美元和1 207.00亿美元，占中国高技术产品进出口总额的比重分别是43.20%、26.11%和16.27%。其次是电机设备、航空航天设备和化学品，2017年进出口贸易总额占比分别为4.92%、4.67%和2.21%；医药产品、非电机设备和武器装备是中国高技术产品进出口中占比最少的三类，2017年占比分别是1.68%、0.92%和0.02%。

从贸易总额占比的变化来看，2001～2017年，电子通信设备、电脑办公设备的进出口贸易总额占比呈下降趋势，由2001年的46.56%、31.78%明显减少到2017年的43.20%和26.11；科学仪器、航空航天设备和电机设备贸易总额占比出现不同程度的增加，分别由2001年的9.20%、4.11%和

3.89%提高到 2017 年的 16.27%、4.67%和 4.92%。非电机设备、武器装备、医药品设备及化学品由于贸易总额占比基础较低，2017 年较 2001 年的变化也整体较小（见图 4—2）。

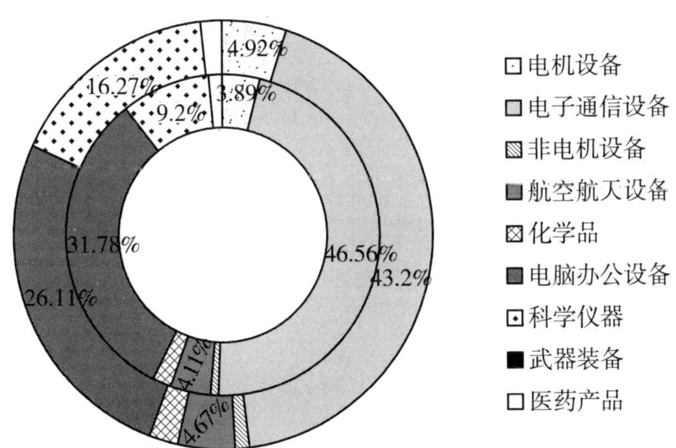

图 4—2　2001 年和 2017 年中国不同类别高技术产品贸易总额占比变化

资料来源：联合国商品贸易数据库（UN Comtrade）。

表 4—4 进一步报告了 2001～2017 年中国不同类别高技术产品的贸易差额。

表 4—4　2001～2017 年中国不同类别高技术产品贸易差额　单位：亿美元

年份	电机设备	电子通信设备	非电机设备	航空航天设备	化学品	电脑办公设备	科学仪器	武器装备	医药产品
2001	4.70	−98.00	−9.25	−39.06	9.21	99.00	−35.60	0.11	5.09
2002	3.60	−163.00	−12.12	−33.39	11.20	173.00	−63.60	0.14	5.48
2003	0.60	−254.00	−16.15	−38.02	14.83	348.00	−142.60	0.14	6.08
2004	−3.10	−266.00	−27.43	−45.32	19.67	536.00	−229.00	0.19	7.00
2005	3.20	−301.00	−28.94	−62.21	31.16	705.00	−267.00	0.25	8.80
2006	−2.20	−350.00	−31.99	−100.33	25.80	883.00	−303.00	0.37	12.40
2007	4.20	−540.00	−25.11	−99.98	30.50	1 032.00	−339.00	0.57	14.80
2008	25.90	−410.00	−21.60	−93.30	19.30	1 114.00	−361.00	0.74	14.00
2009	25.80	−350.00	−17.94	−104.20	2.90	995.00	−300.00	0.59	15.20
2010	36.00	−480.00	−24.70	−122.60	0.00	1 313.00	−389.00	0.94	22.00

续表

年份	电机设备	电子通信设备	非电机设备	航空航天设备	化学品	电脑办公设备	科学仪器	武器装备	医药产品
2011	61.00	−430.00	−32.20	−127.00	28.30	1 403.00	−396.00	1.09	10.00
2012	57.00	−360.00	−33.30	−173.90	28.20	1 434.00	−344.00	1.30	−0.90
2013	69.00	−300.00	−29.20	−223.90	40.80	1 456.00	−340.00	1.54	−15.30
2014	65.00	−200.00	−22.00	−268.80	45.00	1 469.00	−320.00	1.55	−20.30
2015	84.00	−100.00	−14.20	−234.40	24.30	1 226.00	−264.00	1.62	−30.70
2016	68.00	−270.00	−14.20	−204.10	26.70	1 101.00	−241.00	1.26	−39.70
2017	123.00	1 895.00	−26.40	−233.20	47.70	1 143.00	−245.00	1.26	−6.20

资料来源：联合国商品贸易数据库（UN Comtrade）。

可以看出，中国高技术产品贸易总额排名前三位的三类产品——电子通信设备、电脑办公设备和科学仪器中，电子通信设备和科学仪器长期处于贸易逆差的地位，且是高技术产品贸易逆差较多的两类产品。2001 年，电子通信设备和科学仪器进出口贸易逆差分别为 98.00 亿美元和 35.60 亿美元，2016 年逆差分别增加到 270.00 亿美元和 241.00 亿美元。其次，航空航天设备和非电机设备也是中国高技术产品进出口中长期处于贸易逆差的两类产品，2017 年贸易逆差分别达到 233.20 亿美元和 26.40 亿美元。电脑办公设备既是中国高技术产品进出口中贸易总额排名第二位的产品，也是中国高技术产品贸易顺差最高的产品，2001 年电脑办公设备的贸易顺差 99.00 亿美元，2017 年已高达 1 143.00 亿美元。此外，电机设备、化学品、武器装备也长期处于贸易顺差的地位，2017 年贸易差额分别为 123.00 亿美元、47.70 亿美元和 1.26 亿美元。医药产品的进出口则由贸易顺差转向贸易逆差：2001 年贸易顺差 5.09 亿美元，2012 年以来，随着中国对高端医药品设备需求的增加，医药产品的进口逐渐超过出口，转变成贸易逆差的产品，医药产品的贸易逆差最高于 2016 年达到 39.70 亿美元，2017 年大幅回落，但仍有 6.20 亿美元的贸易逆差。

2. 不同类别高技术产品出口贸易

进出口贸易总额并不能单独反映出口贸易和进口贸易的发展情况。因此，本小节进一步探讨不同类别高技术产品的出口贸易和进口贸易发展情况。表 4－5 显示了 2001～2017 年中国不同类别高技术产品出口贸易的占比情况。可以看出，电子通信设备、电脑办公设备是中国最重要的两类出口高技术产品，2017 年占比分别高达 50.40％和 30.44％，其次是科学仪器和电机设备，分别占比 9.51％和 4.82％。虽然航空航天设备的贸易总额占比较高，但长期处于贸易逆差地位，因此，出口贸易的占比较低：2017 年航空航天设备的进出口总额的占比 4.67％，但出口贸易额的占比仅 1.12％。

表 4－5　2001～2017 年中国不同类别高技术产品出口贸易占比　单位：％

年份	电机设备	电子通信设备	非电机设备	航空航天设备	化学品	电脑办公设备	科学仪器	武器装备	医药产品
2001	4.63	39.53	0.13	0.36	3.07	44.06	6.14	0.04	2.04
2002	4.19	38.11	0.13	0.19	2.46	48.22	4.87	0.03	1.80
2003	3.24	34.89	0.08	0.18	1.98	52.76	5.53	0.02	1.32
2004	3.00	37.38	0.09	0.18	1.81	50.04	6.52	0.01	0.97
2005	2.68	38.13	0.12	0.17	1.93	48.54	7.49	0.01	0.92
2006	2.63	40.30	0.21	0.32	1.63	46.64	7.35	0.01	0.90
2007	3.08	37.08	0.23	0.23	1.96	46.77	9.55	0.02	1.06
2008	3.37	38.19	0.32	0.38	2.20	44.46	9.94	0.02	1.13
2009	3.41	39.67	0.28	0.32	1.26	43.94	9.64	0.02	1.45
2010	3.65	38.96	0.33	0.36	1.62	43.67	9.92	0.02	1.47
2011	4.17	40.36	0.37	0.46	2.36	40.80	10.12	0.03	1.32
2012	3.50	43.32	0.34	0.38	1.69	38.55	11.03	0.03	1.17
2013	3.91	48.38	0.32	0.45	1.79	34.05	9.98	0.03	1.10
2014	3.85	47.64	0.37	0.67	1.96	34.69	9.58	0.03	1.22
2015	4.09	52.22	0.37	0.91	1.63	29.87	9.64	0.03	1.25
2016	3.81	52.29	0.42	1.09	1.71	29.80	9.51	0.03	1.34
2017	4.82	50.40	0.41	1.12	2.10	30.44	9.51	0.03	1.17

资料来源：联合国商品贸易数据库（UN Comtrade）。

从不同类别高技术产品出口占比的变化来看，电子通信设备的出口占比得到明显提高，由 2001 年的 39.53%增加到 2017 年的 50.40%，并于 2012 年出口贸易额首次超过电脑办公设备，成为出口贸易比重最大的高技术产品。尽管如此，从表 4—4 可以看出，电子通信设备同时也是中国高技术产品中贸易逆差较多的产品。此外，科学仪器、电机设备的出口占比小幅增加，分别由 2001 年的 6.14%、4.63%增加到 2017 年的 9.51%和 4.82%。电脑办公设备是中国高技术产品进出口中贸易顺差最高的产品，但出口贸易占比逐年降低，已由 2001 年的 44.06%减少到 2017 年的 30.44%，位居电子通信设备之后，成为中国高技术产品进出口中出口占比第二的产品。此外，化学品、武器装备、非电机设备的出口占比由于基础占比本身较低，变化幅度也非常有限（见图 4—3）。

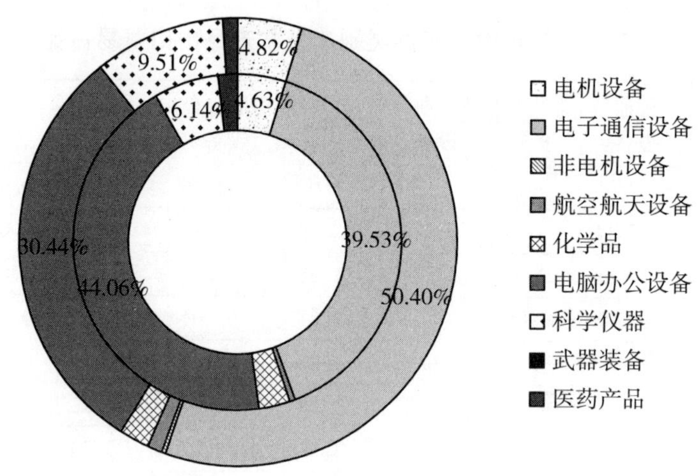

图 4—3　2001 年和 2017 年中国不同类别高技术产品出口占比变化

资料来源：联合国商品贸易数据库（UN Comtrade）。

3. 不同类别高技术产品进口贸易

表 4—6 显示了 2001～2017 年中国不同类别高技术产品进口贸易占比情况。可以看出，电子通信设备是中国高技术产品进口中最重要的产品，其占高技术产品进口总额的比重常年超过占 50%，2016 年高达 63.25%，占据绝对地位。这一结果与电子通信设备长期处于贸易逆差地位相对应。此外，科学仪器、电脑办公

设备、航空航天设备也是重要的进口产品，2017 年进口占比分别为 30.76%、16.82%和 12.29%。电机设备、化学品、医药产品和武器装备的进口占比总体相对较小，除武器装备外，电机设备、化学品、医药产品的进口占比均高于相应出口贸易的比重。例如，2017 年，电机设备、化学品、医药产品的进口占比分别为 5.13%、2.47%和 2.77%，出口占比分别为 4.82%、2.10%和 1.17%。

表 4—6　2001～2017 年中国不同类别高技术产品进口贸易占比　单位：%

年份	电机设备	电子通信设备	非电机设备	航空航天设备	化学品	电脑办公设备	科学仪器	武器装备	医药产品
2001	3.24	52.78	1.80	7.43	1.04	20.93	11.90	0.011	0.88
2002	3.29	55.59	1.71	4.56	0.74	20.50	12.72	0.005	0.90
2003	2.96	54.42	1.47	3.46	0.56	18.95	17.48	0.002	0.70
2004	3.18	53.62	1.78	2.98	0.58	16.68	20.63	0.002	0.54
2005	2.64	54.61	1.55	3.24	0.48	15.99	20.96	0.001	0.53
2006	2.86	56.17	1.48	4.28	0.70	14.42	19.64	0.001	0.46
2007	3.02	56.60	1.10	3.67	0.97	12.62	21.44	0.001	0.58
2008	2.84	55.16	1.05	3.46	1.78	12.27	22.65	0.001	0.78
2009	2.81	56.07	0.96	4.10	1.28	12.40	21.35	0.002	1.04
2010	3.02	55.79	1.03	3.73	1.78	12.16	21.47	0.001	1.01
2011	3.19	56.28	1.22	3.69	1.96	11.13	21.29	0.002	1.25
2012	2.69	57.41	1.14	4.36	1.29	11.44	20.32	0.002	1.36
2013	3.03	60.95	0.95	5.06	1.20	9.02	18.22	0.001	1.56
2014	3.10	59.21	0.88	6.36	1.33	9.58	17.72	0.001	1.83
2015	2.92	61.91	0.72	5.96	1.36	8.48	16.58	0.002	2.07
2016	2.66	63.25	0.77	5.73	1.28	8.19	15.76	0.003	2.35
2017	5.13	27.76	2.00	12.29	2.47	16.82	30.76	0.003	2.77

资料来源：联合国商品贸易数据库（UN Comtrade）。

从不同类别高技术产品进口占比的变化来看，电子通信设备的进口占比长期超过 50%，但 2017 年由于进口贸易额大幅减少，2017 年进口占比降低到 27.76%，甚至低于科学仪器的进口占比。此外，电脑办公设备的进口占比出现小幅下降，由于国内互联网相关硬件的发展，电脑办公设备长期是中国贸易顺差产品，进口比重自然由 2001 年的 20.93%减少到 2017 年的 16.82%。相比而言，科学仪器、航空航天设备、医药产品的进口占比出现不同程度的增长：2001 年，中国进口的科学仪器占比仅 11.90%，随着国内对大型高端科研设备需求的增加，2017 年进口的科学仪器占比已达到 30.76%。同时由于电子通信设备进口突然大幅降低，科学仪器成为 2017 年中国进口占比最高的高技术产品；航空航天设备、医药产品的进口占比则分别由 2001 年的 7.43%、0.88%明显增加到 2017 年的 12.29%、2.77%。此外，其他各类产品的进口占比变化相对较小（见图 4—4）。

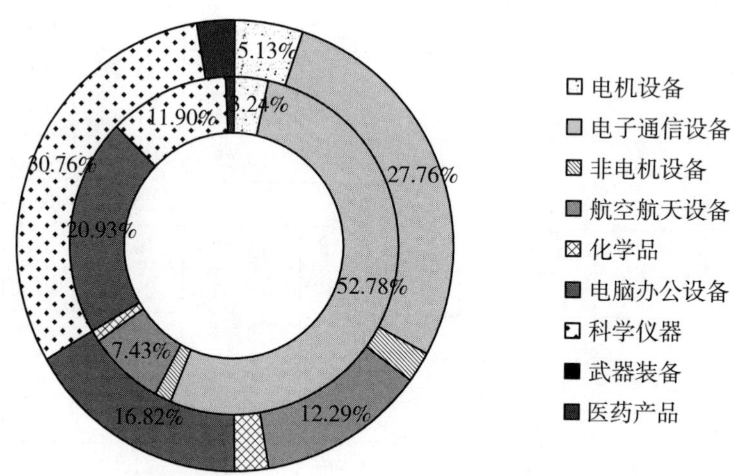

图 4—4 2001 年和 2017 年中国不同类别高技术产品进口占比变化

资料来源：联合国商品贸易数据库（UN Comtrade）。

4.2 高技术产品主要贸易伙伴

4.2.1 高技术产品进出口主要国家（地区）

表 4—7 显示了 2001～2017 年间中国高技术产品贸易总额排名前 20 位的国家（地区）。可以看出，长期以来中国高技术产品进出口的贸易伙伴主要有美国、中国香港、日本、韩国、德国、荷兰、泰国、印度、新加坡、马来西亚、

法国等国家（地区）。这些国家（地区）主要分为两大类：一类是与中国地理位置和文化相似的亚洲国家（地区），例如中国香港、泰国、马来西亚、越南等，这些国家（地区）多数是中国高技术产品重要的出口目的地；另一类是美国、日本、德国、荷兰、法国等经济发达和高技术产品具有较大贸易竞争力的国家（地区）。

表 4—7　　中国高技术产品贸易额前 20 位的国家（地区）　　单位：亿美元

进出口排名	2001 年		2005 年		2009 年		2013 年		2017 年	
	贸易伙伴	贸易总额	贸易伙伴	贸易总额	贸易伙伴	贸易总额	贸易伙伴	贸易总额	贸易伙伴	贸易总额
1	美国	205.00	美国	652.00	美国	830.00	中国香港	1 860.00	美国	1 480.00
2	日本	155.00	中国香港	545.00	中国香港	744.00	美国	1 440.00	中国香港	1 100.00
3	中国香港	137.00	日本	462.00	韩国	610.00	韩国	1 130.00	日本	569.00
4	韩国	50.80	韩国	377.00	日本	493.00	日本	736.00	韩国	495.00
5	德国	50.60	德国	186.00	马来西亚	248.00	马来西亚	445.00	德国	327.00
6	马来西亚	42.50	马来西亚	173.00	德国	240.00	德国	322.00	荷兰	293.00
7	新加坡	39.40	新加坡	143.00	新加坡	170.00	荷兰	271.00	泰国	165.00
8	荷兰	33.00	荷兰	142.00	泰国	153.00	新加坡	218.00	印度	148.00
9	英国	22.00	菲律宾	124.00	荷兰	152.00	泰国	181.00	马来西亚	140.00
10	泰国	21.90	泰国	82.40	法国	108.00	菲律宾	133.00	法国	135.00
11	法国	18.60	法国	69.60	菲律宾	102.00	法国	126.00	新加坡	131.00
12	菲律宾	15.90	英国	57.90	英国	81.90	英国	120.00	墨西哥	124.00
13	芬兰	15.30	爱尔兰	33.60	印度	58.50	越南	111.00	英国	123.00
14	俄罗斯	13.80	加拿大	28.20	墨西哥	56.40	墨西哥	110.00	越南	120.00
15	加拿大	11.00	澳大利亚	23.20	加拿大	42.60	印度	98.90	菲律宾	85.30
16	瑞典	10.20	印度	22.90	意大利	42.40	加拿大	64.60	澳大利亚	83.40
17	墨西哥	7.96	墨西哥	22.80	澳大利亚	38.80	巴西	63.80	俄罗斯	70.60
18	意大利	7.47	芬兰	21.40	巴西	35.40	澳大利亚	63.00	意大利	67.70
19	爱尔兰	6.64	意大利	20.60	阿联酋	32.70	俄罗斯	58.10	阿联酋	67.50
20	比利时	6.37	印度尼西亚	19.90	捷克	31.60	意大利	54.70	加拿大	55.40

资料来源：联合国商品贸易数据库（UN Comtrade）。

2017 年中国高技术产品进出口贸易总额排名前 20 位的国家（地区）是美国、中国香港、日本、韩国、德国、荷兰、泰国、印度、马来西亚、法国、新加坡、墨西哥、英国、越南、菲律宾、澳大利亚、俄罗斯、意大利、阿联酋、加拿大，进出口贸易额比重占据绝对地位的是美国（19.95%）和中国香港（14.83%）；此外，日本、韩国的进出口贸易额占比均超过 5%，分别为 7.67%、6.67%，德国、荷兰的贸易占比也较高，分别为 4.41%和 3.95%，其他国家（地区）的比重相对较小。

4.2.2 高技术产品出口主要国家（地区）

单从高技术产品出口来看，美国、中国香港、日本、荷兰、德国等国家（地区）长期是中国高技术产品的重要出口目的地，尤其是到美国和中国香港的高技术出口所占比重总和近 50%，出口到其他国家（地区）的高技术产品占比相对较少。2017 年，出口到美国的高技术产品占比为 23.52%，出口到中国香港的高技术产品占比为 21.74%，出口到日本、荷兰的占比也较高，分别为 5.73%和 5.59%，出口到其他国家（地区）的占比总体较低（见表 4—8）。

表 4—8　中国高技术产品出口贸易额前 20 位的国家（地区）

单位：亿美元

出口排名	2001 年		2005 年		2009 年		2013 年		2017 年	
	贸易伙伴	出口额	贸易伙伴	出口额	贸易伙伴	出口额	贸易伙伴	出口额	贸易伙伴	出口额
1	美国	113.00	中国香港	509.00	中国香港	722.00	中国香港	1 850.00	美国	1 190.00
2	中国香港	112.00	美国	507.00	美国	624.00	美国	1 010.00	中国香港	1 100.00
3	日本	49.20	日本	178.00	日本	161.00	日本	330.00	日本	290.00
4	荷兰	30.90	荷兰	138.00	德国	151.00	韩国	278.00	荷兰	283.00
5	德国	25.40	德国	132.00	韩国	148.00	荷兰	261.00	韩国	229.00
6	新加坡	20.10	新加坡	68.00	荷兰	146.00	德国	157.00	德国	178.00
7	韩国	16.20	韩国	63.10	新加坡	110.00	新加坡	120.00	印度	145.00

续表

出口排名	2001年		2005年		2009年		2013年		2017年	
	贸易伙伴	出口额	贸易伙伴	出口额	贸易伙伴	出口额	贸易伙伴	出口额	贸易伙伴	出口额
8	英国	14.40	英国	46.50	英国	68.80	英国	99.90	墨西哥	109.00
9	马来西亚	12.20	马来西亚	43.30	法国	65.40	印度	95.30	英国	103.00
10	泰国	7.97	法国	35.90	马来西亚	62.40	墨西哥	90.30	新加坡	93.40
11	法国	6.73	爱尔兰	23.10	印度	55.50	马来西亚	83.10	澳大利亚	74.80
12	比利时	4.74	澳大利亚	22.10	墨西哥	45.30	泰国	63.50	越南	69.80
13	澳大利亚	3.84	印度	21.20	澳大利亚	36.50	巴西	59.50	泰国	67.60
14	墨西哥	3.77	加拿大	21.00	泰国	33.10	澳大利亚	57.50	阿联酋	67.40
15	爱尔兰	3.62	泰国	20.70	阿联酋	32.70	俄罗斯	55.50	俄罗斯	63.80
16	加拿大	3.61	卢森堡	19.80	意大利	31.70	越南	54.90	马来西亚	58.20
17	印度	3.32	比利时	14.70	加拿大	30.90	阿联酋	51.40	意大利	49.10
18	意大利	3.23	芬兰	13.00	巴西	30.80	加拿大	44.80	巴西	48.00
19	匈牙利	2.79	意大利	13.00	卢森堡	29.90	法国	44.20	加拿大	47.00
20	芬兰	2.41	墨西哥	13.00	捷克	29.30	印度尼西亚	39.40	波兰	46.00

资料来源：联合国商品贸易数据库（UN Comtrade）。

4.2.3　高技术产品进口来源主要国家（地区）

从高技术产品进口来源国家（地区）来看，中国主要从美国、日本、韩国、德国等发达国家（地区）进口大量的高技术产品，而中国香港虽然是重要的进口贸易伙伴和出口贸易伙伴，但从中国香港进口的高技术产品却非常有限。具体来看，从美国、日本、韩国进口的高技术产品占比最高，2017年从美国、日本、韩国进口的高技术产品占比为12.42%、11.82%、11.27%，相比而言，不像高技术产品出口那样过于集中于个别国家（地区），高技术产品进口来源国家（地区）总体较为分散（见表4—9）。

表 4—9　中国高技术产品进口贸易额前 20 位的国家（地区）　单位：亿美元

进口排名	2001 年		2005 年		2009 年		2013 年		2017 年	
	贸易伙伴	进口额	贸易伙伴	进口额	贸易伙伴	进口额	贸易伙伴	进口额	贸易伙伴	进口额
1	日本	106.00	韩国	314.00	韩国	462.00	韩国	856.00	美国	293.00
2	美国	92.10	日本	284.00	日本	332.00	美国	436.00	日本	279.00
3	韩国	34.70	美国	145.00	美国	205.00	日本	406.00	韩国	266.00
4	马来西亚	30.30	马来西亚	130.00	马来西亚	185.00	马来西亚	362.00	德国	149.00
5	德国	25.20	菲律宾	112.00	泰国	120.00	德国	165.00	泰国	97.80
6	中国香港	24.60	新加坡	75.10	德国	88.90	泰国	117.00	法国	91.10
7	新加坡	19.30	泰国	61.70	菲律宾	85.80	菲律宾	111.00	马来西亚	81.70
8	泰国	13.90	德国	54.20	新加坡	60.30	新加坡	98.90	菲律宾	54.50
9	菲律宾	13.70	中国香港	35.70	法国	43.00	法国	82.00	越南	50.40
10	芬兰	12.90	法国	33.80	哥斯达黎加	25.80	越南	56.10	新加坡	37.70
11	俄罗斯	12.90	印度尼西亚	11.90	中国香港	22.00	哥斯达黎加	45.20	英国	20.60
12	法国	11.90	英国	11.40	爱尔兰	21.30	英国	20.50	意大利	18.60
13	瑞典	7.85	爱尔兰	10.50	英国	13.10	加拿大	19.80	瑞士	14.90
14	英国	7.62	墨西哥	9.87	加拿大	11.70	意大利	19.70	墨西哥	14.50
15	加拿大	7.37	哥斯达黎加	8.85	墨西哥	11.10	墨西哥	19.30	哈萨克斯坦	12.60
16	意大利	4.24	芬兰	8.34	意大利	10.80	瑞士	19.10	爱尔兰	10.20
17	墨西哥	4.19	意大利	7.62	印度尼西亚	10.70	爱尔兰	18.80	荷兰	9.33
18	印度尼西亚	3.83	加拿大	7.19	瑞士	9.98	哈萨克斯坦	18.50	奥地利	9.24
19	爱尔兰	3.02	瑞士	6.35	奥地利	7.71	奥地利	10.60	印度尼西亚	8.87
20	瑞士	2.46	瑞典	5.10	荷兰	6.26	荷兰	9.99	澳大利亚	8.51

资料来源：联合国商品贸易数据库（UN Comtrade）。

4.3　中国高技术产品贸易存在的问题

2001 年以来，中国高技术产品贸易得到明显发展，但仍然存在贸易结构不合理、贸易伙伴过于集中、主要出口产品技术含量低、自主创新能力不高等问题。具体表现在以下五个方面：

1. 主要高技术产品仍处于贸易逆差地位

2005 年以来，中国高技术产品总体保持贸易顺差，但从不同类别的高技术产品来看，电子通信设备、航空航天设备、科学仪器等尖端技术产品的国际竞争力较弱，仍然长期处于贸易逆差的格局。此外，虽然电子通信设备、电脑办公设备的出口绝对值较高，但存在很高比重的加工贸易，因此，中国高技术产品的国家竞争力仍存在很大的提升空间。

2. 高技术产品进出口种类过于集中

在中国高技术产品进出口中，电子通信设备、电脑办公设备的进口和出口占据绝对地位，占比总和均超过 80%，航空航天设备、科学仪器、武器装备的占比仅占 15%左右。尤其是近几年，由于外商投资主要集中于集成电路、计算机和信息产品等，加上中国政府对集成电路、电子芯片等产业的高度重视，中国高技术产品的进出口过于集中，不利于中国高技术产品的协调均衡发展。

3. 高技术产品进出口市场过度集中

中国高技术产品贸易总体呈现以东亚进口为主、西方出口为主的“东进西出”模式。中国高技术产品出口市场主要集中在美国、中国香港、日本、欧盟、东盟，占出口总额的 80%左右。考虑中国香港转口贸易地位，最终消费国仍然主要集中于美国和欧盟地区，进口市场主要集中在美国、欧盟、日本、韩国。过高的市场集中度明显提高了中国高技术产品进出口的市场风险。一方面，过于集中的出口市场使中国高技术产品出口很容易受欧美等国家（地区）的反倾销、反补贴等贸易救济措施以及国家安全、质量和环境标准等技术壁垒的阻碍；另一方面，欧美等发达国家（地区）为了遏制中国高新技术产业的发展，限制向中国出口高精尖产品。例如，长期以来，美国以保护国家安全为由，既限制华为、中兴等高科技公司在美国市场的准入，同时又禁止向中国销售大量高科技产品。总体而言，中国高科技产品进出口市场过于集中非常不利于中国高技术行业的自主创新发展。

4. 主要出口的高技术产品技术含量低

中国高技术产品进口主要集中在高端产品，如电子通信设备、航空航天设备和科学仪器长期存在巨大贸易逆差；而出口则集中于中低端产品，如电脑办公设备是中国高技术产品进出口中贸易顺差最大的产品。即便如此，中国出口较多的电脑办公设备由于自身技术创新能力不足，一些关键元器件受制于国外产品，发展主要依托廉价劳动力和低资源价格，因此，主要出口的高技术产业技术密集度低，出口附加值低。中国仍缺乏核心竞争优势的精尖高技术产业，这将是制约中国高技术产品贸易的关键问题。

5. 全球技术贸易壁垒日益严重

2008 年金融危机以来，全球范围内的贸易保护主义抬头，欧美等发达国家（地区）的民族主义情绪日益明显。尤其是在全球经济低迷的情况下，部分国家忌惮中国经济的增长和高新技术的发展。随着“中国制造 2025”的出台，以美国为代表的发达国家对中国高技术产业发展和高技术贸易进行或明或暗的阻挠，甚至利用 WTO 各种制度缺陷和对自身有利的条款，采取技术性贸易壁垒措施限制中国高技术产品进入本国市场。可以说，中国高技术产品贸易正面临严峻的国际竞争环境。

4.4 提升高技术产品贸易竞争力的对策建议

由于高技术产品的国际贸易竞争力不仅直接影响一国进出口贸易的总体格局，还对经济发展、国家安全等产生重要影响，因此，需要从根本上提升高技术企业自主创新水平，不断提升国家高技术产品的国际竞争力。因此，本章提出以下对策建议：

1. 发挥市场决定性作用，引入竞争机制，消除区域间壁垒

从近年来中国高科技产品出口主体角度看，国有企业在高科技产品出口中的比重不断下降，而以民营企业为代表的其他主体所占比重呈不断上升趋势。竞争机制的引入对于提升高科技产品的国际竞争力作用显著。国有高技术企业享受垄断资源优势，但往往缺乏自主创新的动力。相反，在竞争机制中成长起来的民营企业则展现出旺盛的活力。因此，需要在高技术企业中引入充分的市场竞争机制，消除区域间贸易壁垒，全面提升我国高技术产品的整体竞争力。

2. 加大研发引导力度，完善研发扶持政策

在中国现有高技术产品出口格局中，外资企业占据重要地位，随着外资企业“独资化”趋势的加强，通过引进方式获取核心技术的难度将越来越大。为应对日益激烈的国际竞争，内资企业获得核心关键技术将更多需要依靠自主创新。这就要求政府不断加大对内资企业研发活动的引导，在经费投入上加大力度，落实企业研发经费税前加计扣除，实施更大的研发税收优惠，鼓励高技术企业投资于研究与开发等高端环节。与此同时，进一步鼓励跨国公司在中国设立研发中心和技术服务中心等，真正发挥技术溢出效应。

3. 在优势和重点领域鼓励形成集群式发展模式

从中国高技术产品贸易既有格局看，总体处于高速增长状态，在某些领域仍存在不均衡发展态势。因此，在未来发展过程中，中国应针对国际竞争力优势技术领域（如电脑办公设备）、已经形成一定规模的技术领域（如电子通信设备），以及战略性新兴技术领域，打造良好创新环境，结合区域和技术资源禀赋，打造产业集群，形成特色集群发展模式。

4. 通过整合产业链巩固优势产业，逐步向产业价值链高端拓展

目前，中国高技术产品仍主要以加工制造为主，竞争优势也多集中在规模和成本上。“中国制造”的国际产业模式短期难以改变。在后续的发展过程中，应该继续完善规模和成本优势，通过完善高技术产业的配套体系和政策环境，继续稳步提升高技术产品的加工生产能力，强化国际竞争力。同时，也要加大研发环节投入，解决资金、技术和人才等方面的问题，引导高技术企业向产业价值链高端拓展，从而向“中国制造”、“中国智造”和“中国创造”相融合的方向发展，实现“中国创造”引领国际高技术产业发展目标。

5. 鼓励高技术企业与高校和科研院所协同创新，提升高技术产品的核心竞争力

由于中国的高技术企业长期从事生产加工，缺乏必要的研发积累和充足的研发投入，而大量的研究型大学和科研院所具备长期的科研积累，汇聚了大量高端科研平台和人才，但是缺乏需求引导和市场方向的判断。因此，亟须鼓励高技术企业与高校和科研院所协同创新，通过产学研一体的创新模式提升中国高技术产品的核心竞争力，这也将成为未来一段时期之内国家产业整合发展的基本方向。

第 5 章

中国与技术强国的高技术产品贸易

5.1 中美高技术产品贸易发展

高技术产业是中国重点培育的工业领域，开拓高技术产业国际市场是中国对外贸易发展、参与全球价值链分工、提升国际分工地位和提高国际竞争力的关键所在（廉勇，2018）。随着经济全球化的不断推进和中国经济实力的不断增强，中国与世界各国在高技术产品上的贸易往来日益频繁，高技术产品贸易在中国对外贸易中的占比也不断增加。根据联合国商品数据库统计，中国高技术产品进出口贸易占比已从 2000 年的 17.78%逐年增加到 2016 年的 25.42%，截至 2017 年，年均增长率约为 25%。对于中国的高技术产品贸易，美国是重要的贸易伙伴之一。中国加入 WTO 之后，中美高技术产品贸易额更是逐年增加，从 2000 年的 179.94 亿美元一直增加到 2017 年的 1 546.49 亿美元。但是近来中美贸易摩擦不断升级，美国向中国公布了一系列加征关税的商品清单，中美贸易发展受到了前所未有的挑战和阻碍，其中高技术产品贸易发展所面临的威胁首当其冲。所以，此时对中美高技术产品贸易的发展现状和未来趋势进行分析，对中美贸易整体的发展具有非常重要的意义。

5.1.1 中美高技术产品贸易总体发展趋势

1. 中美高技术产品进出口贸易规模

联合国商品数据库统计数据显示，中国自 2001 年加入 WTO 以来，对美国高技术产品进出口整体上呈现不断增加的趋势（见图 5—1）。

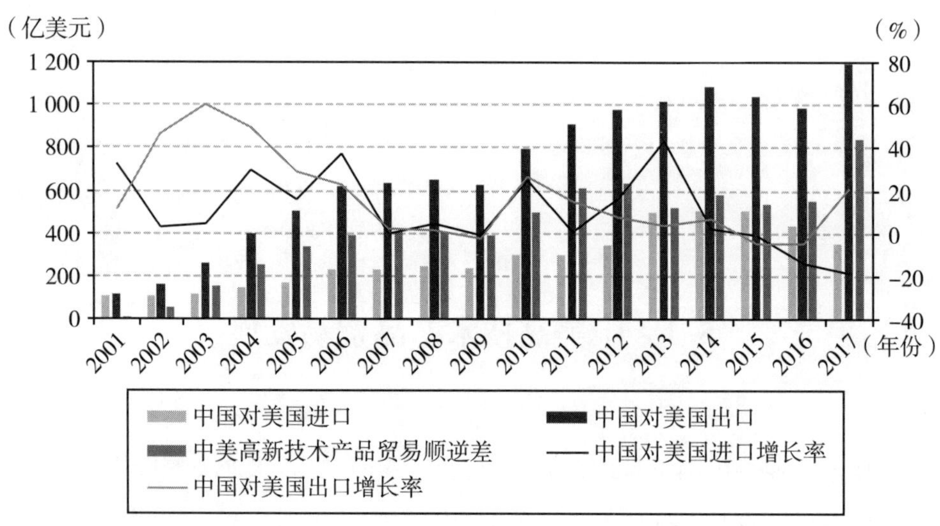

图 5—1 2001～2017 年中美高技术产品贸易总趋势

资料来源：联合国商品数据库（UN Comtrade）。

中国对美国高技术产品出口从 2001 年的 112.50 亿美元逐年增加到 2017 年的 1 194.33 亿美元的最大值。尽管 2015 年开始由于受到外部经济的影响，中国对美国的高技术产品出口出现小幅下降，但之后一直维持比较稳定的变化趋势。2017 年中国对美国高技术产品出口占对美国出口贸易的 27.75%，较 2001 年增加了约 7 个百分点。对于出口增长率，除了 2003 年有较大增幅约 60%之外，2005 年以后一直处于 20%以下小幅波动，可见中国对美国高技术产品的出口增长相对较为稳定。随着中国技术水平的不断提高，中国高技术产品的国际竞争力正在逐渐增强，此时中国对美国高技术产品出口不断增加的原因主要由价格竞争效应和市场需求效应所导致。价格竞争力效应是中国对美国高技术产品出口增长的最主要因素，其次是市场需求引致效应，但近年来价格竞争力效应正不断下降（郑学党、庄芮，2015）。

中国对美国高技术产品进口与出口有相似的变化趋势（见图 5－1），从 2001 年开始逐年增加之后出现小幅下降。具体地，中国从美国进口的高技术产品从 2001 年的 104.36 亿美元逐年增加到 2014 年的 507.90 亿美元的最大值，之后几年进口额稳步下降，在 2017 年进口额约为 352.16 亿美元。与出口贸易不同的是，2001～2017 年，中国对美国高技术产品的进口增长率波动较大，在 2006 年和 2013 年分别出现了两次增长峰值，分别约 38％和 43％。而 2015 年之后随着中国对美国高技术产品进口额的小幅下降，进口增长率也呈现出不断减少的变化趋势。随着中国市场上高技术产品种类的日益多样化以及中国产品国际竞争力的不断提高，中国对美国高技术产品的需求开始减弱，再加上美国对该类产品的出口限制，因此整体上中国进口的高技术产品占对美国总进口的比重出现了一定幅度的下降，2017 年进口占比约为 22.80％，相比 2001 年下降了 17 个百分点。

2. 中美高技术产品进出口差额

中国对美国的高技术产品贸易在 2001 年之后以顺差为主，顺差额不断增加。《关于中美经贸摩擦的事实与中方立场》白皮书中提到，尽管美国在高技术产品贸易方面拥有巨大的竞争优势，但美国政府基于冷战思维，长期对中国实施严格的出口管制，人为抑制了美国优势产品的对中国的出口潜力，造成美企业丧失大量对中国出口的机会，进而加大了中美货物贸易逆差。根据联合国商品数据库统计数据，2001 年顺差额约为 8.14 亿美元。随着中国自主创新能力的不断增加，高技术产品贸易出口额不断增加，贸易顺差额逐年增加，截至 2017 年，顺差额增加到约 842.16 亿美元（见图 5－1）。同时，在贸易顺差不断增加的趋势中，也伴随着小幅波动，如 2008 年金融危机的影响，贸易顺差额由 2008 年的 404.81 亿美元下降到了 2009 年的 389.03 亿美元。同样，2013 年和 2015 年由于受到国际经济形势的影响，美国高技术产品需求减弱，中国对美国高技术产品的贸易顺差额均出现了类似的小幅波动，且该波动与中国高技术产品出口的小幅下降相对应。

根据 OECD 国家科技与创新战略（STI）工作文件对高技术产品的分类标准，中国高技术产品贸易包括航空航天设备、电脑办公设备、电子通信设备、医药产品、科学仪器、电机设备、非电机设备、化学品和武器装备九大类。由于中美两国比较优势和国际分工格局的不同，目前中国对美国高技术产品贸易不断增加的顺差主要体现在电脑办公设备、化学品和武器装备这三类产品上。根据联合国商品数据统计，从 2001 年开始，中、美在这三类高技术产品上的贸易顺差值逐年增加，分别从 2001 年的 98.76 亿美元、9.26 亿美元和 0.11 亿美元逐渐增加到 2017 年的 1 140.54 亿美元、47.61 亿美元和 1.26 亿美元。而这三类产品中，中国对美国高技术产品出口主要以电脑办公设备为主，因此中美贸易顺差主要集中在该类产品上。而中美高技术产品贸易在航空航天设备、电子通信设备、科学仪器和非电机设备上主要以逆差为主。其中，航空航天设备、科学仪器和非电机设备这三类产品中美贸易逆差额从 2001 年的 39.06 亿美元、35.57 亿美元和 9.25 亿美元逐年增加到 2017 年的 233.24 亿美元、245.51 亿美元和 36.38 亿美元。而电子通信设备的贸易逆差额从 2001 年的 98.68 亿美元逐渐增加到 2016 年的 266.64 亿美元，但是在 2017 年由于中国对美国的进口迅速减少，该类产品首次出现了贸易顺差，且顺差额较大，约为 1 898.25 亿美元。对于中美高技术产品贸易中的另外两类产品——医药产品和电机产品在 2010 年前后却表现出不同的贸易顺逆差情况。

5.1.2 中美高技术产品贸易商品结构

中美高技术产品贸易在商品结构上呈现一定的不均衡性，中国对美国出口的高技术产品集中度较高，主要以劳动密集型的计算机和办公设备为主，而对美国的进口比较多元化，主要集中在航空航天设备、电子通信设备、科学仪器等资本和技术密集型产品上。

根据联合国商品数据库统计数据，航空航天设备类高技术产品是中国对美国最主要的高技术进口产品（见图 5—2）。

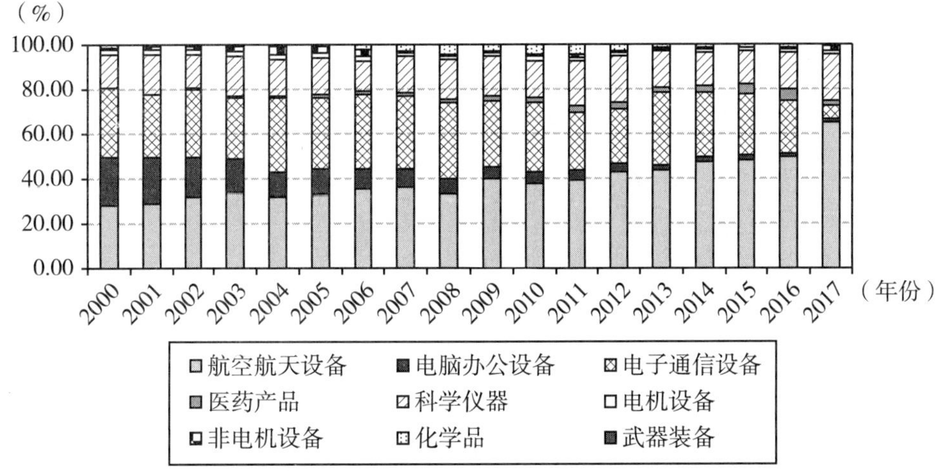

图 5—2　中国对美国进口的各类高技术产品贸易

资料来源：联合国商品数据库（UN Comtrade）。

在 2001 年该类产品占中国对美国高技术产品总进口的 28.06%，之后逐年增加，截至 2017 年该类产品占比约 65.25%。该类产品之所以能快速进入中国市场，并且进口额逐年增加，一方面是因为美国在航空航天类产品上具有较强的国际竞争力；另一方面，随着中国经济科技的不断发展，中国对该类产品的需求也在不断增加。此外，电子通信设备和科学仪器类产品也是中国主要的进口高技术产品，这两类产品占比一直保持在 30%和 15%左右，波动幅度较小。但是对于电子通信类产品，由于受到国际经济形势变化以及近来中美贸易摩擦的影响，在 2013 年之后占比份额有小幅下降的趋势。特别是经过 2017 年美国对中兴公司出口管制案件，美国对中国出口的电子类产品急剧下降。因此中国从美国进口的电子通信类产品占比从 2016 年的 23.98%迅速下降到 2017 年的 6.11%。而中国进口的电脑办公设备类产品在中国刚加入 WTO 之后占比较大，之后进口额逐年下降，占比从 2001 年的 21.56%逐渐减少到 2017 年的 1.49%。对于中国从美国进口的其他类高技术产品，占比份额一直较小。

中国对美国出口的高技术产品主要集中在电脑办公设备以及电子通信类产

品上（见图 5—3）。

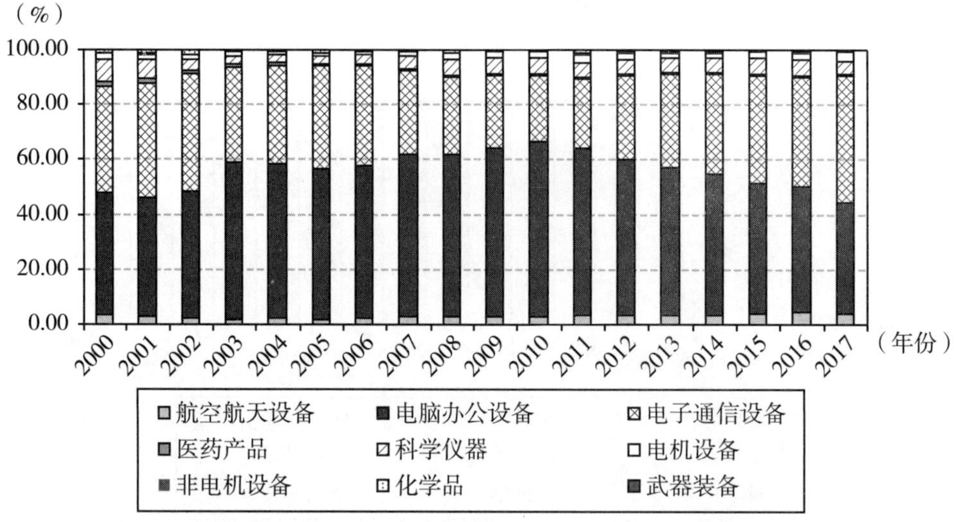

图 5—3　中国对美国出口的各类高技术产品贸易

资料来源：联合国商品数据库（UN Comtrade）。

这两类产品由跨国公司在中国设厂加工组装，之后再出口到美国，因此自 2001 年以来这两类产品的出口占比一直较大，且保持比较稳定的发展趋势。以 2017 年为例，中国出口到美国的电脑办公设备以及电子通信类产品占对美国高技术产品出口总额的 40.06%和 46.64%。该类产品一直是中国对美国主要的高技术出口品，不仅因为中国在该类产品上具有较强的劳动力优势，可以进行组装加工，更重要的是 2001 年之后，随着中国对外开放程度的不断加深，中国与世界各国在技术交流和合作方面不断加强，中国的技术水平不断提高，使得中国在电脑办公设备以及电子通信类产品上的国际竞争力大大增强。而其他类高技术产品如航空航天设备、科学仪器、电机设备和非电机设备等出口占比较小，在 2001～2017 年这一阶段波动幅度较小，航空航天类产品、科学仪器类和电机设备类产品占中国对美国高技术产品出口比重分别维持在 3.5%、5.0%和 2.0%。而医药产品和化学品的出口量也较少，且自 2001 年中国加入 WTO 之后这两类产品的出口量呈现逐年下降的趋势，出口占比分别从 2001 年的 1.96%和 1.14%下降到 2017 年的 0.43%和 0.41%。由此可见，中国对美国出口的高技术产品主要以劳动密集型为主，这与中国出口贸易整体的商品结构特征一致。随着全球价值链和国际分工深入发展，跨国公司利用中国生产成本低、配套生产能力强、基础设施条件好等优势，来华投资设厂，组装制造各类产品，销往包括美国在内的全球市场，使得中国对外出口主要集中在劳动密集型产品和制成品上。

5.1.3　中美高技术产品贸易发展存在的问题和挑战

高技术产品在工业产出中占有非常重要的地位，能够反映一国工业整体的发展水平和工业产品的技术水平，是衡量国民经济的重要指标（廉勇，2018）。近年来，随着经济全球化的不断推进和中国“一带一路”倡议的实施，尽管中国高技术产品整体的国际竞争力有了很大提高，进出口贸易总额也在逐年增加。但对于中美两国而言，高技术产品贸易发展在面临良好发展机遇的同时，也存在以下方面的挑战。

1. 中美高技术产品贸易领域摩擦频发，贸易壁垒加剧

中美两国贸易关系自建交以来就一直在摩擦中不断发展，而高技术产业一直是双方共同关注的焦点，也是双方贸易摩擦频发的领域。随着中国经济实力和科技能力的不断提高，中国对外开放力度加大、关税水平不断下降的同时，贸易双方的摩擦和贸易壁垒层出不穷。据统计，美国已经成为世界上与中国发生贸易摩擦最多、最激烈的国家，美国公司对海外竞争对手提出的倾销指控中有 20%以上是针对中国的。特别是美国总统特朗普执政以来，美国频繁动用“337 条款”与“301 条款”，对华发起知识产权诉讼调查更多、涉案金额更大，其中技术密集型的行业和领域受影响最大①。

长期以来，除了对中国发起各种反倾销调查之外，美国对中国一直采取出口管制措施，这对两国贸易尤其是高技术产品贸易产生了严重的不利影响。出

① 崔艳新：《供给侧结构性改革视角下我国发展技术贸易的战略思考》，载于《国际贸易》2018 年第 3 期。

口管制不仅会增加双方贸易成本，而且减弱了双方交流合作的机会，技术含量较高的产品不能很好地在双方市场流动，其中的先进技术不能产生应有的外溢效应，这极大阻碍了双方技术水平的提高，并且导致大量贸易机会的丧失。因此，美国对中国的出口管制已成为影响中美高技术产品贸易健康发展的主要影响因素，严重制约了美国对中国的高技术产品出口（顾学明等，2012）。

此外，自2018年以来，美国总统特朗普宣布了一系列对中国征收关税的文件和商品清单，其中第一批清单就包括818类产品，价值高达340亿美元，关税征收额度为25%，对此中国也于同日对同等规模的美国产品加征25%的进口关税。9月24日，美国又宣布对约2 000亿美元的中国产品征收10%的关税，中国同样采取措施对约600亿美元的美国商品加征进口关税。这样的局势愈演愈烈，美国对中国征收高关税的领域主要集中在高技术产业，包括新一代信息技术产业、高档数控机床和机器人、航空航天装备、海洋工程装备及高技术船舶、先进轨道交通装备、节能与新能源汽车、电力装备、农机装备、新材料、生物医药及高性能医疗器械（廉勇，2018）。

面对复杂的中美贸易局势，中国高技术产品贸易遭遇了前所未有的困难和阻碍，中国一方面要充分利用各种合作平台加强在该领域的沟通交流，既保持业界科学的磋商和对话，也要加强交涉和抗辩，促进双方贸易的进一步发展。另一方面，中国政府要做好贸易摩擦预警，积极应对多样化的贸易壁垒，通过对各种贸易壁垒进行分析研究的同时，加强中美贸易预警体系建设。

2. 中国自主创新能力和高技术产品国际竞争力都有待进一步提高

2018年5月28日，习近平总书记在两院院士大会的讲话中提出，自力更生是中华民族自立于世界名族之林的奋斗基点，自主创新是我们攀登世界科技高峰的必由之路，中国政府一直高度重视全民族自主创新能力的提高。然而尽管目前中国已经在科技创新方面取得了较大成就，中国对科技研发经费的投入已位居世界第二，科技创新人员数量居世界第一，但是创新能力仍需要进一步提高。中国企业的技术水平与世界先进水平还有一定距离，多数关键核心技术仍没有进入世界前列，产品的质量和国际竞争力都有待进一步提高。对于多数高技术企业，产品创新还在起步阶段，研发经费投入占营业额比重较低，先进技术应用不太成熟。而一些中小创新型企业虽然创新能力较强，但主要以产品创新为主，仍处于产业链的低端，在全球价值链分工合作中处于非核心地位。

此外，从成果转换率的角度看中国高技术产业，目前中国的产出率较低，大量科技成果仍处于研发阶段。而目前中国专利市场中来自外国的专利申请特别是发明专利量与日俱增，活跃在中国专利市场的企业大部分也是来自发达国家的一些高技术企业，根据已有研究结果，中国科技成果转化为产业应用技术的比例仅10%左右，远低于发达国家40%的水平，[①] 可见中国的科技成果转换率仍需进一步提高。因此，中国要继续加大研发投入，提高自主创新能力，加快本土企业发明专利的转换率，提升高技术产业整体的国际竞争力。一方面，深入实施科技兴贸战略，大力支持科技兴贸创新基地建设，充分发挥创新基地的带动示范作用，提高中国高技术产品质量。另一方面，提升企业的知识产权运营水平，采用并购、引进消化吸收等方式，吸收国外先进技术。加强技术交流与合作，支持企业与国际领先企业共同制定国际标准、合作开展产品检测和认证工作（顾学明，2012）。

3. 中国拥有核心技术的高技术产品占比较低，出口结构不平衡

根据联合国商品数据库统计，尽管中国对美国高技术产品贸易以顺差为主，但中国对美国出口的产品多样化程度较低，种类比较集中，主要以电脑办公设备以及电子通信设备类产品为主。而对美国进口的高技术产品多样化程度较高，主要集中在航空航天设备、电子通信设备、科学仪器以及电脑办公设备等产品上，中美高技术产品进出口贸易存在一定不平衡性。同时，中国出口到美国的高技术产品主要以跨国公司和外资企业在中国设厂加工为主，大量的高技术产品加工基地转入中国，虽然能够增加中国的出口量，但是留在中国的核心技术较少。因此，高技术产品中所包含的核心技术和关键技术主要来自美国

---

① 张晓强：《发改委：中国科技成果转化率仅10%》，http：//news.mydrivers.com/1/287/287212.htm，2013年12月22日。

等技术先进的国家，中国在技术上的贡献值较低，这不仅不利于中国对外贸易的可持续发展，而且也不利于中国技术的进步。

从世界各国参与全球价值链的角度看，中美高技术产品贸易顺差是中国融入美国主导的国际分工格局的必然结果。改革开放以来，中国以劳动力优势参与到全球价值链分工中，但一直处在微笑曲线的最低端，生产的产品技术含量较低，出口的经济效益也较低。对于美国而言，在国际高技术产业分工中，一直位于产业链上游位置，在技术研发、设计和系统整合等核心环节占据一定的优势。因此中美在高技术产品贸易上存在一定的不平衡性，且中国出口美国的产品中核心技术含量低，产品的集中度高。中国在积极发挥比较优势的同时，要提高自身的创新能力和对先进技术的吸收能力，通过吸收先进的高技术来增强整个产业的核心技术水平，提高中国出口产品的技术含量，进而促进结构优化升级。同时要对高技术产业设置必要的进入壁垒，抑制外商直接投资（foreign direct investmen，FDI）向加工贸易领域的无序扩张，从源头上控制加工贸易的过快发展，切实改变高技术产品出口中加工贸易比重过高的局面（闫逢柱、乔娟，2010）。

5.1.4 发展中美高技术产品贸易的对策建议

1. 充分发挥中国供给侧改革等政策对高技术产品贸易的带动作用

2018 年中央经济工作会议明确指出，中国经济运行的主要矛盾仍然是供给侧结构性的，必须坚持以供给侧结构性改革为主线不动摇，更多采取改革的办法，更多运用市场化、法治化手段，在“巩固、增强、提升、畅通”八个字上下功夫。会议不仅进一步凸显了中国供给侧结构性改革的主旨方向，而且为中国经济发展提高了政策指导。中国经济要实现高速度和高质量发展，则需要调整经济结构，使要素实现最优配置，这也是中国高技术产业发展的关键所在。

改革开放四十多年来，中国经济持续高速增长，科学技术迅猛发展，中国虽然已经成功步入中等收入国家行列，成为名副其实的经济大国。但人口红利衰减，“中等收入陷阱”风险累积，高技术产业国际竞争力仍然较低，此时通过改善供给侧环境、优化供给侧机制，通过改革制度供给，大力激发微观经济主体活力，提高微观主体的自主创新能力，增强中国经济长期稳定发展的新动力，也带动中国高技术产业的进一步发展，促进中国有竞争力的高技术产品走向世界。特别是中美之间的高技术产品贸易，不仅要充分发挥政府的作用，健全高技术产品贸易发展的促进机制，加强各级政府所出台政策对高技术产品对外贸易的宏观指导，而且要通过整合已有资源，结合中国供给侧改革策略和“一带一路”倡议，探索中美高技术产品贸易发展的新方向。还要构建和完善中美高技术产品贸易的统计监测体系，加强高技术产品进出口合同登记管理，实现数据全覆盖，强化部门间信息共享，提高监测预警和事中事后监管能力（刘迪玲，2016）。

2. 提高中国自主创新能力，夯实中国高技术产业基础

产业是贸易的基础，高技术产业的深入发展会直接推动中国高技术产品贸易的繁荣发展，而自主创新是夯实产业基础，优化产业结构的关键所在。随着经济全球化的不断推进，世界各国为抢占未来经济科技的制高点，在新一轮国际经济再平衡中赢得先发优势，都提前部署面向未来的创新战略和行动，如美国发布了《空间力量：建设美国创新共同体体系的国家战略》和《空间力量2.0：创新力量》等报告，还提出了“美国创新共同体”这一具有空间属性的创新体系概念和一系列相关重要举措（廉勇，2018），充分显示了新时代各国的竞争焦点在于自主创新和科技创新。

加强自主创新，打破技术引进中的恶性循环，不断提高高技术产业中拥有自主知识产权产品的贸易比重（闫逢柱、乔娟，2010）。加快培育多样化的高技术产业，延长高技术产业产品的产业链，重点加强产业链自主研发设计和服务这两个高附加值环节。及时把握产业信息化和互联网化的发展趋势，支持高技术企业制定自主研发规划，并引导高技术企业理性选择自主研发方向。将产业和企业整体的发展定位与产品特色相结合，制造和出口多样化有特色、有国

际竞争力的高技术产品（刘迪玲，2016）。

加强自主创新，夯实高技术产业基础还体现在研发产品的附加值上。尽管目前中国对美国的高技术产品出口以贸易顺差为主，但是随着中国价格竞争驱动力的不断下降，中国制造的劳动密集型高技术产品难以可持续出口，且国际竞争力较弱。因此，中国应该加大高技术产品研发投入，不断增强自主创新能力，不断提高高技术产品的价值增值，促进加工贸易转型升级，推动加工贸易向上下游延伸，这不仅是促进中国高科技产品出口增长的关键，也是增强高技术产品国际竞争力的根本途径（郑学党、庄芮，2015）。

3. 加强知识产权保护，科学应对高技术贸易壁垒

2018年4月10日，习近平总书记在博鳌亚洲论坛年会开幕式的主旨演讲中提出了中国扩大开放的四项重大举措：大幅度放宽市场准入、创造更有吸引力的投资环境、加强知识产权保护以及主动扩大进口。其中，加强知识产权保护不仅是中国技术进步的关键，也是中国对外经济贸易发展的必要前提。健全的知识产权制度和环境会吸引更多的外商资本与先进技术进入中国，不仅多样化的市场需求得到满足，而且进入的外资和技术有利于中国企业学习先进技术，提高生产率，这对高技术产业的快速发展非常重要。要健全和完善知识产权保护制度，首先要健全知识产权保护的立法体系，加大执法力度，将侵权列入严重犯罪的种类。这不仅有利于保护进入中国的先进国外技术，而且能够倒逼中国企业加大研发投入，增强自主创新能力。其次，可以向发达国家学习，借鉴其知识产权战略及预警机制经验，构建符合中国社会经济发展特色的知识产权保护预警机制，为国内外先进技术的沟通交流营造良好的环境。最后，通过调查分析，建立各行业知识产权保护预警的数据库和为高新产业服务的知识产权保护平台，为地方机构及企业合理科学地咨询和查找竞争对手的技术发展信息提供方便（刘迪玲，2016）。

随着各国知识产权保护意识的不断增强，国家间的贸易壁垒也越来越多样化，特别是技术含量较高的行业。而中国企业在应对多样化的贸易壁垒时，仍然存在一系列的不足，有些企业不仅没有充分认识到贸易壁垒在对外国际贸易

中所扮演的“角色”，而且后知后觉，反应迟钝。也有些企业会习惯性地依赖政府，幻想着政府机关会出面解决，“搭便车”心理使得其没有正视和积极应对出现的问题，最终整个企业以及行业发展缓慢。也有些进出口企业由于应对方式方法不得当，使得进出口贸易成本大幅增加，这不仅削弱了企业的国际竞争力，也阻碍了企业技术的进步。据统计，中国已经有约39%的出口产品受到国外贸易壁垒不同程度的限制，每年有400亿～500亿美元的出口产品会受到各种不同类型贸易壁垒的影响，① 因此，学会科学合理地应对国际贸易壁垒至关重要。中国企业要学会化解和回避国外的高技术封锁，分析外国产品生产标准和定价方式，研究国外经济政策的适用范围和关键条款，分析其对高技术产业贸易的利弊影响，找出对中国设置贸易壁垒的主要突破口。同时，学习国外贸易政策的相关规定，进一步完善中国的政策体系。具体地，修订关于高技术产品进出口贸易的管理条例、完善自由贸易合同的登记程序、加强事中事后监管，为高技术产品贸易的管理创造良好的法制环境（刘迪玲，2016）。

4. 高度注重高技术人才的培养和引进

高技术人才掌握着科技转换为生产力的理论专业知识和实操技术，是高新产业发展的中坚力量，是提升产业整体创新能力的关键所在，中国要高度重视高技术人才的培养。根据《中国劳动统计年鉴》的数据，尽管目前中国的高技能人才数量在逐年增加，但是年增长率较低，高技术行业人才在学历和技术水平上普遍较低，高等院校在高技能人才培训的数量和质量上均有待进一步提高。高等院校人才培养的方向应该与企业需求所匹配，将理论与实践结合，激发和进一步挖掘高素质人才的自主创新能力。同时，高等院校可以加强对外交流合作，实现高技能人才对外交流培养模式。通过国内外知名高等院校、培训机构等的交互培养，使得高技术行业的职业人员具备世界前沿的专业知识和高超的实操能力。

---

① 何元贵、陈洁：《我国出口贸易遭受技术性贸易壁垒的深层原因》，载于《广东外语外贸大学学报》2007年第3期。

中国高技术产业在重视高技能人才培养的同时，还要注重国际人才的引进。重点引进高技术行业的领军人才、专业技术人才、技术中介服务人才、知识产权法律人才、跨国经营管理人才等。将引进的高技术人才针对高技术行业和企业的发展需求，与国内人才需求信息库进行匹配，实行实时动态监控管理，降低企业的搜寻成本。同时，加大高技术人才引进平台建设，利用高新园区、科技创新园区、创新研究院等平台和载体引进培养高技能人才。除此之外，高度重视高技术人才的激励制度和生活福利，实现物质和精神的双重鼓励。各行业企业需要构建一套完整的奖励机制，设置不同层次和不同类别的技术创新奖励，合理、公平、公正地评估高技能人才的产出效率和创新成果，促进研发成果转化率的提升。在生活福利方面，中国政府和相关企业应该出台和制定一系列社会保障措施，为高技能人才在生活方面提供更多便利和服务。例如，保障高技能人才入住人才公寓、优先解决子女教育问题等，保障高技术人才能够很好地实现其住房、教育、医疗等方面的权利。

综上所述，自 2001 年中国加入 WTO 以来，中美高技术产品贸易整体上呈现不断增加的趋势，进出口增长率均存在不同程度的波动，且中国对美国高技术产品贸易以顺差为主，顺差额逐年稳步增加。其中，贸易顺差主要体现在电脑办公设备、化学品和武器装备这三类产品上。此外，中美高技术产品贸易在商品结构上呈现一定的不均衡性，中国对美国出口的高技术产品集中度较高，主要以劳动密集型的电脑办公设备为主，而对美国的进口比较多元化，主要集中在航天航空设备、电子通信设备、科学仪器等资本和技术密集型产品上。

针对目前的发展趋势，中美高技术产品贸易在面临良好发展机遇的同时存在以下挑战：首先，中美高技术产品贸易领域摩擦频发，贸易壁垒加剧；其次，中国自主创新能力和高技术产品国际竞争力都有待进一步提高；最后，中国拥有核心技术的高技术产品占比较低，出口结构不平衡。因此，为了更好发展高技术产品贸易，中国主要从以下方面加以应对。第一，充分发挥供给侧改革等政策对高技术产品贸易的带动作用；第二，提高自主创新能力，夯实中国高技术产业基础；第三，加强知识产权保护，科学应对高技术贸易壁垒；第四，高度注重高技术人才的培养和引进。

5.2 中德技术贸易

作为亚洲和欧洲最大的经济体，中德近年来高层频繁互动，在两国高层的指引下，中德关系定位接连提升。自 2010 年发布《中德关于全面推进战略伙伴关系的联合公报》以来，双方伙伴关系发展水平不断提高，并在 2014 年升级为全方位战略伙伴关系。与此同时，中德经贸往来也日益频繁。据统计，德国已连续 40 多年保持中国在欧洲最大贸易伙伴地位，中德贸易占中欧贸易额的三成左右，相当于中国与英、法、意三国贸易之和。[①] 同时，在投资方面，德国长期以来是对华投资最多的欧盟国家，占欧盟对华投资 1/4。中德贸易和投资互补互利、相互促进的格局日益显现。

现阶段，德国在机械制造、环保、医药、汽车等许多领域都处于产业链的高端，通过分析中德高技术产品贸易的现状及其中存在的问题，能够为扩大中德两国的高技术产品贸易，增强双边的经贸合作与研究提供有针对性的建议与启示，以期实现中国科研资源的有效整合，为中国创新注入活力。

5.2.1 中德双边贸易概况

据国家统计局统计，2017 年中德双边贸易额为 1 805.7 亿美元，较 2016 年增长 11.2%。其中，德国对中国出口 988.0 亿美元，增长 16.2%，占德国出口总额的 6.8%，提高 0.4 个百分点；德国自中国进口 817.7 亿美元，增长 5.7%，占德国进口总额的 7.0%，降低 0.3 个百分点。德国与中国的贸易顺差为 170.4 亿美元，增长 121.4%。中国为德第三大出口市场和第二大进口来源地。

---

① 徐惠喜：《新时期中德关系将迎来更大发展》，载于《经济日报》2018 年 5 月 24 日第 3 版。

从双边贸易结构来看，德国对中国出口规模最大的前三类商品为：机电产品、运输设备以及光学、钟表、医疗设备。其中，2017 年机电设备德国对中国出口额为 367.3 亿美元，增长 23.7％，占德国对中国出口总额的 37.2％；运输设备出口额 309.2 亿美元，增长 7.7％，占德国对中国出口总额的 31.3％；光学、钟表、医疗设备出口额 82.2 亿美元，增长 20.2％，占德国对中国出口总额的 8.3％。这三类产品占德国对中国出口的近八成。2017 年中国是德国出口增长最快的主要市场之一，对中国出口增长 16.2％，仅次于德国对俄罗斯 22.9％的出口增幅。①

德国自中国进口的主要商品为机电产品、纺织品及原料和家具、玩具、杂项制品，2017 年三项合计德国从中国进口额为 554.7 亿美元，占德国自中国进口总额的 67.8％。除上述产品外，贱金属及制品、化工产品、光学钟表医疗设备等也为德国自中国进口的主要大类商品，在其进口中所占比重超过或接近 5％。总体来看，与对中国出口不同，德国自中国进口虽然也保持增长，但进口增幅低于其对中国出口增幅近 10 个百分点，部分自中国主要进口大类产品如纺织品、运输设备等进口甚至持续下降。德国进口增长较快的市场集中于俄罗斯及波兰、捷克、荷兰、西班牙等欧盟成员国。

5.2.2 中德高技术产品贸易规模

中德双边贸易合作已拥有良好的政治环境，扎实的经济基础，和广泛的发展前景，这为中德两国高技术产品贸易的发展提供了有力支撑。虽然前期中德两国的经贸合作多以机电和运输领域贸易活动为主，但随着两国工业技术的发展和科技领域的壮大，中德贸易合作开始向高科技领域过渡，两国高技术产品贸易往来频繁。

从贸易总额来看，如图 5－4 所示，中德两国高技术产品贸易总额整体呈

---

① 《2017 年中国与德国双边贸易概况：贸易额超 1800 亿美元》，http：//www.askci.com/news/finance/20180327/134402120543 _ 2.shtml。

上升趋势，由2001年的49.64亿美元增至2017年的327.03亿美元。但2009年双边高技术产品贸易额出现了大幅度的下降，由2008年的277.46亿美元下降至240.19亿美元，降幅达到13.43%，这可能是受国际金融危机和欧洲债务危机两次大型经济危机的影响，中德双边高技术贸易发展也出现了震荡。2010年，中德两国政府发表《关于全面推进战略伙伴关系的联合公报》，为双边贸易的发展注入了一剂强心针，高技术贸易的规模不仅很快得到恢复，且迅速升至2010年的326.49亿美元，并在之后一直保持在300亿美元之上。从贸易总额增长率来看，中德双边贸易额增长率在2004年达到了最大值61.03%，之后呈现出在波动中下降的趋势，逐渐趋于稳定。

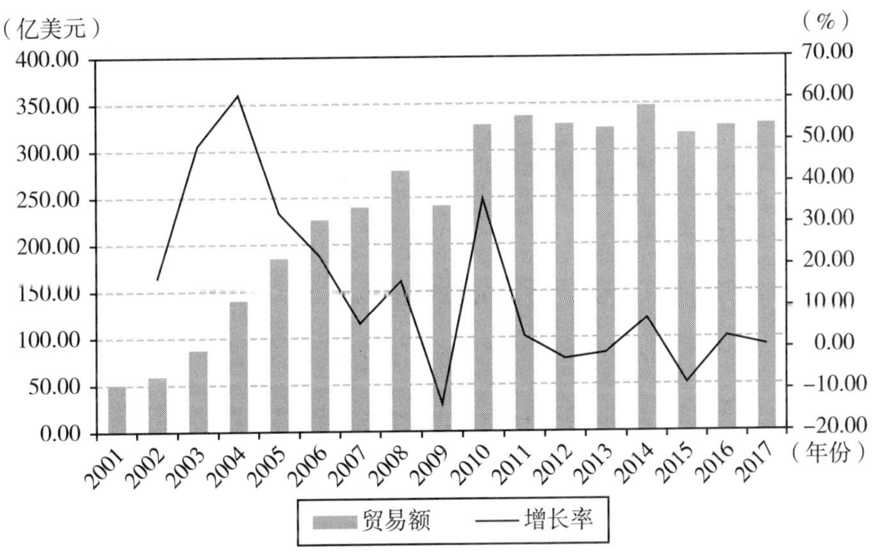

图5—4 2001～2017年中德高技术产品贸易规模变化情况

资料来源：联合国商品数据库（UN Comtrade）。

在出口方面，中国对德国的高技术产品出口总体呈倒“U”型趋势，在2010年达到中德高技术贸易的峰值219.84亿美元，之后出现小幅下降，但始终保持在150亿美元以上（见图5—5）。从增长速度来看，除少数年份外，总体实现了正增长，与总贸易额增长速度的变化趋势大致保持一致。2002～2004年中国对德国高技术产品出口额增长较快，这可能是由于在2001年中国加入了WTO，极大地促进了中德双方的贸易往来，促进了中国对德国的高技术产品出口。在 2010 年以后，增长速度出现了一定程度的下降，并在 2012～2013 年出现负增长。

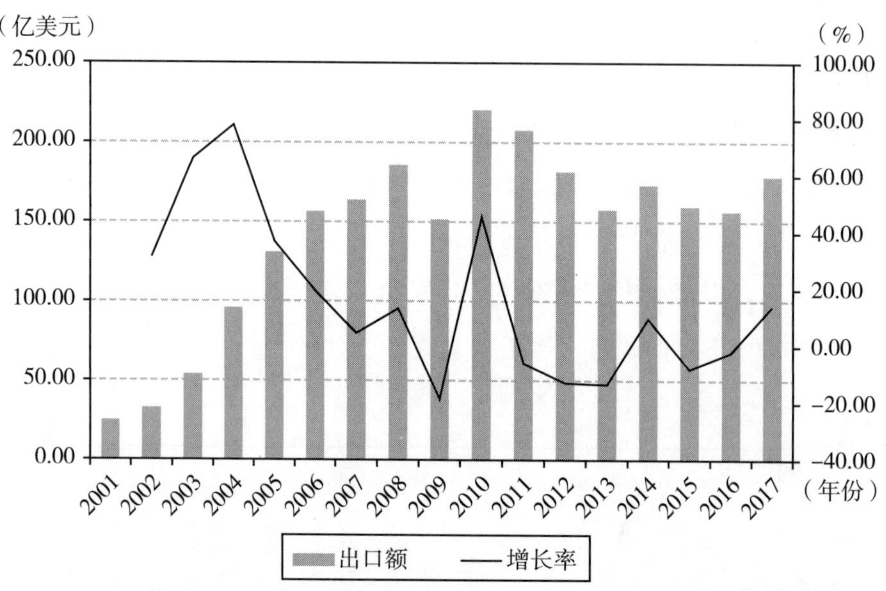

图 5—5　2001～2017 年中国对德国高技术产品贸易出口规模

资料来源：联合国商品数据库（UN Comtrade）。

进口方面，由于近年来德国对中国出口管制的放松，中国从德国进口的高技术产品总体呈上涨趋势，并在 2014 年达到了最大值 173.62 亿美元（见图 5—6）。2001～2014 年，中国向德国进口的高技术产品额除 2009 年外，一直保持着正增长。但在 2014 年以后，进口额增长率出现了较大的波动，在 2015 年和 2017 年均出现了负增长。在 2017 年跌至 149.06 亿美元，甚至退回 2012 年的水平（146.24 亿美元）。

如图 5—7 所示，从贸易出口净值的变化来看，中德高技术产品贸易净出口差额变化可分为两个阶段。第一阶段为 2001～2012 年，是中国对德国出口贸易顺差的阶段。该阶段出现顺差的主要原因是德国需要遵守欧盟的决议规定，实行的对华出口管制政策，限制了德国对中国高技术产品出口。第二阶段为 2013～2017 年，这一阶段中国对德国高技术产品出口净额大幅收缩，甚至在 2013 年出现了贸易逆差。这种变化情况出现的原因，一方面可能是在中德确立

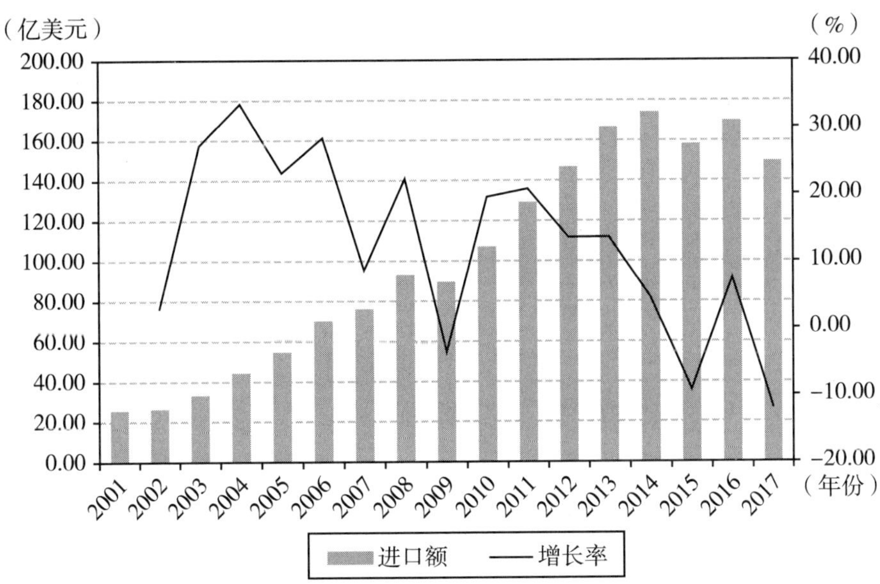

图 5－6　2001～2017 年中国对德国高技术产品贸易进口规模

资料来源：联合国商品数据库（UN Comtrade）。

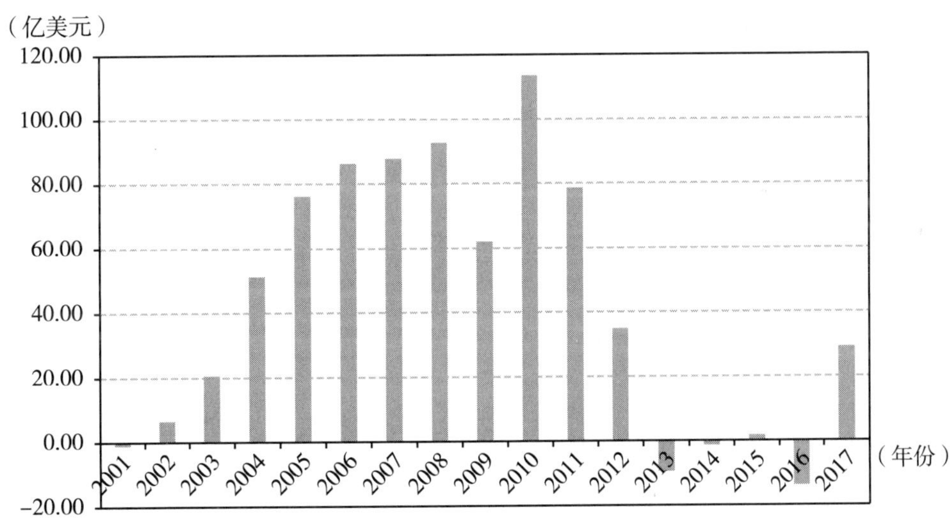

图 5－7　2001～2017 年中德高技术产品净出口差额变化情况

资料来源：联合国商品数据库（UN Comtrade）。

战略合作伙伴关系后，德国对中国高技术产品出口管制政策的放松；另一方面可能是由于自 2008 年以来，欧洲经济持续低迷，德国经济发展遭遇挫折，企业发展受困，贸易保护主义抬头，从而对中国的高技术产品进口下降。

从中德高技术产品对双边贸易总额的占比来看，中德高技术产品贸易在中德双边贸易中占据着非常重要的比重，大致保持在 20%（见图 5—8）。以 2005 年为分界，在 2005 年以前中德高技术产品贸易占比整体呈上升趋势，由 2001 年的 20%上升至 2005 年的 29.16%。然而在 2005 年以后，中德贸易产品占比呈现相反的变化趋势，总体表现为下降态势，具体可以划分为两个阶段。第一阶段为 2005～2011 年，表现为中德高技术产品贸易占比大幅下跌。从 2005 年的 29.16%降至 2011 年的 19.85%，降幅达 10 个百分点。第二阶段为 2011～2017 年，表现为平稳中略有波动的态势。在这一阶段，中德高技术产品贸易占比保持在 20%的上下浮动，除 2017 年外，波动幅度不超过 1%。2017 年降至 18.11%，是自 2001 年以后中德高技术产品贸易占比的最低水平。

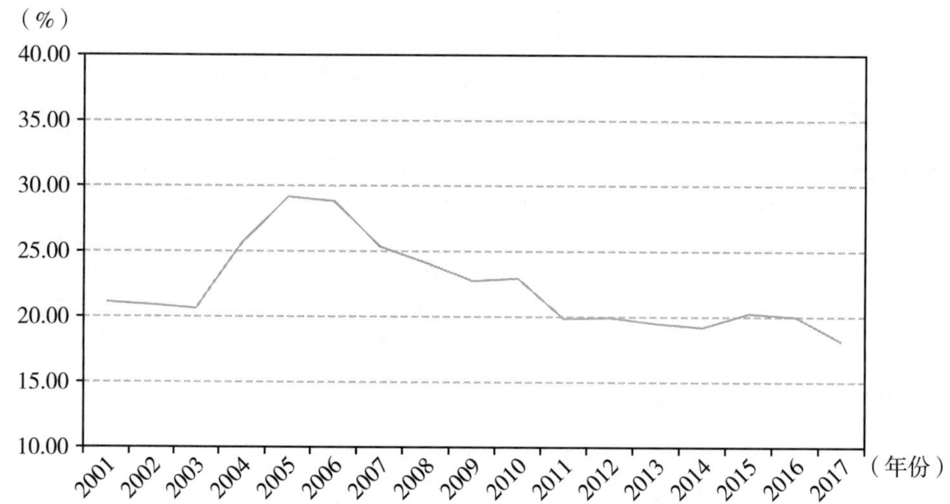

图 5—8　2001～2017 年中德高技术产品贸易占中德总贸易额比例变化

资料来源：联合国商品数据库（UN Comtrade）。

如图 5—9 所示，从出口占比来看，2006～2017 年中国向德国出口高技术产品的比重总体呈下降趋势，最低点为 2010 年的 19.48%，其他时间保持在 20%以上。中德高技术产品贸易的进口占比略低于其出口占比，在 2012 年以前总体呈下降趋势，在 2012 年探至最低点 14.32%后，呈上升趋势，但并未超过德国对中国出口额的 20%，2007～2017 年 10 年间的最高点为 2016 年的 19.85%。从进出口占比的差距来看，差距最大为 2011 年，出口占比比进口占比高了 11.1 个百分点。较为接近的是 2015～2016 年间，中德高技术产品进出口占比差距不超过 1%，尤其是 2016 年仅相差 0.3 个百分点，但之后的 2017 年，进口占比与出口占比均出现了较大的变化，出口占比较 2016 年提升了 1.61 个百分点，进口占比的降幅较大，较 2016 年降低了 4.77 个百分点，进出口占比的差距扩大为 6.7 个百分点。

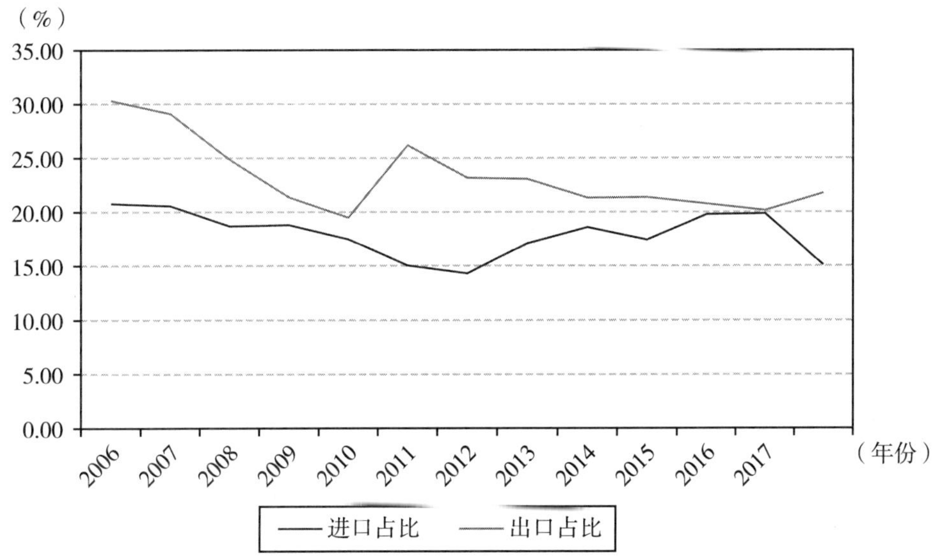

图 5—9　2001～2017 年中德高技术产品进出口分别占比

资料来源：联合国商品数据库（UN Comtrade）。

5.2.3　中德高技术产品贸易结构

从中德高技术产品贸易结构来看，电脑办公设备、电子通信设备、科学仪器是中德主要的高技术贸易产品（见图 5—10）。其中，科学仪器双边贸易额一直呈上升趋势，由 2001 年的 7.95 亿美元一直上升至 2017 年的 79.87 亿美元，增长了近 10 倍。电脑办公设备、电子通信设备的贸易额变化幅度较大，变化趋势大致相同，表现为在波动中上升。其他高科技产品如航空航天设备、医药产品、电机设备、非电机设备、化学品、武器装备等贸易往来相对较少。其中，武器贸易往来较少的原因可能是由于欧盟对中国的技术管制规定，德国对武器进出口限制较为严格。

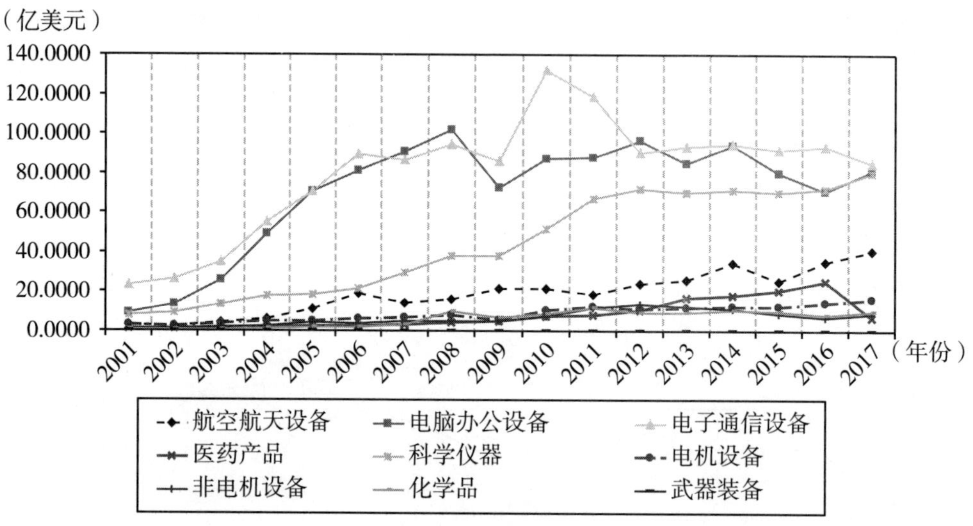

图 5—10 2001～2017 年中德各项高技术产品贸易额

资料来源：联合国商品数据库（UN Comtrade）。

从高技术产品贸易结构的占比变化情况来看，电子通信设备、电脑办公设备始终占据着较高的比重，但两者占比变化浮动较大（见图 5－11）。在 2005 年以前，中德高技术产品贸易中电子通信设备的往来最为频繁，2001 年占比达到了 47.13%，几乎为当年中德高技术产品贸易总额的一半。之后除 2009～2011 年出现了小波峰以外，占比份额总体呈下降趋势，在 2017 年跌至 25.88%。电脑办公设备的占比变化可以分为两个阶段：2001～2005 年，电脑办公设备的占比变化总体呈上升趋势，由 2001 年的 18.95%上升至 2005 年的 38.45%，提升了近 20 个百分点；2005 年后占比总体呈下降趋势，最低为 2016 年的 21.71%，最高为 2007 年的 37.98%，这也是 2007 年中德高技术产品贸易额中最高的项目。科学仪器占比在经历了短暂的下降，从 2001 年的 16.01%跌至 2006 年的 9.47%后，总体呈上升趋势，在 2017 年，中德科学仪器贸易额占比达到 24.42%，对于中德高技术产品双边贸易的重要性不断提升。航空航天设备的贸易占比变化幅度较大，呈现出在波动中上升的趋势，从 2001 年的 5.61%上升至 12.36%。电机设备、非电机设备、化学品以及武器装备的贸易占比相对较小，四项合计约占中德高技术产品贸易总额的 10%，说明中德高技术产品在这方面还有较强的提高潜力和广阔的发展空间。

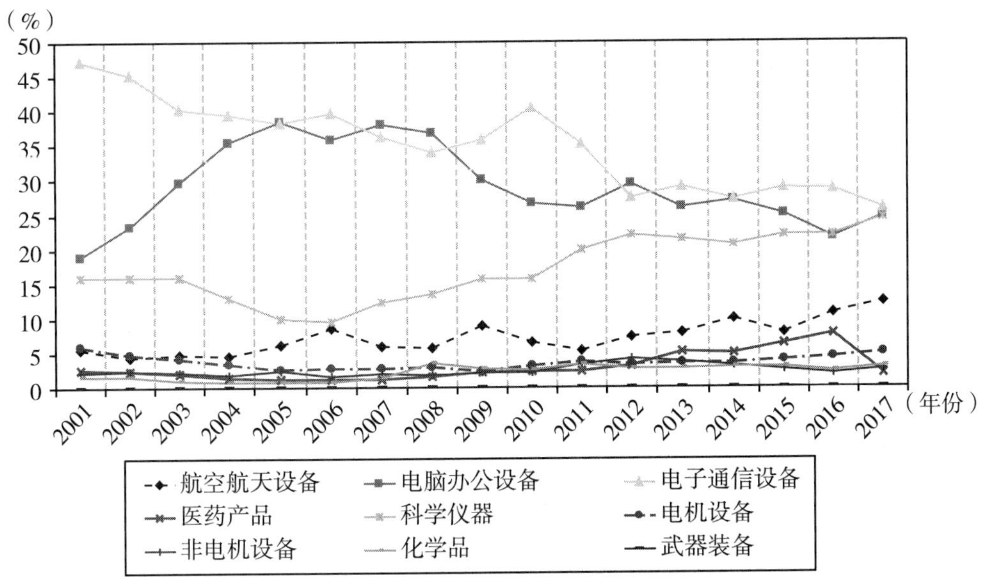

图 5－11　2001－2017 年中德各项高技术产品贸易额占比

资料来源：联合国商品数据库（UN Comtrade）。

从中德高技术产品贸易结构的出口情况来看，中国向德国出口的主要高技术产品是电脑办公设备以及电子通信设备（见图 5－12）。2001～2017 年两项高技术产品的整体波动范围较大，2001～2008 年，电脑办公设备、电子通信设备出口整体呈上升趋势，电脑办公设备出口额从 2001 年的 7.21 亿美元升至 2008 年的 99.34 亿美元，电子通信设备出口额从 2001 年的 11.11 亿美元升至 2017 年的 65.62 亿美元；2009～2017 年，两项高科技产品的出口有升有降，波动幅度较大。其中，在 2010～2012 年，中国对德国电子通信设备的出口额出现大幅度的下降，由 2010 年的 107.95 亿美元，下降至 2012 年的 55.58 亿美元，仅为 2010 年出口规模的一半。虽然中国对德国科学仪器的出口规模并不具备优势，但 2001～2017 年一直呈稳定的上升趋势，呈现出相同变化趋势的还有电机设备的出口。现阶段中国对德国的航空航天设备、非电机设备、化学品、武器装备的出口额都相对较小，一方面可能是受到技术水平的影响，还无法大规模量产出口；另一方面可能是由于发达国家设置了越来越严格的贸易壁垒，抑制了对中国高技术产品的进口需求。

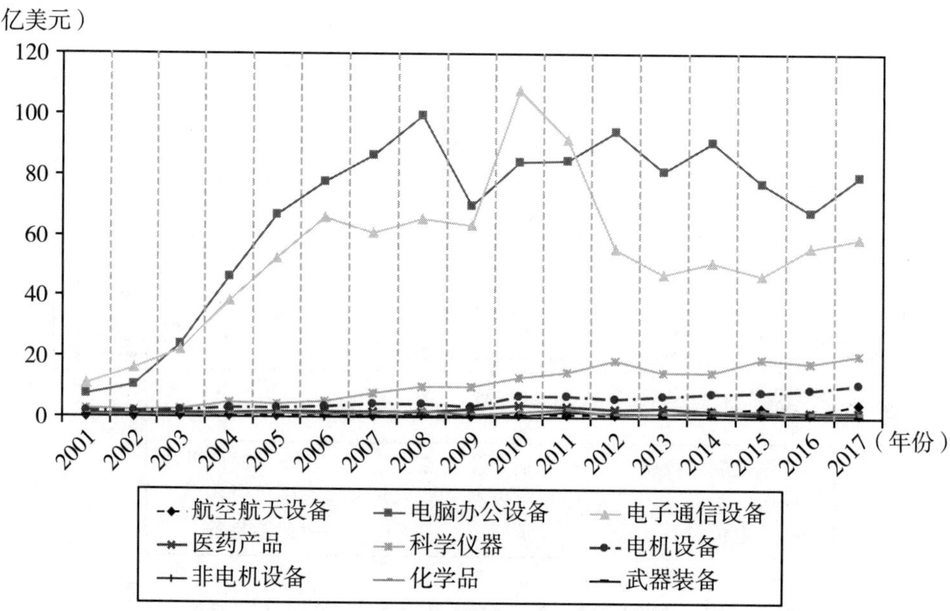

图 5—12　中德各项高技术产品出口额

资料来源：联合国商品数据库（UN Comtrade）。

从中德高技术产品贸易结构的出口占比来看，电脑办公设备、电子通信设备始终是中国向德国出口比重最高的两项（见图 5—13），两项合计占比超过了 75%，最高达到了 92%(2005 年)，表明电脑办公设备、电子通信设备对于中国向德国高技术产品的出口举足轻重。正是因为这两项高科技产品占据着非常高的出口份额，所以其出口占比呈现此消彼长的变动趋势，例如，2002～2008 年，电脑办公设备出口占比总体呈上升趋势，与之相反，电子设备出口份额不断下降；2008～2010 年，电脑办公设备的出口份额缩减，而电子通信设备的出口规模却不断扩大，这种趋势在 2011 年以后也依然成立。科学仪器的出口规模经历了先减后增的变化趋势，从 2001 年的 10.3%降至 2005 年的 3.3%后，稳步提升，逐渐增加至 2017 年的 11.5%。航空航天设备的出口占比变化趋势与科学仪器大致相似，在降至 2009 年的最低点 0.4%后，小幅上升，增加至

2017 年的 2.5%。在 2001～2017 年，非电机设备和武器装备的出口占比始终不足 1%。由此可以看出，在中国向德国出口的高技术产品中，不同种类的产品出口占比存在着非常大的差异，平均规模较高的约占 46%(电脑办公设备)，几乎为中德出口总额的一半。而平均出口规模较小的仅为 0.02%(武器)。考虑到武器装备的特殊性，其他高技术产品如航空航天设备、医药产品的年均出口占比也仅为 0.73%和 1.67%，相差悬殊。

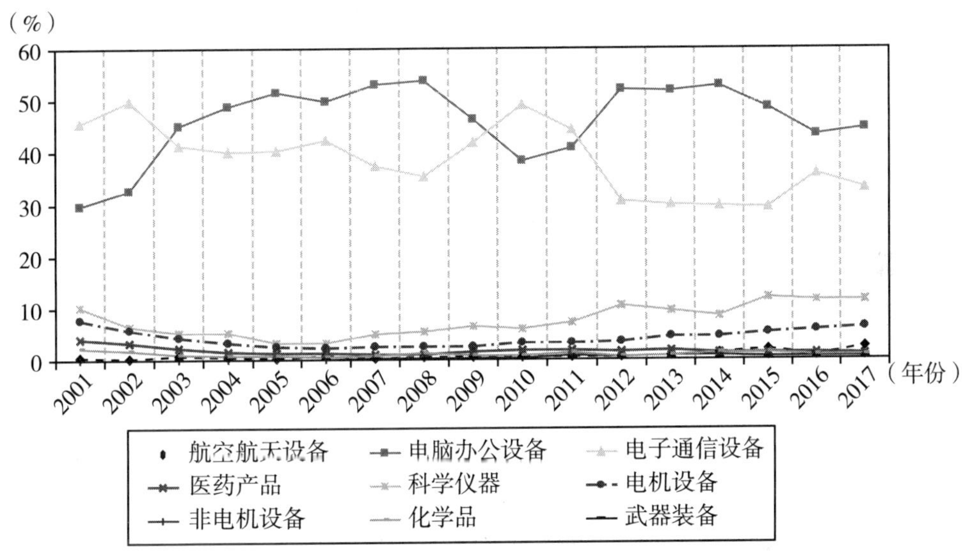

图 5—13　2001～2017 年中德各项高技术产品出口占比

资料来源：联合国商品数据库（UN Comtrade)。

从中德高技术产品贸易结构的进口情况来看，中国向德国进口的主要高技术产品类别包括科学仪器、航空航天设备、电子通信设备（见图 5—14)。从整体的变化趋势来看，各类高技术产品总体上都表现出上升趋势。其中最为显著的是科学仪器，从 2001 年的 5.43 亿美元增至 2017 年的 59.39 亿美元，是 2001 年进口规模的近十倍。从科学仪器进口额的增长速度来看，在 2009～2011 年，中国向德国进口的科学仪器以年均 37%的速度实现了较大幅度的增加，从 2009 年的 27.82 亿美元增长至 2011 年的 52.13 亿美元，突破了 50 亿美元的大关，并在之后连续 6 年内稳定在 50 亿美元的水平之上。电子通信设备的进口额虽然总体表现出上升趋势，但其上升幅度并没有科学仪器的程度高。所以在 2008

年出现了转折，科学仪器逐渐取代了电子通信设备，成为中国向德国进口额最高的高技术产品分类。此外，航空航天设备进口额也表现出强劲的增长势头，从 2001 年的 2.65 亿美元增至 2017 年的 36 亿美元，并在 2017 年超过电子通信设备，成为中德高技术产品进口额中第二高的项目。电机设备、非电机设备、医药产品和武器装备等高技术产品进口份额虽然相对于中德总体的进口规模并不高，但值得注意的是，2012～2016 年医药产品的进口额出现了显著增长，由 2012 年的 7.87 亿美元上升至 2016 年的 23.53 亿美元，年均增长率保持在 23%。但在 2017 年，医药产品的进口额又突然降至 4.91 亿美元，出现了剧烈的波动。

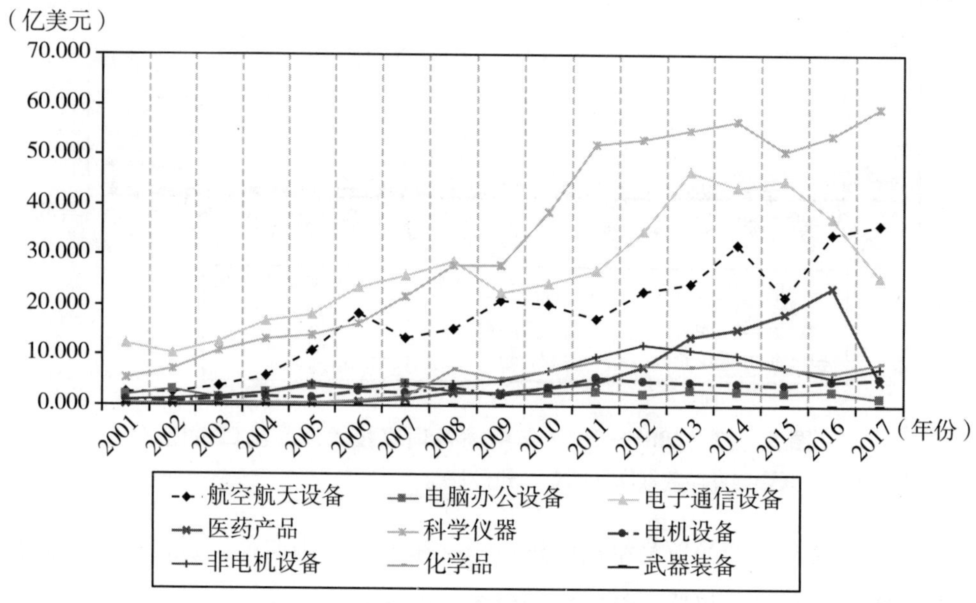

图 5－14　2001～2017 年中德各项高技术产品进口额

资料来源：联合国商品数据库（UN Comtrade）。

中国从德国进口的各项高技术产品中，科学仪器和电子通信设备占比较大（见图 5－15）。但这两种产品的进口占比也呈现出一定变化。在 2008 年以前，电子通信设备是中国向德国进口的高技术产品中最多的项目，占比保持在 30% 以上，最大份额为 2001 年的 48.71%。但在 2008 年以后，科学仪器超过电子通信设备，成为中国向德国进口的高技术产品中最多的项目，其进口占比在

2014 年突破了 40%。这说明 2001～2017 年，中德两国的科研合作不断增加。但与之相反的是，电子通信设备进口额虽然依旧较高，但进口总额占比不断下降，并在 2008～2017 年占比浮动在 20%上下。航空航天设备重要性仅次于以上两项，但在 2017 年，中国向德国进口的航空航天设备贸易额超过电子通信设备，占当年高技术产品进口额的 24.15%，成为中国向德国进口的高技术产品中第二高的项目。电脑办公设备进口额占比在 2002 年达到最大值 12.16%之后，呈现出较大幅度的下降。如从 2009 年开始，该项进口额占中德高技术产品贸易总额的比重不超过 2.6%，甚至在 2017 年达到 1.11%。由于 2012～2016 年医药产品进口额的大幅上涨，医药产品占比在 2013 年后出现了较大幅度的上涨，其进口占比出现积极变化。在 2013 年以前医药产品进口额占比多保持在 4%以下，但在 2013 年医药产品进口额额占比达到了 11.74%，并在 2014 年提升至 13.89%。其他的高科技产品类别，如电机设备、非电机设备、化学品和武器装备的进口占比变化相对比较平稳。其中，武器装备的进口规模相对于整体的中德高技术产品的进口贸易往来非常小，占比不足 0.1%。

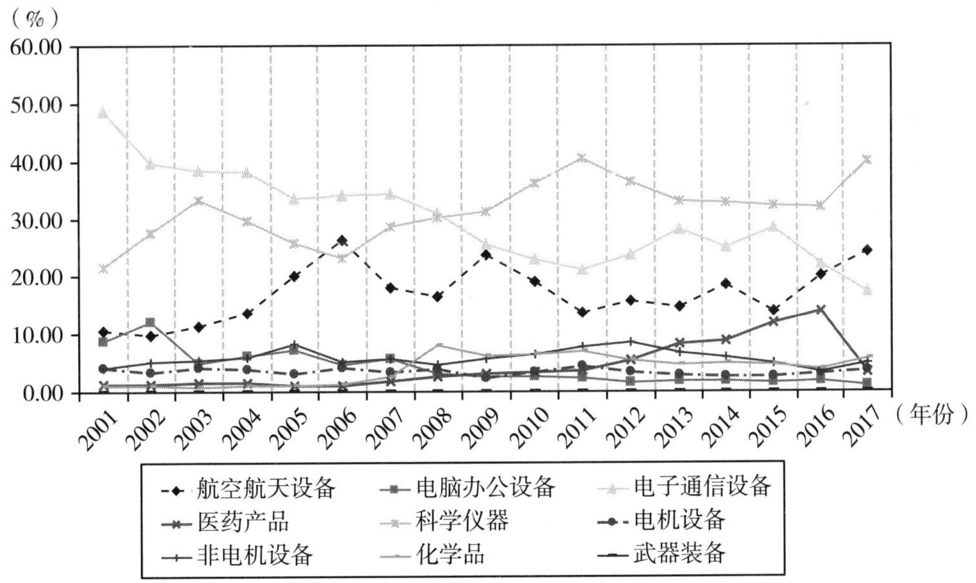

图 5—15　2001～2017 年中德各项高技术产品进口占比

资料来源：联合国商品数据库（UN Comtrade）。

从顺逆差的角度来看，2001～2017年，由于中国在电脑办公设备、电子通信设备这两项高技术产品中具有较强的出口优势，所以在观察期内始终保持着对德贸易顺差的状态（见图5—16）。而同时，由于航空航天设备、科学仪器是德国对中国出口高技术产品的重要来源，所以表现出观察期内中国对德国贸易逆差的状态。相对于其他的高技术产品种类，非电机设备在中德双边贸易进出口额中所占的比重均相对较小，所以贸易逆差的出现可能与中国对该种产品的出口规模较小有关。

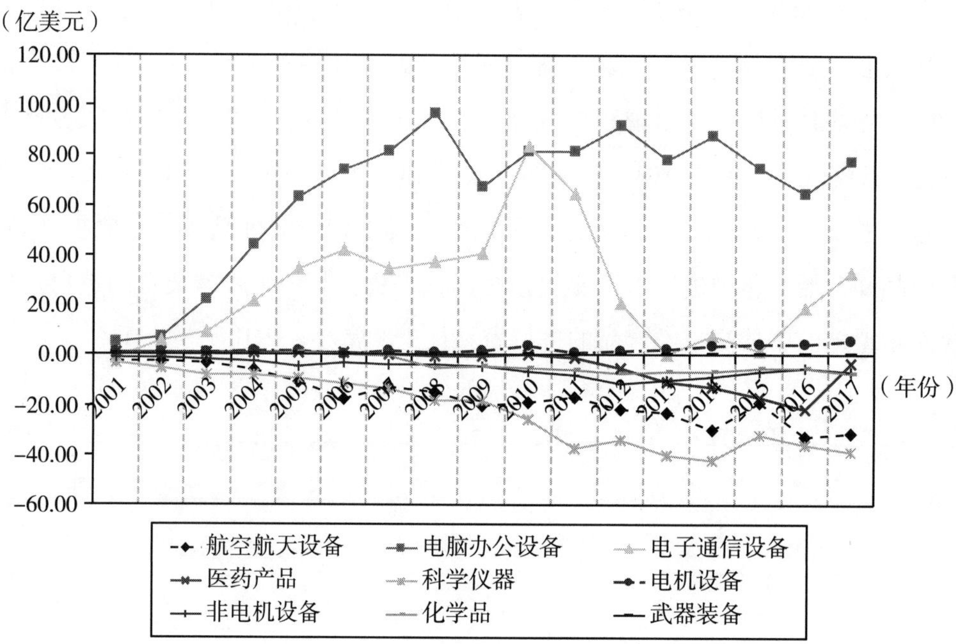

图5—16 2001～2017年中德各项高技术产品净出口额

资料来源：联合国商品数据库（UN Comtrade）。

其他高技术产品种类在2001～2017年表现出顺、逆差同时存在的情况。如图5—16所示，电子通信设备在2001年出现了贸易逆差，净出口额为－1.18亿美元，但随着中国对德国电子通信设备的出口规模的不断扩大，之后净出口额转负为正，甚至在2010年扩大至83.64亿美元。但在2010年后，该项高技术产品的净出口额出现了显著的大幅下降，结合中德双边高技术贸易的进出口情况来看，这主要是中国对德国电子通信设备出口额大幅度下降导致的。虽然同期进口规模存在一定程度的扩张，但程度远小于出口规模收缩的幅度，这可能是受欧债危机的持续影响，德国在进口需求锐减的同时，把中国作为重点拓展的海外市场，扩大了对中国的出口。

中德医药品设备贸易往来在 2008～2009 年、2011～2017 年两个时间段为贸易逆差，其他时间段则为中国对德国的贸易顺差（见图 5－16）。在 2011～2017 年，中德医药产品出现贸易逆差的主要原因是该项高技术产品进口规模的扩大。这可能是由于在这阶段德国对中国该项高技术产品出口管制的放松，中国可以从德国进口更多科技含量更高的医药产品设备，所以出现了中国对德国的贸易逆差。

在 2001～2006 年，化学品对德国的出口大于进口，在 2006 年以后出现了贸易逆差，且净进口额不断增加，在 2017 年达到德国对中国净出口额的最大值 7.31 亿美元。中德武器的贸易往来由于受到严格的管制，仅 2014 年一年出现了中国对德国的贸易逆差，观察期内的其他时间段均处于贸易顺差的状态。

5.2.4　中国在德国市场上高技术产品贸易竞争力评价

国际贸易竞争力指数（Trade Competitiveness，TC）主要用来分析一个国家（地区）某种产品的进出口差额占该国家（地区）该种产品国际贸易总额的比重（见式（5.1））。这一指数通过反映特定国家（地区）某种产品在国际贸易中的相对比较优势，来揭示该国家（地区）在该产品上的国际竞争力情况。

$$TC_{ij}=(X_{ij}-M_{ij})/(X_{ij}+M_{ij}) \tag{5.1}$$

式中：X_{ij} 表示 j 国（地区）i 产品的出口额，M_{ij} 表示 j 国（地区）i 产品的进口额。TC 指数的取值范围为［－1，1］，当取值为 0 时，意味着该国（地区）该种产品的国际竞争力接近国际平均水平；0～1 之间，越接近 1 该产品的国际竞争力越强。同理，－1～0 之间，越接近－1 该产品的国际竞争力越弱。当取值为 1 时，表明该国家（地区）在该种产品上只有出口没有进口；当取值为－1 时，则表示该种产品只有进口没有出口。

更近一步，当 TC 的取值位于［0.8，1］的区间内时，该产品具有非常明显的竞争优势；当 TC 的取值在［0.5，0.8）区间内，表示该种产品具有比较明显的竞争优势；当 TC 的取值位于（0，0.5）区间内，表明该产品具有一定的竞争优势，但优势不明显；若 TC 取值在（－0.5，0）区间，则表明该产品处于竞争劣势，但劣势不明显；当 TC 取值于（－0.8，－0.5］区间内，表示该产品处在比较明显的竞争劣势；当 TC 的取值在［－1，－0.8］区间内，则表明该产品处于非常明显的竞争劣势（Zhang et al.）。

通过计算中国对德国高技术产品净出口差额与中德双边高技术产品贸易总额的比值，可以对中国高技术产品在德国市场上的竞争力进行量化和分析。由图 5－17 可看出，在德国市场上，中国高技术产品的竞争力在 2001～2005 年呈上升趋势，在 2001 年中德 TC 指数仅为－0.017，较为接近国际平均水平。之后连续 4 年实现了正增长。贸易竞争力不断提高，在 2005 年达到 0.41，进入具有一定竞争优势，但竞争优势并不显著的阶段。在 2005 年后贸易竞争力整体呈下降趋势，具体可分为以下三个阶段：2005～2009 年，贸易竞争力下降幅度相对较小，总计下降幅度为 0.15；在 2010 年出现小幅上升增至 0.34 后，中德 TC 指数出现了又一阶段的下滑，2010～2013 年，这一阶段贸易竞争力的下降呈现出大幅度剧烈的变化；第三阶段为 2013～2017 年，为小幅波动的阶段。

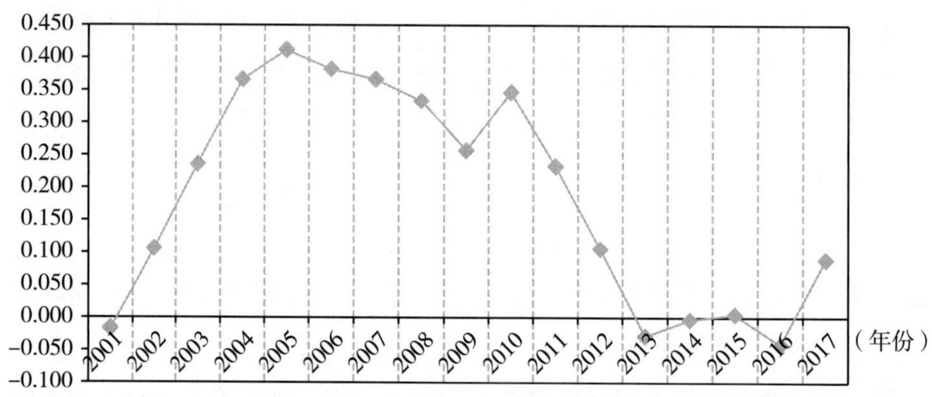

图 5－17　2001～2017 年中国高技术产品国际竞争力变化情况

资料来源：联合国商品数据库（UN Comtrade）。

在德国市场上，中国高技术产品结构国际竞争力变化如图 5－18 所示，竞争力程度较高的项目是电脑办公设备，观察期内大多数年份保持在 0.9 以上，这意味着中国在该项产品的出口上具有非常明显的竞争优势。与之相反，中国在航空航天设备贸易出口上的竞争劣势也表现得较为明显。其他项目的 TC 值每年均存在着较大幅度的变动，说明在不同时期即使是同一项目的竞争优势也存在强弱的转化，而不是一成不变的。在观察期内，电子通信设备、医药产品、化学品等高科技项目呈现出在波动中下降的趋势。电机设备、科学仪器、非电机设备的贸易竞争优势变化幅度较大，变化趋势还未存在显著的倾向。

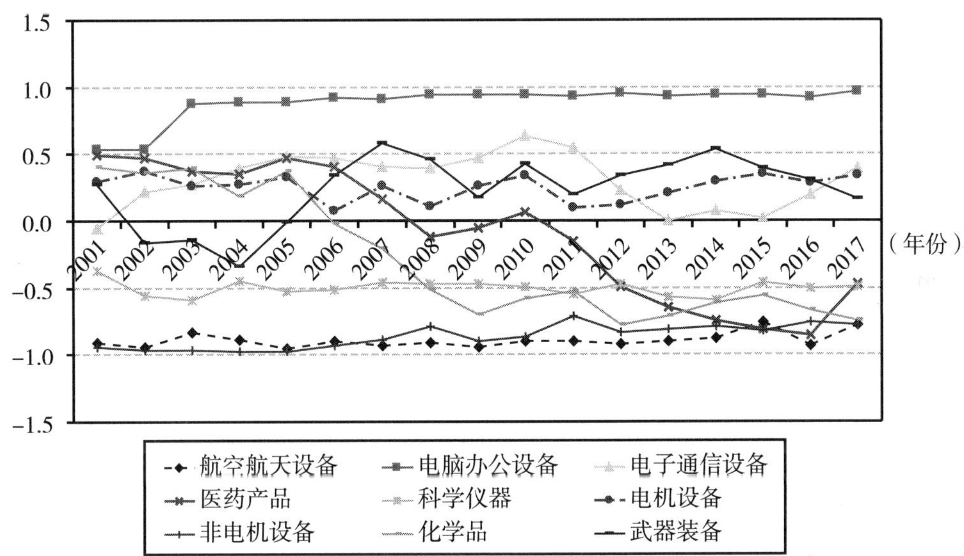

图 5—18　中国高技术产品结构国际竞争力变化情况

资料来源：联合国商品数据库（UN Comtrade）。

5.2.5　中德高技术产品双边贸易发展障碍及启示

1. 中德贸易冲突不断升级，贸易壁垒增多

随着中国与德国贸易规模逐渐扩大，贸易壁垒和冲突也不断增多。在德国市场上，中国高技术产品的竞争力不断增强，甚至一些高技术产品已经开始具有明显的竞争优势，中德贸易冲突升级。与此同时，德国出于增强本国商品竞争力和保护国内市场优先考虑原则，对中国出口产品进行了一系列贸易限制措

施，使两国贸易壁垒不断增加，阻碍了两国高技术贸易合作进程。

2. 双方经济增长低迷

目前，全球经济步入后金融危机时代，处于长期复杂的转型期。欧洲市场经济复苏缓慢，中德两国经济增长速度明显放缓。中国经济结构面临转型，经济增速换挡，结构调整阵痛，前期刺激政策还有待消化。德国则面临着通货膨胀、失业率上升，以及社会矛盾激化等问题，使德国经济发展速度放缓。两国经济增长速度降低，致使短期内两国贸易合作进程放缓。

3. 德国短期放宽出口管制的难度较高

德国对中国出口的高技术产品需要遵守欧盟出口管制方面的决议规定。然而现阶段，欧盟出于国家安全和防范中国的考虑，担心中国会把进口的高科技产品从民用转为军用，因此，短期内欧盟不会放宽对华出口管制。中德经贸在低碳经济、节能环保、新能源技术等非敏感领域的高科技有一定的合作机会，但在深海开发、新一代信息技术等可能涉及国家安全的领域，管制还将继续，还无法进行深入的贸易交流。

4. 政策启示

针对中德高技术产品双边贸易的发展障碍，提出以下的政策启示：

一是完善双边贸易冲突的解决机制，加强配套的基础设施建设。中德双方需要建立更为完善的双边贸易政策对话机制，稳妥解决贸易摩擦，协助企业积极应对贸易摩擦。通过实施积极的贸易融资、财税、出口信用保险等政策，强化企业出口信心，并鼓励增加跨境贸易人民币结算试点，减少进出口企业汇兑风险。

二是推动德国对中国高技术产品出口管制的放松。受欧债危机影响，德国积极寻求扩大出口渠道，并将中国作为重点拓展的海外市场之一，中国宜抓住机遇，加大对德国的工作力度，推动高端装备制造、关键零部件、主要原辅材料领域的技术引进、吸收和消化，鼓励企业加强同德方的研发创新合作，推动欧盟放松对高新技术产品的出口管制。同时还可以从第三国市场引进高技术，努力抵消德国对中国高技术产品出口的管制效果。

5.3　中日高技术产品贸易发展

日本一直以来都是中国重要的贸易伙伴，2017 年中日贸易在经过连续五年的负增长后转为正增长，中日双边贸易总额突破了 3 000 亿美元，占到中国贸易总额的 6.3%。而中日高技术产品双边贸易总额占中日贸易总额的比重几乎达到 20%。日本作为一个曾经的“制造业帝国”，其产品的技术水平处于世界领先地位，高技术产品常年处于净出口状态。尽管目前日本国内经济萎靡，高技术行业面临很大挑战，但是日本在高技术行业仍具有一定的比较优势。如今，随着中国高技术产品出口不断增加和国际竞争力的日益提高，中国高技术产品的竞争优势逐渐显现，中日高技术产品双边贸易规模也在不断扩张。高技术作为两国的重点发展行业，在中日双边贸易交流中的地位日益升高。因此，研究中日两国高技术产品双边贸易发展情况是很有必要的。通过中日高技术产品贸易发展现状研究，可以发现中日高技术产品出口中存在的问题，从而有比较性、针对性地提出一些建议，提高中日双边贸易并且促进中国的技术改革和“中国制造”向“中国智造”的伟大转变，使中国高技术产品在新常态经济发展下，依然保持强劲的竞争力。

5.3.1　中日双边贸易概况

据中国海关统计，2017 年中国与日本双边货物进出口额为 2 972.8 亿美元，增长 9.9%。其中，中国从日本进口 1 328.6 亿美元，同比增长 16.7%；中国向日本出口 1 644.2 亿美元，同比增长 5.0%。中国实现贸易顺差 315.7 亿美元，下降 26.1%。中国从日本进口的主要产品是机电产品、化工产品和运输设备，2017 年进口额分别为 562.0 亿美元、139.5 亿美元和 124.6 亿美元，增长 19.6%、20.9%和 8.9%，占中国对日本进口总额的 42.3%、10.5%和 9.4%。

中国向日本出口的主要商品为机电产品、纺织品及原料和家具玩具，2017 年出口额分别为 752.3 亿美元、214.5 亿美元和 106.1 亿美元，机电产品增长 5.7%，纺织品及原料下降 0.9%，家具玩具增长 13.4%，占中国向日本出口总额的 45.8%、13.0%和 6.5%。在日本市场上，中国的劳动密集型产品占有较大优势，如纺织品及原料、鞋靴伞和箱包等轻工产品，这些产品在日本进口市场的占有率均在 60%以上，在这些产品上，中国的主要竞争对手来自亚洲国家和地区（如越南、泰国、中国台湾地区）以及意大利、美国等国家。

由此可以看出，中日双方贸易合作越来越集中在资本以及技术密集型产品上，而高技术产业作为中国和日本的重点发展行业，在中日双边贸易交流中的作用日益得到凸显，占中日双边贸易总额的比重不断上升。

5.3.2 中日高技术产品双边贸易发展规模

日本在 20 世纪五六十年代引进了大量技术并且积极投入研发创新，仅经过数年发展，日本的技术水平和规模都有了飞跃式的提高。然而“泡沫经济”崩溃后，日本步入了“失去的二十年”，同时高技术产业的发展面临着严峻挑战。而中国高技术产业发展起步较晚，开始于 20 世纪 80 年代，中国高技术行业缓慢发展，出口力量极为微弱，随着加入世界贸易组织，中国对外开放得以不断广化和深化，并大力引进外资推动科技创新，高技术产业实现了高速发展。近年来，中日两国高技术产品贸易不断扩张，规模也在不断扩大。中国与日本高技术产品的双边贸易在两国对外贸易结构中占重要地位。下面主要通过分析 1992～2017 年中日高技术产品的贸易规模和结构等方面的变化，全面深入地了解中日高技术产品的贸易现状。

20 世纪 90 年代以来，中国与日本的高技术产品贸易总量是不断增加的（见图 5－19）。中国与日本的高技术产品贸易总额从 1992 年的 18.62 亿美元迅速增加至 2008 年的 594.09 亿美元，达到了 25.93%的年均增长率（见图 5－19）。2008 年受金融危机冲击一度骤减，2009 年中日高技术产品贸易总额下降为 492.37 亿美元，在 2010 年快速实现回升后稳步增长至 2012 年的 750.27 亿美元。2012 年受钓鱼岛问题影响，中日关系骤然恶化，也影响了两国的货物贸易规模，高技术产品贸易规模也一直处于下降趋势。日本实施的以“安倍经济学”为旗帜的大规模经济改革发挥作用，日元升值趋势大幅缓解甚至出现了迅速贬值，一定程度上导致中日贸易规模五年负增长后，在 2017 年实现正增长，中日双边贸易总额达到了 3 030 亿美元，其中中日高技术产品贸易总额为 566.72 亿美元。整体来看，1992～2017 年中日高技术产品贸易总额增长了约 30 倍，年均增长率高达 16.72%。

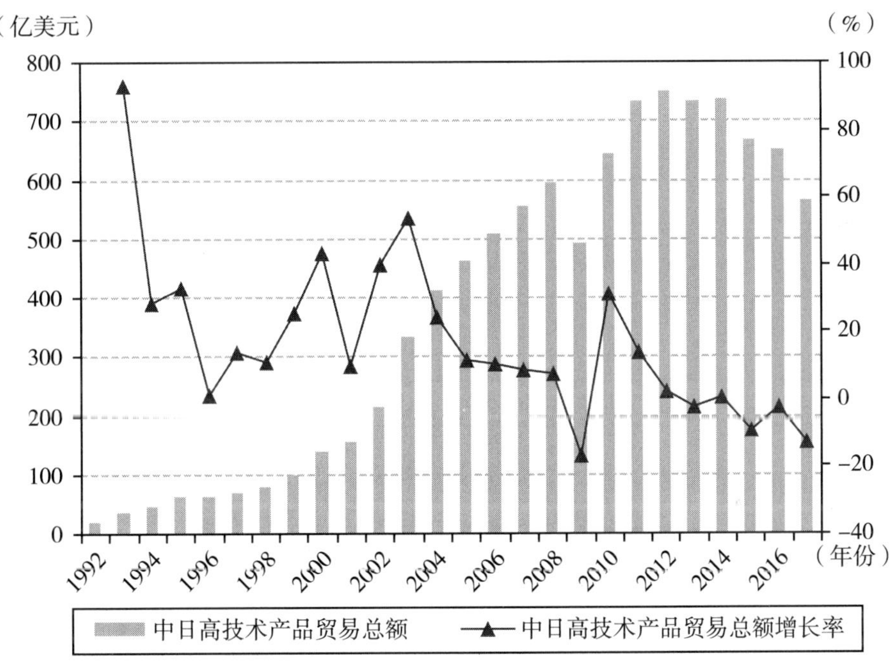

图 5—19　1992～2017 年中日高技术产品贸易规模变化情况

资料来源：联合国商品数据库（UN Comtrade）。

如图 5—20 所示，中国对日本的高技术产品出口除了 2009 年受到国际金融危机影响外，呈现明显的上涨趋势，由 1992 年的 2.62 亿美元一路上涨至 2014 年的 342.48 亿美元，增长了近 130 倍。尤其是 2002 年后呈现快速增长，由 2002 年的 70.51 亿美元快速上升至 2008 年的 193.95 亿美元，2009 年短暂下滑至 160.39 亿美元，2010 年快速复苏，达到 220.56 亿美元，并一直保持上升态势直至 2015 年的 342.48 亿美元，后进入下行，到 2017 年下降为 287.36 亿美元。中国从日本高技术产品进口总额的变化趋势同中国向日本出口高技术产品总额的变化相近，1992～2011年，除2009年明显受到国际经济波动的影响之外，其他年份主要呈增长的趋势，但不同的是近年来呈现较为明显的下降趋势，在2011年进口总额超过458亿美元后，一路下跌至2017年的279.35亿美元。

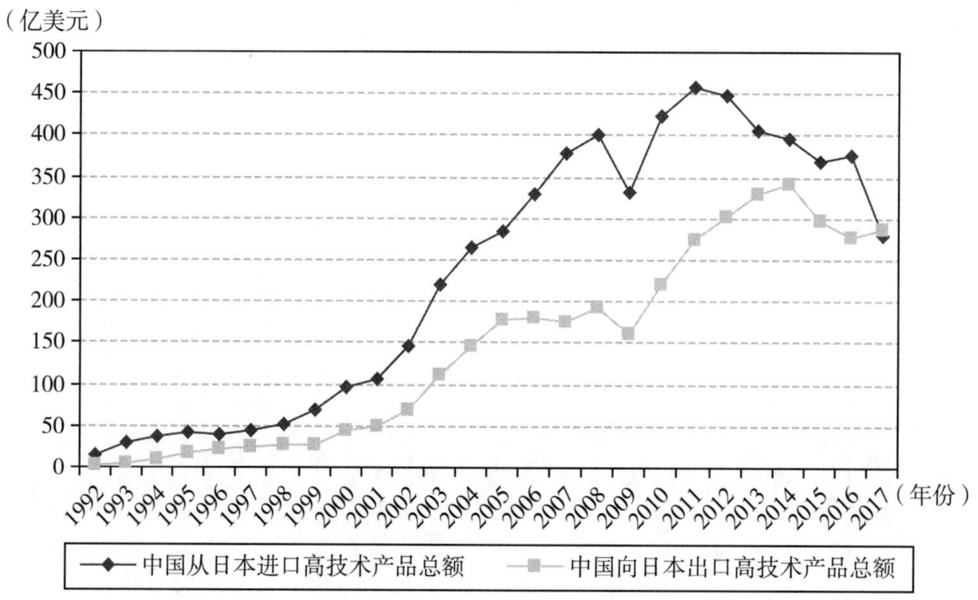

图5—20 1992～2017年中日高技术产品贸易进出口规模

资料来源：联合国商品数据库（UN Comtrade）。

对于中日高技术产品贸易净出口差额，在20世纪90年代，中国高技术产业处于起步阶段，主要通过进口来获得高技术产品，出口量微乎其微，高技术产品贸易一直处于净输入状态。如图5—21所示，1992～2016年中国与日本的高技术产品贸易均处于逆差状态，由1992年的13.37亿美元快速增加至2008年的206.19亿美元，受金融危机冲击，2009年有所缩小，为171.59亿美元，但仅一年后又快速冲高到203.63亿美元，随后高技术产品贸易逆差逐渐降低，2014年为53.07亿美元。虽然2014年后贸易逆差有进一步扩大的趋势，但在2017年中日双边关系出现回暖，贸易总额再创新高的情况下，中国首次实现了对日高技术产品贸易顺差8亿美元。中日高技术产品的贸易逆差产生的主要原因之一是日本至今仍存在较强的新贸易保护主义，以及由此衍生出的技术标准等构成的变相贸易壁垒。日本制定了许多技术法规和标准，且大多高于国际标准，不达标的产品都不能进入日本国内市场。此外，日本的技术法规常常在政府最终文本出现之前就已经生效了，这与国际上规范的做法不符。这种技术贸易壁垒的设置显然制约着中国高技术产品向日本的出口，导致中日高技术产品的贸易逆差，而这种贸易逆差又在一定程度上影响了两国高技术产品贸易的深化和广化。

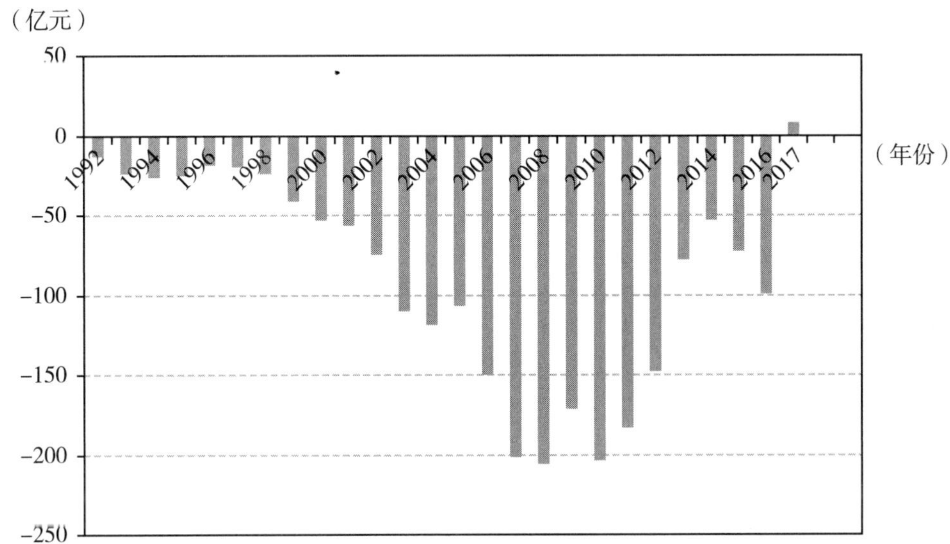

图 5—21　1992～2017 年中日高技术产品净出口差额变化情况

资料来源：联合国商品数据库（UN Comtrade）。

从商品贸易进出口结构来看，就出口方面而言，如图 5—22 所示，自 1992 年以来，中国出口日本的高技术产品占中国对日本出口全部商品贸易总额的比例保持在 2%～22%，该比重从 1992 年的 2.3%迅速增加到 2005 年的 21.1%，之后出现缓慢下降的趋势，2009 年降到 16.4%，2010 年回升到 18.2%，稳步上升至 2014 年的 22.9%，再次出现下降趋势，但下降幅度较小，2017 年占比为 21.2%。就进口方面来看，1992～2006 年进口的比重虽有波动但总体呈增长趋势，该比重保持在 12%～30%的范围内，2003 年高达 29.9%，但该阶段后比重逐年降低到 2011 年的 24.3%，2012 年虽然中日关系有所恶化，但高技术产品进口却呈现上升趋势，上升到 25.9%，在 2017 年又下降至 16.8%，表明中国对日本高技术产品依赖程度有所下降。由上述数据可知，对中国来说，向日本的高技术产品的出口和进口对中日两国的贸易来说都居于很重要的位置，不过近几年来这种重要性在逐渐减弱，尤其是在进口方面。

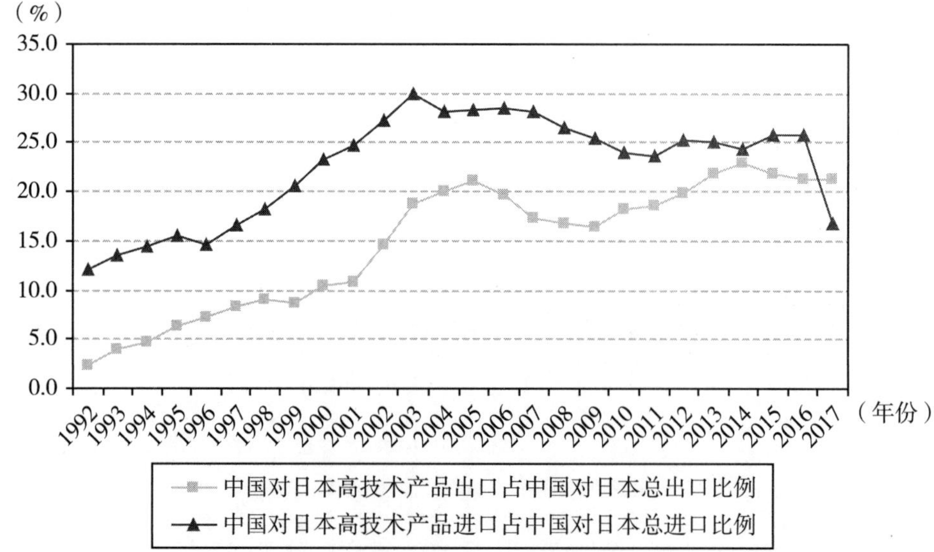

图 5—22 1992～2017 年中日高技术产品贸易占中日总贸易额比例变化情况

资料来源：联合国商品数据库（UN Comtrade）。

就进出口市场比例而言，从中国方面看，如图 5—23 所示，中国向日本出口的高技术产品占中国对外出口高技术产品总额的比重保持在 5%～15%之间，先由 1992 年的 6.56%上升到 1995 年的 14.81%，然后再下降到 1999 年的 9.98%，在 2000 年上升到 10.9%，之后一直处于下降趋势，2010 年为 5.6%，2011 年出现小幅回升为 6.2%，近几年有升有降，但变化幅度很小，2017 年为 5.76%。进口方面的比重则维持在 7%～29%，与出口发展趋势基本保持一致，从 1992 年的 19.42%上升到 1995 年的 28.4%，然后下降到 2015 年的 7.77%，直到近两年出现上升趋势，2017 年为 11.84%。可见，对中国来说，日本是中国的主要出口和进口市场之一，尤其是进口方面，与日本的贸易在最高的时候几乎超过整个高技术产品贸易的 1/4；但是，由于中国高技术产业的快速发展，高技术产品的竞争力得以提升，中国在高技术产品上与世界上更多的国家贸易越来越密切，故从 1995 年开始，中国与日本的高技术产品贸易在中国整个高技术产品贸易中的重要程度在下降，尤其是在出口方面。

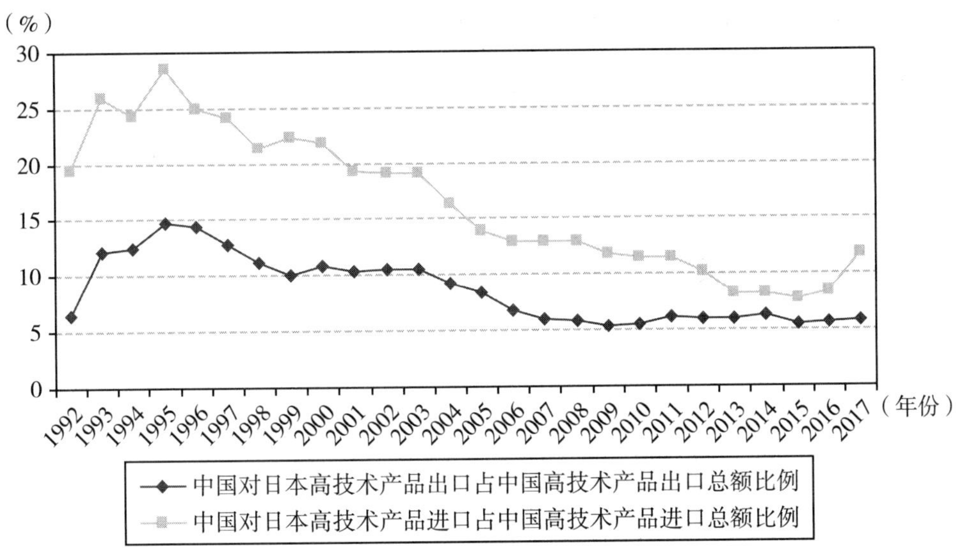

图5—23　中日高技术产品贸易占中国高技术贸易比例变化情况

资料来源：联合国商品数据库（UN Comtrade）。

5.3.3　中日高技术产品双边贸易结构组成

中日高技术产品贸易结构从出口贸易结构的变化来看，如图5—24所示，1992年中国对日本出口最多的是化学品，占中国向日本出口的高技术产品额的45.22%；科学仪器和航空航天设备占24.86%，电脑办公设备占11.67%，居于第二位和第三位。2002年贸易结构发生了变化，电子通信设备以及电脑办公设备的份额迅速上升，分别达到30.1%和53.91%，成为两大出口支柱；科学仪器和化学品的份额则降到7.97%和4.79%，排名分别降到了第三位和第四位。2012年主要的出口产品仍是电脑办公设备以及电子通信设备，只是电脑办公设备34.54%的份额低于电子通信设备43.45%的份额；科学仪器及航空航天设备和化学品依然居于第三位和第四位，科学仪器及航空航天设备比例上升到13.58%，化学品下降到4.54%。2017年出口高技术产品结构依然为电子通信设备位于第一位为53.40%，电脑办公设备居于第二位为26.64%，科学仪器及航空航天设备和化学品居于第三位和第四位，比例略微下降，分别为10.98%和4.15%。

从近几年出口高技术产品的产品结构来看（见图 5—24、表 5—1），电子通信设备已经成为中国向日本出口高技术产品的主要构成，占中国对日本出口高技术产品总额超过 50%，在 2014 年达到最高，为年 175 亿美元，2017 年下降为 153.45 亿美元，依然处于高位；其次为电脑办公设备类高技术产品，在 2003 年后出口额一直保持在 65 亿美元以上，在 2012～2014 年三年间出口额均超过了 100 亿美元，其中电子通信设备出口额在 2014 年前一直呈现不断增加的趋势，2015～2017 年出现小幅下降。而电脑办公设备与电子通信设备虽然出口额不断增加，但占比从 2003 年起一直处于下降趋势。与此同时，中国对日本出口科学仪器及航空航天设备等高技术产品的总额也表现出较大的增长，另外化学品出口额也出现较大波动。分析 2017 年数据可以发现，中国对日本出口的电子通信设备、科学仪器及航空航天设备、电脑办公设备加起来基本构成总额的 90%，说明中国出口的高技术产品种类较为集中，应提升其他种类的出口，从而促进中国对日本高技术产品全方位的出口。

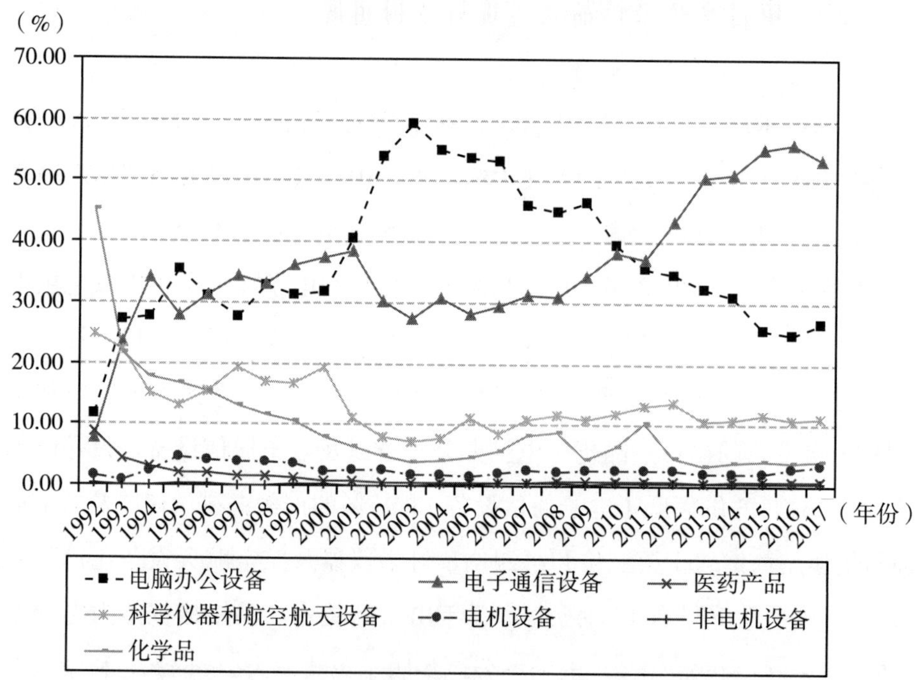

图 5—24　1992～2017 年中国向日本出口高技术产品占比情况

资料来源：联合国商品数据库（UN Comtrade）。

表 5－1　　1992～2017 年中国向日本出口高技术产品明细情况 单位：万美元

年份	电脑办公设备	电子通信设备	医药产品	科学仪器和航空航天设备	电机设备	非电机设备	化学品	武器装备
1992	3 059.67	2 027.19	2 273.29	6 520.07	418.37	62.60	11 857.80	4.25
1993	16 078.98	14 022.97	2 668.35	13 269.70	490.84	18.61	12 977.20	3.96
1994	26 575.04	32 836.55	3 027.28	14 641.90	2 194.94	22.91	17 154.40	22.31
1995	64 474.77	50 844.08	3 853.19	23 866.70	8 707.68	359.04	30 571.90	2.14
1996	67 409.08	67 904.17	4 363.02	33 586.20	9 171.77	522.43	33 690.80	4.37
1997	69 041.97	85 819.89	4 151.62	48 639.90	9 620.58	152.89	33 145.90	1.13
1998	87 602.28	87 899.34	4 062.22	45 505.10	10 177.60	272.87	31 221.60	22.03
1999	88 529.88	101 880.00	4 000.41	47 542.90	10 329.20	705.35	29 647.70	20.55
2000	138 370.7	164 079.03	3 336.95	84 497.50	10 522.90	609.70	35 404.10	12.71
2001	197 489.2	187 573.13	3 680.56	54 328.40	12 763.20	407.67	31 572.30	23.44
2002	380 135.7	212 270.61	4 061.55	56 198.00	18 341.50	413.83	33 745.10	12.63
2003	659 447.8	304 748.82	5 708.73	79 048.30	18 984.70	856.54	42 085.20	6.87
2004	810 654.3	452 790.31	6 697.22	112 149.0	25 645.00	2 978.61	60 264.00	5.43
2005	950 559.9	499 652.10	7 833.52	196 551.0	28 619.00	5 316.89	83 514.10	6.78
2006	953 516.2	529 714.91	10 216.6	152 417.0	37 510.30	7 994.06	103 917.0	3.34
2007	812 730.9	553 053.70	11 278.2	189 659.0	43 805.50	9 362.08	144 279.0	0.66
2008	870 079.1	601 396.88	13 005.7	226 008.0	47 403.80	10 998.7	170 643.0	2.66
2009	747 008.9	551 225.30	12 925.0	174 414.0	43 387.90	4 713.55	70 238.60	0.25
2010	871 282.4	843 134.44	15 927.5	261 823.0	59 409.40	10 653.5	143 394.0	8.09
2011	981 100.6	1 023 678.5	18 281.0	361 678.0	68 969.00	13 218.6	287 171.0	35.56
2012	1 040 059.0	1 308 277.9	23 151.1	408 964.0	80 383.10	13 670.0	136 759.0	48.19
2013	1 055 685.0	1 663 342.8	19 882.5	345 802.0	70 685.70	13 357.6	110 948.0	73.55
2014	1 061 192.0	1 752 224.2	22 277.6	369 287.0	70 316.80	18 003.6	131 366.0	127.2
2015	763 154.7	1 642 809.6	22 458.3	342 964.0	62 930.90	17 400.4	119 853.0	124.3
2016	685 845.4	1 545 197.1	22 289.1	302 450.0	81 376.10	16 436.5	108 809.0	114.1
2017	765 631.6	1 534 459.0	20 920.5	315 648.0	100 159.00	17 325.50	119 328.00	150.11

资料来源：联合国商品数据库（UN Comtrade）。

进口贸易结构的变化方面，如图 5－25 所示，1992 年从日本进口最多的是电子通信设备，占中国对日本高技术产品贸易进口额的 52%；科学仪器及航空航天设备、电脑办公设备分别占 16.12%和 16.04%，位居第二、第三位。2002 年电子信息设备进口仍占极大份额，已经高达 63.45%；科学仪器及航空航天设备以 15.02%的份额排在了第二位，电脑通信设备则以 13.10%的份额居第三名。2012 年电子通信设备的比重有所下降，为 54.78%，但仍居进口首位；科学仪器及航空航天设备占比提高到了 30.50%，居第二位；电子通信设备则以 7.47%的比重排在第三位。2017 年，进口贸易结构发生明显变化，科学仪器及航空航天设备快速上升至第一位，比重高达 44.30%，电子通信设备下降到 27.31%，下滑到第二位，电子设备比重也有所上升到了 11.69%，但排名下滑到第四位。而电脑办公设备比重显著上升，达到 11.86%，居于第三位。另外，明显可以看出，日本对中国出口的主要种类除去电子通信设备、科学仪器及航空航天设备外，电机设备以及非电机设备也占有较大的比重。而中国虽然有小部分电机设备产品出口到日本，但非电机设备类产品较少。中国从日本进口大量科学仪器及航空航天设备，但向其出口量却较小，表明中国的高技术产品与日本高技术产品相比依然有着较大的技术差异。

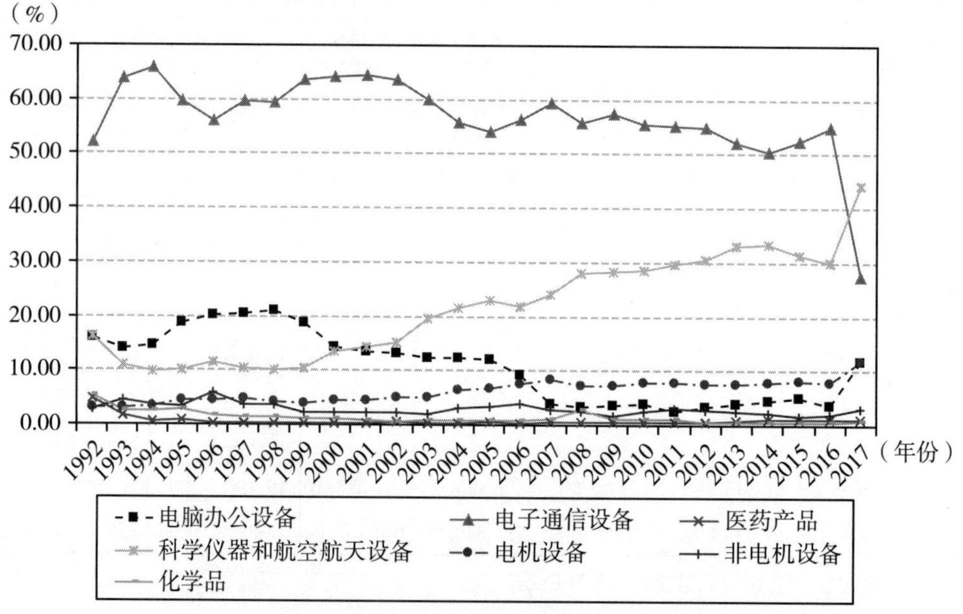

图 5—25 1992～2017 年中国从日本进口高技术产品占比情况

资料来源：联合国商品数据库（UN Comtrade）。

总之，从贸易结构的变化来看，中国主要的出口产品由 1992 年的电脑办公设备、电子通信设备、科学仪器和化学品这四类变成电脑办公设备及电子通信设备这两类，而且上述两类产品所占的比重在增加；进口结构变化方面，中国的主要进口产品有航空航天设备、电脑办公设备、电子通信设备和科学仪器这四类，合计所占的比重是不断增加的。就当前贸易结构而言，电脑办公设备是最主要的出口产品，其次是电子通信设备，这两类产品出口所占比重超过了整个高技术产品出口贸易的 80%；将主要进口产品按其所占比重排序，科学仪器及航空航天设备第一，电子通信产品次之，再次是电脑办公设备，上述产品的进口合计占所有高技术产品进口的比重几乎达到 90%，显然其在高技术产品进口贸易中占重要地位。

由此可见，中日两国高技术产品贸易往来密切，中国向日本出口高技术产品以电脑办公设备、电子通信设备和科学仪器及航空航天设备为主，而从日本进口高技术产品以电子通信设备、科学仪器及航空航天设备、电脑办公设备和电机设备为主。

5.3.4　中日高技术产品贸易中中国高技术产品竞争力评价与分析

现有分析国际竞争力的指标主要以进出口数据为基础。本报告基于中日双边高技术产品贸易现状，分别从净出口差额以及 TC 指数对中国高技术产品在中日双边贸易中所表现出的竞争力进行定量研究，以进行合理评价与分析。中日高技术产品贸易净出口差额变化情况在前面已做说明，在此不做重复。接下来主要对中国高技术产品 TC 指数变化情况进行说明。

中日高技术产品贸易不断推进的同时，中国高技术产品出口竞争力也在不断提高，日本对中国水产的高技术产品进口需求不断增加。在此采用国际竞争力指数简要分析一下中国高技术产品在日本市场上的国际竞争力。通过中国对日本的高技术产品的净出口差额与中日双边高技术产品贸易总额的比值，对中国高技术产品在日本市场上的竞争力进行衡量。同样，由图 5－26 可看出，中国高技术产品在日本市场上的竞争力要远低于其在国际市场上的竞争力，1992

年中国高技术产品在日本市场上的TC指数为－0.72，有比较明显的竞争劣势。随着中国对高技术产业重视程度的提高，高技术产业得到快速发展，其TC指数处于不断上升中，于2017年由负转正，达到0.01。

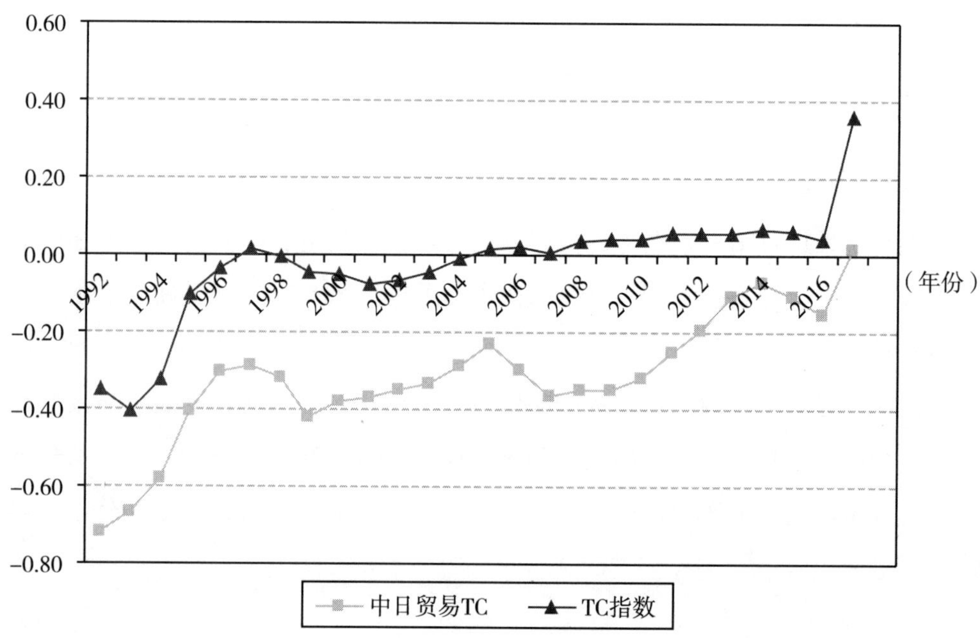

图5－26 1992～2017年中国高技术产品国际竞争力变化情况

资料来源：联合国商品数据库（UN Comtrade）。

作为对比，进一步对中国高技术产品在国际市场上的国际竞争力进行分析。如图5－26所示，可以看出中国高技术产品在国际市场上竞争劣势相对要小，1992年中国高技术产品的TC指数为－0.35，说明当时中国高技术产品的竞争力比较弱。1992～2004年，除个别年份外，中国高技术产品的TC指数均为负值。在此阶段，中国高技术产品在国际市场上的竞争力极为有限，尚没有达到国际平均水平。从2005年开始，TC指数由负转正，中国高技术产品国际竞争力逐渐增强，稳步上升。截至2017年，中国TC指数已上升到0.36，标志着中国高技术产品在国际市场上已具备一定的影响力和竞争力。

5.3.5 提高中国高技术产品出口竞争力的对策建议

实现中日高技术产品贸易合作长期、稳定、健康发展，必须调整高技术产品的出口结构，提高高技术产品的竞争力，进一步消除中国与日本的贸易逆差。

一是提升高技术产品的贸易比较优势。从具体类别来看，中国拥有丰富的劳动力资源，中日高技术产品贸易的垂直分工现象明显，劳动密集型产品依然是中国发展高技术产品贸易过程中的必然选择，也是未来一段时间内中国扩大高技术产品对日出口的主要形式。但是此类产品在价格上的竞争力并不稳定，容易受到国际其他市场的冲击，所以，中国应该重视提高该类产品的非价格竞争能力，即企业利用产品在质量、品牌、包装、广告、销售以及售后服务等方面的优势在国际竞争中取胜。

二是优化高技术产品的出口结构。从短期来看，扩大劳动密集型高技术产品的对日出口可以消除中日高技术产品的贸易逆差。但是此类产品不仅可替代性强，而且所含的附加值很低，不利于中国高技术产品出口的长远发展。中日高技术产品贸易逆差一直存在的主要原因是两国需求结构的不平衡性，即中国生产的技术含量相对较低的高技术产品无法满足日本市场的需求。因此，从长远来看，要扭转逆差局面，中国应加大高技术产品的研发投入，不断提高自主创新能力，将技术、资本等转变为中国的比较优势，着力开发高附加值的资本或技术密集型高技术产品并促进其对日出口，加大此类产品在中国高技术产品出口结构中的比重。

三是制定应对贸易壁垒的相关措施。在高技术产品贸易中，标准是主要壁垒。标准数量多、层次多、复杂、覆盖范围广泛。像日本这样的国家，尚有不少部门不把国际标准当作自己的标准。而且日本制定的标准和相关条例，以及相关的信息缺乏透明度，认证费用昂贵，认证时间也很长。这些壁垒都严重影响了中国高技术产品对日本的出口。但技术壁垒因产生的原因和作用不同，分为不同的类型，需要区别对待。对那些必然存在的、非歧视性的、透明的、合理的技术标准，即便是它具有贸易限制作用，也应该从如何尽快提高自己能力和水平，适应对方要求方面着手。对明显不合理的、歧视性的、缺乏透明度的技术壁垒，要根据世界贸易组织中技术性贸易壁垒的规定，做到据理力争，决不妥协。

5.4 中英高技术产品贸易发展

中英两国在高技术贸易领域具有较强的互补性。英国作为率先完成工业革命的发达国家，拥有仅次于美国的雄厚科技研发能力和世界领先的高端制造实力，在飞机发动机、汽车、机械设备等技术密集型高技术产品领域具有比较优势，而中国作为逐步向价值链上游攀升的制造业大国，凭借丰富的劳动力资源和后发优势，近年来快速实现制造业技术水平提升，在手机、计算机等劳动密集度较高的高技术产品领域具有竞争优势。目前，中英高技术产品贸易表现为中国获得大规模贸易顺差，这一方面体现了中国高技术产品的市场竞争力，另一方面也表明中国向英国的高技术产品进口还有很大潜力可挖。鉴于未来英国脱欧将对该国与欧盟成员国间的经贸往来造成负面影响，英国有很大动机积极发展与中国的贸易往来，两国一直以来较为友好的政治关系与较为频繁的高层互访也为中英高技术产品贸易发展铺垫了良好的政治环境。面对美国限制高技术产品出口等一系列技术封锁措施，中国有必要加深与英国的科技研发合作力度，扩大对英国高技术产品的进口规模，积极推动对英国技术的引进，以此推动本国制造业的技术升级革新。

5.4.1 中英两国政治关系

自 1997 年香港回归祖国以来，中英两国关系整体保持了健康稳定态势，中英关系经历了从全面战略伙伴到面向 21 世纪全球全面战略伙伴的转变。2015年3月，英国向中国提交作为意向创始成员国加入亚洲基础设施投资银行（以下简称“亚投行”）的正式申请，成为首个加入亚投行的西方大国。2015年10月，习近平主席对英国进行国事访问，标志着中英双边关系开启“黄金时代”。中英两国协议在“一带一路”框架下展开合作，推动核电、高铁、基础设施建设等标志性重大合作项目尽快落地；中国将大力推动伦敦人民币离岸市场发展，加强与英国在亚投行等多边金融机构中的合作；中国还将大力推动与英国新兴产业的合作，开展中国七大战略新兴产业（包括节能环保、新一代信息技术、高端装备制造、新能源、新材料、新能源汽车与生物产业）与英国八大技术和战略产业（包括大数据、太空、机器人、合成生物学、再生医学、农业科学、先进材料与可再生能源）的互利合作。

2016年6月，英国公投“脱欧”。英国需要积极建立新的贸易伙伴关系，以对冲“脱欧”对其贸易活动可能造成的负面影响。而中国正是一个很有吸引力的选择：一方面中国具有庞大的市场体量；另一方面中英双边贸易具有很强的互补性，英国是中国在欧洲最主要的对外直接投资目的地之一。在这一背景下，英国首相特蕾莎·梅于2018年1月带领英国商业与贸易领袖访华，并在北京发表演讲称，中英将坚定深化贸易关系，对两国贸易关系的未来充满信心。特蕾莎·梅表示，中英将围绕“一带一路”和亚洲基础设施投资银行进一步展开合作，并希望与中国签署自由贸易协议以巩固强化中英关系“黄金时代”所建立的良好关系。

5.4.2　英国经济总体竞争力

英国作为第一次工业革命的发源地，具有全球领先的经济实力和科技实力。根据世界经济论坛（World Economic Forum）发布的《2018年全球竞争力报告》，英国在全球140个经济体中的整体竞争力排名第八。2017年英国总人口6 610万人，人均国内生产总值为39 734.6美元，按购买力评价计算的GDP占全球GDP比重为2.29%，近十年来的GDP年均增长率为1.1%，FDI

流入规模占 GDP 比重的近五年均值为 2.3%。在全球竞争力指数的四大类共 12 个分指数中，英国的宏观经济稳定性分指数全球排名第一，在创新能力、商业活力、市场规模以及制度体制分指数中全球排名第七，在金融系统和劳动力市场分指数中则全球排名第八（见表 5—2）。

表 5—2 英国与中国全球竞争力指标对比

竞争力方面	分指数	英国得分（满分 100）	英国在全球排名	中国得分（满分 100）	中国在全球排名
社会环境	制度体制	77	7	55	65
	基础设施	89	11	78	29
	信息及通信技术普及度	71	28	71	26
	宏观经济稳定性	100	1	98	39
人力资源	健康水平	94	29	87	44
	技能水平	80	13	64	63
市场	产品市场	69	12	57	55
	劳动力市场	76	8	59	69
	金融体系	88	8	72	30
	市场规模	82	7	100	1
创新生态系统	商业活力	79	7	65	43
	创新能力	79	7	64	24

资料来源：世界经济论坛《2018 年全球竞争力报告》。

在商业活力方面，英国在企业破产恢复率、企业对外授权的意愿、企业对破坏性创新的接受度以及创新企业增长率方面的表现均显著领先于中国，显示出英国凭借自身成熟完备的法律体系与司法实践，为企业创造出了对创新风险更加包容、试错重来的成本更低的营商环境，其较为完善的知识产权保护制度也使创新企业更愿意通过对外授权的方式迅速扩大规模、实现更高的增长率（见表 5—3）。

表 5—3　　　英国与中国商业活力与创新力分指数对比

分指数	指数构成	英国得分（满分 100）	英国在全球排名	中国得分（满分 100）	中国在全球排名
商业活力	新成立企业所需成本	100.0	1	99.7	13
	新成立企业所需时间	96.0	17	77.5	106
	破产恢复率	91.7	11	39.7	69
	破产法规框架	68.8	46	71.9	38
	对创业风险的态度	68.5	5	58.4	28
	授权意愿	75.3	14	58.5	50
	创新企业增长率	69.4	7	57.2	39
	企业对破坏性创新的接受度	62.1	7	53.8	24
创新能力	劳动力多元化	76.6	7	56.2	77
	集群发展程度	69.8	10	59.6	29
	国际联合发明数量	79.8	18	21.1	45
	多主体合作	67.5	9	57.3	29
	科技论文发表	100.0	2	96.5	14
	专利申请数量	84.9	19	47.5	32
	研发支出占 GDP 比重	56.8	22	68.9	18
	研究机构质量	100.0	5	100.0	2
	消费者对创新接受度	61.4	13	58.2	19
	商标申请数量	94.7	18	79.1	45

资料来源：世界经济论坛《2018 年全球竞争力报告》。

英国的商业活力从英国 STEM（科学、技术、工程、数学）领域企业的规模分布中可见一斑。根据英国国家统计局数据，截至 2017 年 3 月，英国共有 STEM 类企业 29.28 万家，其中微型企业 27.55 万家，占比 94.1%；小型企业 1.36 万家，占比 4.6%；中性企业 0.3 万家，占比 1.0%；大型企业 0.08 万家，占比 0.3%(见表 5—4)。较低的企业创立成本、较高的集群化发展程度、较完善的知识产权和破产保护为小微企业的发展提供了有利的环境，而小微企业作为最具活力的经济实体，其蓬勃发展、优胜劣汰又成为推动经济发展、促进创新研发的重要力量。

表 5—4　　2017 年英国 STEM 领域企业规模分布

英国科学、技术、工程、数学（STEM）类企业所在行业	企业数量	企业规模			
		微型（0～9 人）	小型（10～49 人）	中型（50～249 人）	大型（250 人以上）
航空航天与运输	5 780	4 430	760	425	165
通信	6 230	5 405	610	165	50
计算机	3 315	2 565	540	180	30
内容创意	2 6050	25 155	745	125	25
高科技金融服务	12 415	11 845	435	90	45
IT 服务	130 620	125 300	4 405	780	135
医疗设备	9 085	7 220	1 310	425	130
其他技术咨询机构	62 210	59 215	2 570	345	80
药品/生物技术	1 440	1 190	145	65	40
软件	35 685	33 165	2 070	385	65
STEM 类企业总数	292 840	275 490	13 590	2 985	765

资料来源：英国国家统计局。

创新研发是英国的传统强项之一，出现了牛顿、达尔文、法拉第、麦克斯韦、霍金等一大批人类科学史上的巨人。根据诺贝尔官方网站公布的数据，自 1901 年以来，英国共有 130 人次获得诺贝尔奖，全球排名第二，仅次于以 377 人次位居第一的美国。在医学与生理学、化学、物理学领域，英国分别获得诺贝尔奖 34 人次、32 人次和 27 人次，占其所获诺奖总数的 71.5%，凸显出英国在上述基础研究领域强大的研究能力和深厚的人才积累。近 20 年来，英国在医学与生理学、化学、物理学领域继续保持全球领先优势，共获诺贝尔奖 23 人次，仅次于美国，领先于日本和德国（见表 5—5）。

表 5—5　　诺贝尔奖获奖人次前十名国家及其近 20 年获奖情况

国家	获得诺奖人次	获物理学奖人次	获化学奖人次	获医学与生理学奖人次
美国	377	32	33	30
英国	130	7	6	10
德国	108	6	3	3

续表

国家	获得诺奖人次	获物理学奖人次	获化学奖人次	获医学与生理学奖人次
法国	70	3	2	3
瑞典	32	0	1	1
日本	27	8	6	4
加拿大	26	3	0	2
瑞士	26	0	2	0
俄罗斯/苏联	25	5	0	0
奥地利	21	0	2	1

资料来源：诺贝尔奖官方网站。

英国的科技论文发表数量以及研究机构质量全球领先。从论文引用量来看，英国在环境科学、生物科学、物理科学、工程学、数学等领域的研究居全球领先水平。从爱思唯尔（Elsevier）通过不同学科论文引用量统计的研究影响系数来看，相对于全球平均影响力系数 1.0，英国在环境科学、生物科学、临床医学、物理科学等领域的影响系数均达到 1.5，并呈逐年上升趋势（见图 5—27）。此外，英国政府还向大数据和高性能计算、卫星及空间商业应用、机器人和自动化系统、基因组学及合成生物学、再生医学、农业科技、先进材料及纳米技

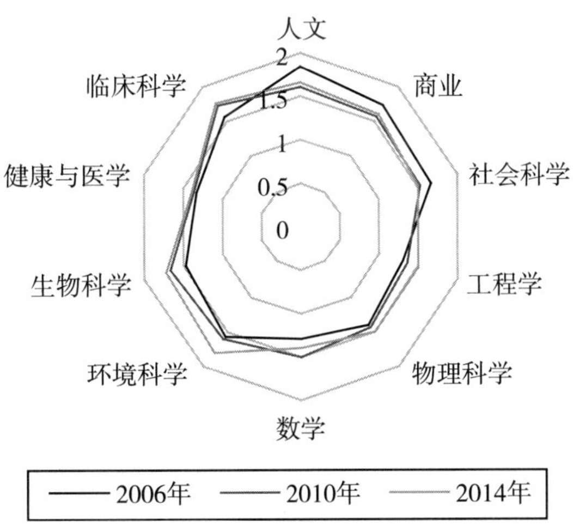

图 5—27　英国分领域论文引用影响力指数（全球平均值：1.0）

资料来源：Elsevier。

术、能源与存储英国占据全球领先地位的八大重点前沿技术领域加大资金投入力度，力争保持并进一步加大英国在这些对国家竞争力至关重要的领域的竞争优势。

英国在创新与应用的融合方面也表现亮眼，诞生了工业革命时代的蒸汽机、现代的喷气式发动机、核磁共振成像等一系列影响深远、应用广泛的创新发明。英国著名创新科技公司包括发明了无尘袋吸尘器的戴森（Dyson）、生产航空发动机的劳斯莱斯（Rolls Royce）、芯片设计公司ARM以及现已被谷歌收购的人工智能创业公司深度思考（DeepMind）等。伦敦的“硅环岛”（Silicon Roundabout）聚集了众多互联网公司、初创企业以及谷歌、Facebook、亚马逊、英特尔等科技巨头的欧洲总部，现已成为具有国际影响力的科技集群区和欧洲的科技创新中心，与美国加州的硅谷分庭抗礼。根据《科技国家》（*Tech Nation*）与Dealroom截至2018年6月的统计，欧洲独角兽科技企业（估值超过10亿美元）中有13家来自英国，占比高达37%。这13家英国科技公司的估值超过230亿美元，其业务主要分布在人工智能、增强现实、机器学习、电子商务、金融科技、免疫疗法、基因检测等尖端技术领域。

从专利申请数据来看，英国的专利申请主要分布在土木工程、计算机技术、交通、测量、电机设备与能源、医疗技术、数字通信领域，这七个领域的专利申请量占到英国2017年专利申请总量的49.3%。2007～2017年，英国在这七大领域保持了较强的技术优势并在持续强化自身的领先地位。而在微结构与纳米技术、环境技术、管理信息系统等新兴技术领域，虽然目前在占专利申请总量中所占比重较小，但2007～2017年之间的专利申请年均增速均在5%以上，代表了英国科技发展的新增长点（见表5－6）。

表5－6　英国按IPC技术领域划分的专利申请公开数据

技术领域	2007年	2012年	2017年	占2017年公开专利比重（%）	2007～2017年均增长率（%）
土木工程	1 292	1 145	1 241	10.5	－0.4
计算机技术	815	809	1 056	9.0	2.6

续表

技术领域	2007 年	2012 年	2017 年	占 2017 年公开专利比重（%）	2007～2017 年均增长率（%）
交通	710	717	984	8.4	3.3
测量	744	676	763	6.5	0.3
电机设备、能源	664	673	669	5.7	0.1
医疗技术	469	510	571	4.9	2.0
数字通信	397	515	515	4.4	2.6
引擎、泵、涡轮	348	489	513	4.4	4.0
家具、玩具	726	610	462	3.9	−4.4
其他消费品	436	382	416	3.5	−0.5
机械零件	472	384	395	3.4	−1.8
视听技术	481	337	366	3.1	−2.7
处理技术	417	313	355	3.0	−1.6
其他特殊设备	367	366	309	2.6	−1.7
控制	321	222	301	2.6	−0.6
化学工程	216	233	276	2.3	2.5
电子通信	534	267	256	2.2	−7.1
管理信息系统	137	145	225	1.9	5.1
光学	287	197	217	1.8	−2.8
机械工具	338	220	217	1.8	−4.4
热处理过程与仪器	156	216	205	1.7	2.8
基础材料化学	193	141	196	1.7	0.2
环境技术	104	148	184	1.6	5.8
半导体	208	215	151	1.3	−3.2
有机精细化学	105	55	146	1.2	3.4
材料学、冶金	99	98	125	1.1	2.4
表面涂层技术	105	95	122	1.0	1.5
药物	133	104	115	1.0	−1.5
纺织与造纸设备	137	95	96	0.8	−3.4
基础通信流程	177	86	96	0.8	−5.9

续表

技术领域	2007年	2012年	2017年	占2017年公开专利比重（%）	2007～2017年均增长率（%）
生物技术	111	59	80	0.7	－3.2
食品化学	62	57	44	0.4	－3.5
大分子化学、聚合物	61	40	41	0.3	－4.0
生物材料分析	45	23	38	0.3	－1.7
微结构与纳米技术	5	10	17	0.1	12.2

资料来源：英国知识产权办公室。

5.4.3　英国制造业发展概况

相对于其他发达国家，英国制造业在经济中份额下降较快，制造业产值占GDP比重从20世纪70年代早期的约30％降至2000年的13％，2017年进一步下降至9％(见图5－28)。英国制造业产品占全球制造业产品出口的份额也呈下降趋势，从1995年的4.22％降至2017年的1.77％(见图5－29)。

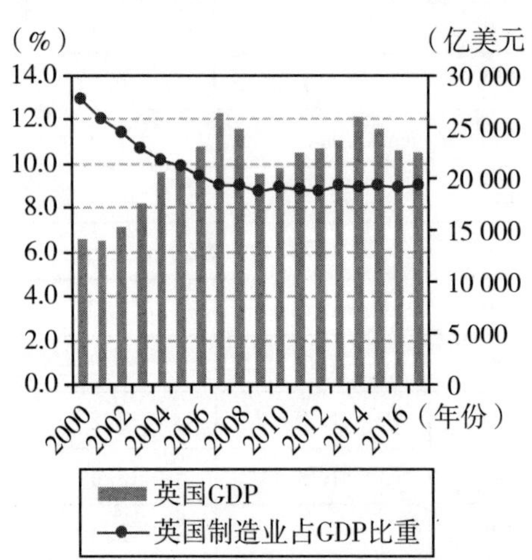

图5－28　2000～2017年英国制造业占GDP比重

资料来源：OECD。

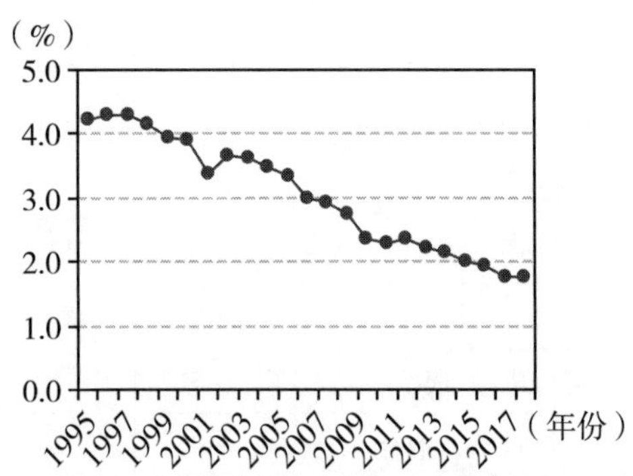

图5－29　1995～2017年英国占全球制造业出口比重

资料来源：UN Comtrade。

但这并不意味着英国制造业的衰退，而更多反映了英国制造业向比较优势领域的结构转型以及全球价值链的进一步深化。如图 5－30 所示，英国制造业的出口密度（制造业出口占制造业产值比例）呈逐年上升趋势，从 1998 年的 42.1%上升至 2017 年的 60.3%。英国制造业的全要素生产率在 1980～2009 年的年均增速为 2.3%，高于英国整体经济全要素生产力的年均增速 0.7%。

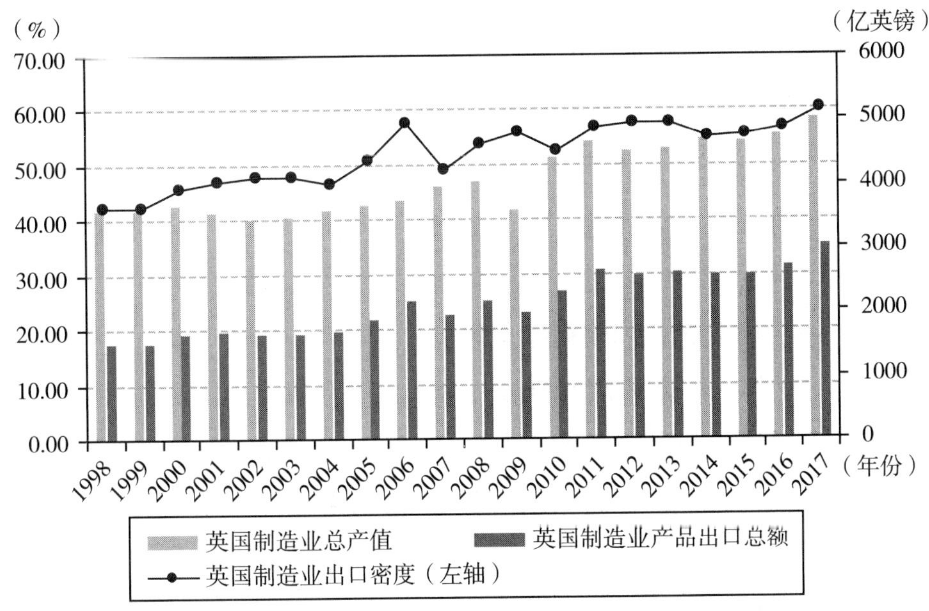

图 5－30　1998～2017 年英国制造业出口密度

资料来源：英国国家统计局。

为更好应对未来制造业发展的挑战，英国政府启动了专项战略研究，于 2013 年 10 月发布了名为《制造业的未来：英国面临的机遇与挑战》（The future of manufacturing：a new era of opportunity and challenge for the UK）的专项报告，报告提出了英国制造业复苏发展的基本战略，包括加快科研成果向应用领域转化、保持高技术产品优势地位、强化可持续发展与环保要求、提高劳动力素质四个方向，报告还提出了发展研发集群、扩大生产性服务业、发掘中小企业潜力等政策措施。预计英国未来将进一步发展高技术贸易，提高贸易技术含量。

5.4.4 中英双边贸易概况

自2004年以来，中国作为贸易伙伴对英国经济的重要性持续上升，英国向中国的进出口规模不断扩大。英国国家统计局（Office of National Statistics）公布的数据显示，2018年中国已经超越美国，成为英国紧跟在德国之后的第二大进口来源国，占英国进口总额的比重从7.0%上升至9.0%。同时，中国也是英国的重要出口市场，2018年中国已成为英国第六大出口目的地，英国向中国的出口规模达到185亿英镑，占英国出口总额的5.3%。此外，中国香港是2018年英国第十大出口目的地，英国向中国香港的出口规模达83亿英镑，占英国出口的2.4%。2010～2017年，英国向中国内地出口规模年均增速达到114.2%，向中国香港的出口规模年均增长85.6%，中国内地及中国香港分别为同期英国增速第六快和第十快的出口市场。由于英国向中国的进口增速快于出口增速，英国对中国对贸易逆差也在扩大。2017年，英国对中国的商品与服务贸易逆差达228.22亿英镑，这使中国超过德国成为英国第一大贸易逆差来源国。

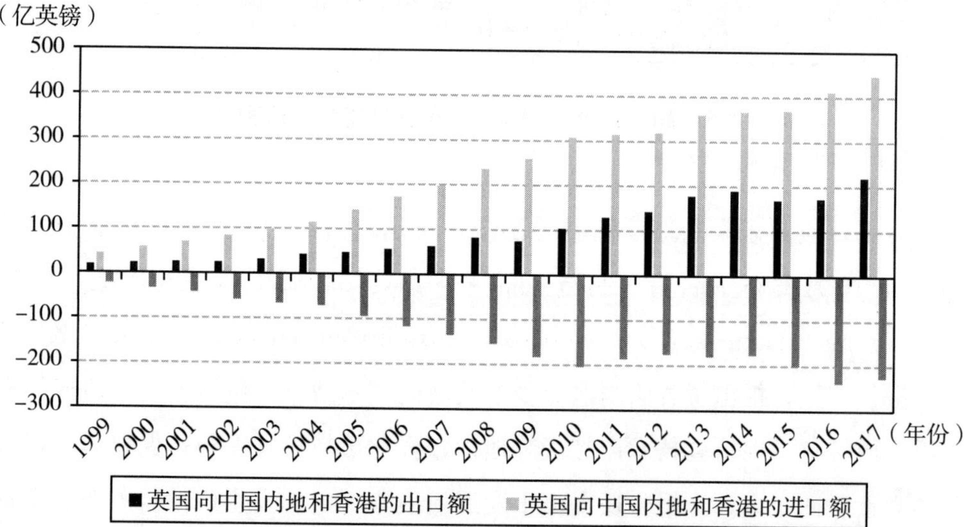

图5—31 1999～2017年英国向中国的商品与服务进出口情况

资料来源：英国国家统计局。

如表5—7所示，2017年，英国对中国出口的主要商品包括汽车（27.3%）、石油及其制品（17.7%）、医药品（6.5%）等。英国从中国进口的主要商品则为电信设备（14.3%）、服饰（10.0%）、电动机械设备（9.9%）、办公设备与计算机（9.7%）等。2017年英国向中国出口前五位的商品大类占当年英国出口总额的比重达到60.4%，英国向中国进口的前五大类商品占同期英国进口总额的比重则为56.2%。英国对中国的出口以科技含量较高的高技术产品为主，从中国的进口则以劳动密集型产品和资源性产品为主，中英两国贸易的结构互补性较强。

表5—7　　2017年、2018年英国对中国进出口占比前五位行业

年度	商品类别名称	占2017年英国出口比重（%）	年度	商品类别名称	占2018年英国出口比重（%）
2017	道路车辆	27.3	2018	非货币黄金	20.9
	石油及石油产品	17.7		道路车辆	18.8
	医学、药学产品	6.5		石油及石油产品	17.8
	电动机械设备	4.6		医学、药学产品	5.3
	发电机械与设备	4.4		发电机械与设备	3.9
年度	商品类别名称	占2017年英国进口比重（%）	年度	商品类别名称	占2018年英国进口比重（%）
2017	电子通信与录音设备	14.3	2018	电子通信与录音设备	16.1
	杂项制品	12.3		杂项制品	11.5
	服装与服饰配件	10.0		办公设备与计算机	10.7
	电动机械设备	9.9		电动机械设备	9.7
	办公设备与计算机	9.7		服装与服饰配件	8.9

资料来源：UN Comtrade。

5.4.5　中英高技术产品贸易规模

20世纪90年代以来，中国对英国的高技术产品贸易规模呈盘旋上升趋势。

2002年中英贸易总体态势在前国家主席胡锦涛出访英国以及中英建立投资促进机构和财金对话机制的推动下整体向好，但进口规模下降导致当年中英高技术产品贸易总额的负增长。2009年全球金融危机的爆发也对中英高技术产品贸易带来了冲击，当年中国对英国的高技术产品进出口规模均小幅下降。2015年中英高技术产品贸易总额较2014年小幅下降4%，主要是由于当年中国对英国高技术产品出口萎缩8%的影响。2016年英国脱欧带来的不确定性以及英镑汇率波动则使当年中英高技术贸易总额下降了8%。除上述少数时点以外，中英高技术产品贸易在自1992年以来的大多数时间里保持快速增长态势，1992～2017年的年均增速达到18.8%(见图5—32)。

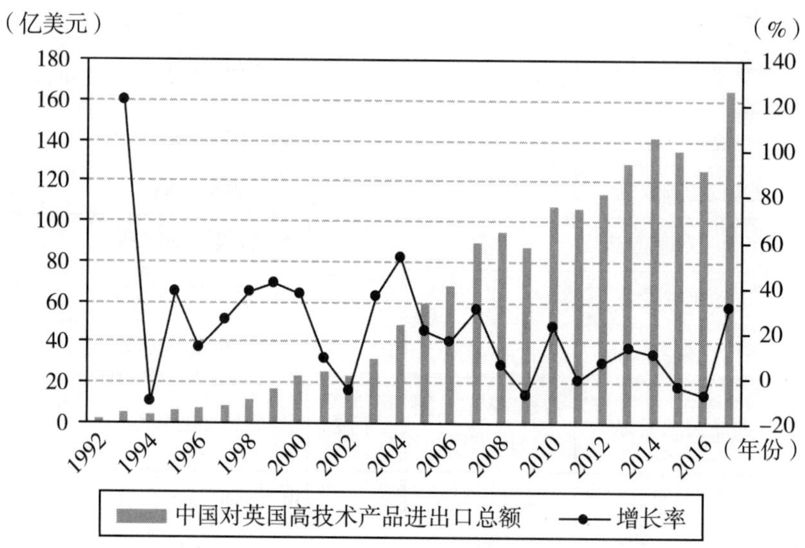

图5—32 1992～2017年中国对英国高技术产品进出口总额及增长率

资料来源：UN Comtrade。

分别考察中国向英国高技术产品进口数据与出口数据发现（见图5—33、图5—34)，中国对英国的高技术产品进口规模增长较为平稳，2016年以前的大部分时间都在10亿～20亿英镑的区间附近波动，直到2017年受中国大单进口英国产航空航天设备提振方才突破这一区域，达到58亿美元。这表明英国仍需进一步开拓中国市场，将其在高科技领域的领先优势转化为贸易订单。英国脱欧后将不再享有作为欧盟成员国的零关税等贸易优惠条件，英国与欧盟成员国之间的贸易关系将受削弱，这使开拓中国市场对英国而言更具紧迫性。而中国对英国高技术产品出口规模则呈快速增长态势，除 2009 年、2011 年、2015 年、2016 年等少数年份有小幅下降之外，在其他年份均保持了较快增长，2017 年出口规模达到 107 亿美元，2000～2017 年间平均每年增长 13.2%。这表明中国高技术产品的竞争力提升迅速。但 2012 年以后，中国对英国高技术产品出口增速有放缓趋势，说明中国在手机、计算机等具有传统优势的高技术产品出口之外，亟须加强对新兴技术领域的研发投入力度，拓展新的出口增长点。中国对英国高技术产品出口规模显著超出进口，使高技术产品贸易成为中国对英国贸易的一大顺差来源。

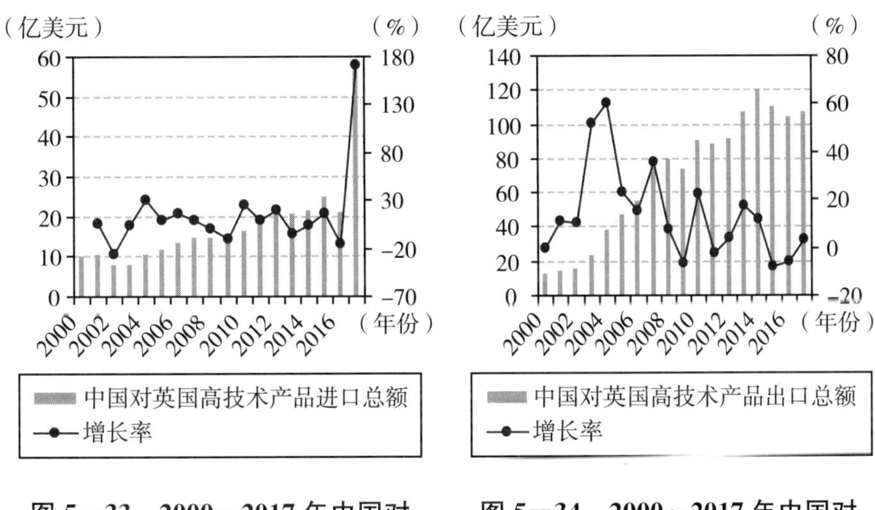

图 5—33　2000～2017 年中国对英国高技术产品进口情况

资料来源：UN Comtrade。

图 5—34　2000～2017 年中国对英国高技术产品出口情况

资料来源：UN Comtrade。

分析中英两国贸易结构可见，中国对英国高技术产品出口占中国对英国出口总额的比重较为稳定，2000～2017 年间始终围绕 20%～25%的区间徘徊，而中国对英国高技术产品进口占中国对英国进口总额的比重则呈下降趋势，从 2000 年的 28%逐年下滑至 2016 年的 11%，直到 2017 年方才回升至 26%，但仍未恢复 2001 年 30%的峰值水平（见图 5—35）。这表明中国对英国的高技术产品进口仍有发展空间。考虑到中美之间未来或将长期保持战略竞争与对抗关系，以及美国对向中国出口高技术产品的态度向限制和防备转变，中国应积极拓展与英国的高技术产品贸易，扩大向英国的高技术产品进口规模。此外，考虑到美国禁用部分中国产高技术产品对中国高技术产品整体出口可能带来的负面影响，扩大英国等欧洲国家市场对我国高技术产品出口的重要性也在增加。

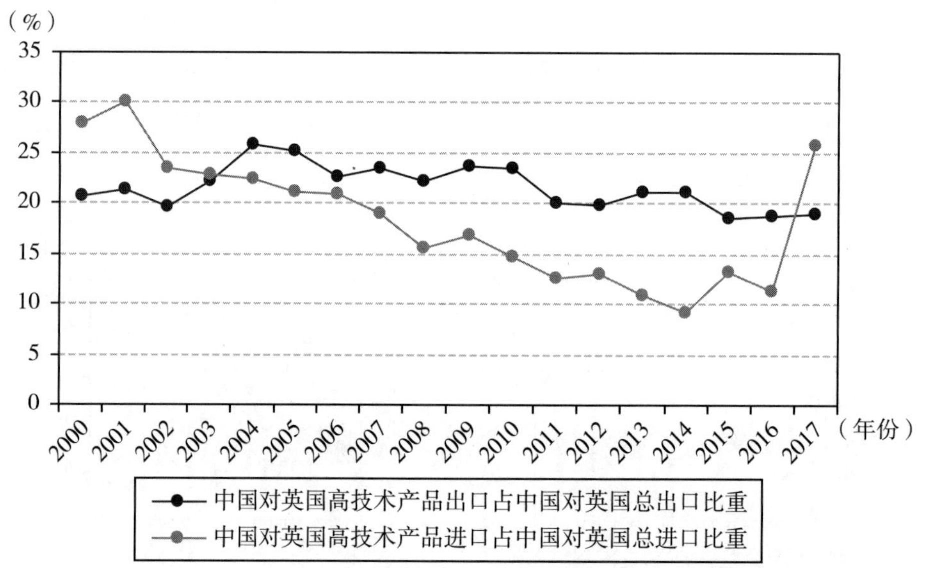

图 5－35 2000～2017 年中国对英国高技术产品进出口占中国对英国进出口比重

资料来源：UN Comtrade。

5.4.6 中英高技术产品贸易构成

从中国向英国进口的高技术产品类别来看，科学仪器、电子通信设备、航空航天设备、医药产品类产品进口构成了中国向英国高技术产品进口的主体。如图 5－36 所示，2000～2017 年，中国向英国进口科学仪器设备规模占中国向英国总进口的比重基本保持稳定，在 2%～8%的区间内小幅波动；中国向英国进口电子通信设备规模占中国向英国进口总规模的比重显著下降，从 2000 年的 17.6%快速下降至了 2017 年的 1.2%，主要是由于中国以手机为代表的通信设备制造业迅速崛起；中国向英国进口电脑办公设备规模占中国向英国进口总规模同样明显萎缩，从2000年的2.3%下降至0.3%，英国已经不再具有相关行业的出口竞争优势，相关产品制造业向以中国为代表的东南亚国家转移；中国向英国进口医药产品规模占中国向英国进口总规模比重基本保持稳定，持续徘徊在1%～2%的区间；中国向英国进口航空航天设备规模占中国向英国进口总额比重在2000～2016年保持相对稳定，在1%～4%的区间内波动，2017年中国向英国大规模进口航空航天设备，推动航空航天设备进口占当年中国向英国进口总额比重猛增至18.3%。

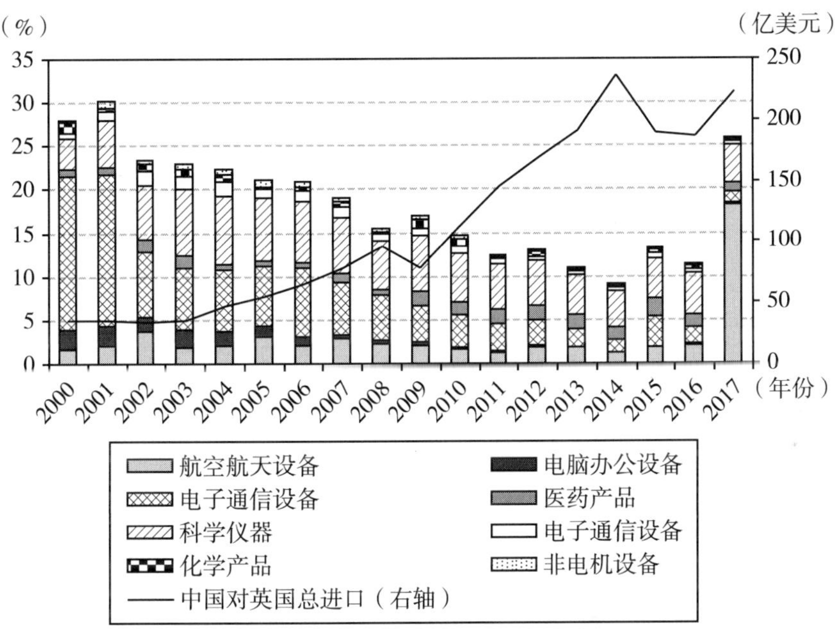

图5—36　中国对英国高技术产品进口占中国对英国进口总额比重

资料来源：UN Comtrade。

分析中国向英国高技术产品进口增速可见，中国向英国进口科学仪器、电子通信设备、航空航天设备、医药产品类产品的规模增速在不同年份间波动较大。如图5—37和表5—8所示，航空航天设备因基数较小且单价较高，进口数量的小幅波动即可能对进口贸易规模造成明显影响，2000～2016年的最低增速为−46.1%，出现于2003年，最高增速为80.6%，出现于2005年，但总体而言中国向英国进口航空航天设备的规模在 2000～2016 年保持了较快增长，从 2000 年的 0.6 亿美元上升至 2016 年的 3.9 亿美元，年均增速达 12.7%；电子通信设备的进口规模增速因英国在该领域出口竞争优势的丧失而呈震荡下滑态势，2000～2016 年最低增速为－59%，出现于 2002 年，最高增速为 93.8%，出现于 2015 年，进口规模从 2000 年的 6.3 亿美元下降至 2016 年的 2.7 亿美元，年均下降 4.9%；医药产品的进口规模在大部分年份增长较快，2000～2016 年的 17 年间仅 5 年出现负增长，最高增速为 74.8%，出现于 2009 年，最低增速为 33.3%，出现于英国脱欧冲击的 2016 年，进口规模从 2000 年的 0.4 亿美元上升至 2016 年的 2.2 亿美元，年均增速 11.1%；科学仪器的进口规模同样在绝大部分年份保持速度较快的正增长，2000～2016 年间仅有 3 年出现小幅负增长，最高增速为 50.7%，出现于 2001 年，最低增速为 10.4%，出现于 2015 年，进口规模从 2000 年的 1.2 亿美元上升至 2016 年的 9.8 亿美元，年均增速达 12.9%。

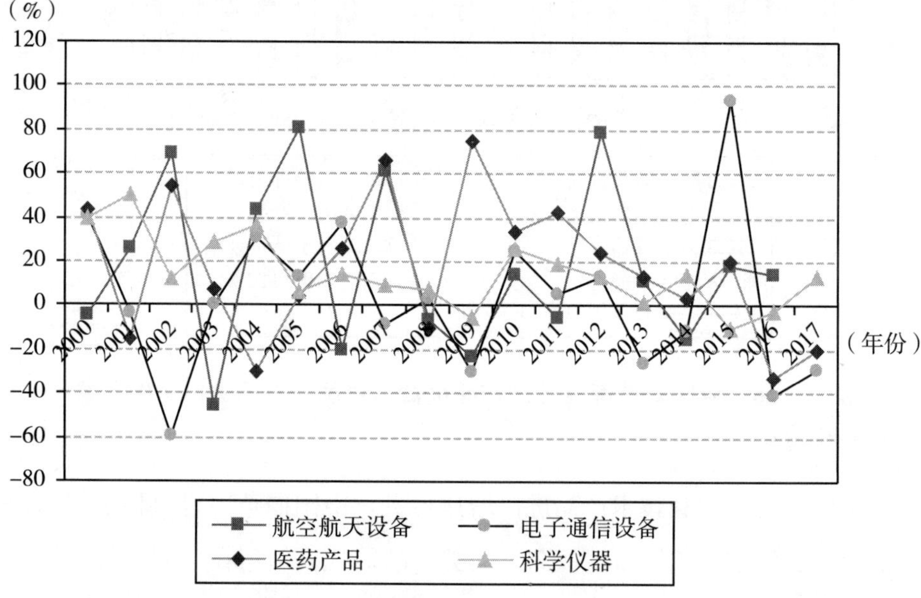

图 5－37 2000～2017 年中国向英国高技术产品进口分行业增速情况

资料来源：UN Comtrade。

表 5—8　　1992～2017 年中国向英国进口高技术产品明细　　单位：万美元

年度	航空航天设备	电脑办公设备	电子通信设备	医药产品	科学仪器	电机设备	化学品	非电机设备	武器装备
1992	1 396.6	379.7	6 766.9	1 188.1	4 450.9	511.1	3 429.4	276.9	9.8
1993	15 923.4	968.4	9 220.1	2 113.4	3 410.5	457.5	1 901.9	1 044.8	6.3
1994	2 532.6	1 957.0	8 173.6	1 321.0	3 977.9	510.4	1 490.2	868.6	0.0
1995	1 345.0	573.9	15 968.9	801.0	4 181.1	993.8	2 229.1	783.0	18.6
1996	1 645.8	571.9	8 448.7	431.6	4 899.4	1 254.4	2 788.9	818.0	37.3
1997	2 826.1	930.3	7 503.8	242.0	4 282.8	720.4	2 446.0	1 035.9	0.0
1998	2 892.0	1 334.1	20 320.0	1 315.1	5 990.5	868.9	2 470.4	571.7	0.4
1999	6 062.9	4 259.7	44 846.6	2 525.0	8 951.9	1 584.9	4 687.0	1 330.0	0.0
2000	5 760.7	8 083.1	63 259.7	3 612.4	12 462.3	1 997.3	4 398.6	1 175.8	0.0
2001	7 269.8	8 183.8	61 116.5	3 071.3	18 777.9	3 621.1	1 552.7	2 724.3	2.7
2002	12 298.6	5 519.2	25 055.1	4 751.7	20 992.7	5 359.5	2 580.9	1 488.6	156.5
2003	6 627.6	7 675.4	25 187.6	5 092.0	27 080.3	5 137.1	3 013.9	2 026.1	5.1
2004	9 538.2	8 423.1	32 822.1	3 588.6	37 100.4	8 430.3	3 923.0	2 683.3	0.0
2005	17 223.8	7 046.4	37 072.1	3 729.3	39 608.4	6 122.0	1 512.1	4 527.3	0.8
2006	13 803.8	6 189.2	51 093.2	4 711.0	45 078.3	8 378.1	2 776.4	3 976.0	0.0
2007	2 2207.9	3 717.5	46 612.7	7 818.0	49 422.5	10 302.8	4 887.4	2 643.6	0.3
2008	20 759.5	5 236.9	48 221.2	7 025.4	53 101.4	8 636.4	1 967.5	2 816.2	0.1
2009	15 978.9	3 205.5	33 712.2	12 282.5	49 990.8	7 359.5	7 518.2	3 424.0	2.2
2010	18 213.2	2 706.2	42 108.3	16 432.1	62 698.1	11 013.5	9 149.4	4 495.9	9.2
2011	17 206.2	4 641.1	44 498.6	23 377.0	74 720.0	10 154.5	2 836.3	4 671.0	32.4
2012	30 706.8	2 879.9	50 300.5	28 941.0	84 843.7	8 643.8	8 687.3	3 863.2	39.3
2013	34 083.2	2 081.2	36 971.9	32 778.5	85 785.6	10 014.2	3 383.7	4 012.8	4.1
2014	28 849.2	2 517.3	32 906.8	33 857.5	98 225.5	10 084.4	3 292.5	6 134.1	3.3
2015	34 000.5	2 324.3	63 775.8	40 549.9	88 036.4	9 845.2	7 414.9	3 305.8	1.3
2016	38 794.6	1 980.9	37 790.6	27 037.5	85 952.6	9 095.6	8 901.1	3 152.0	47.0
2017	407 443.2	6 065.6	26 877.0	21 513.8	97 616.8	8 856.3	3 071.0	4 452.7	9.2

资料来源：UN Comtrade。

从中国向英国出口的高技术产品类型来看，电脑办公设备、电子通信设备、电机设备类产品构成了中国对英国高技术产品出口的主要部分。如图 5—38 所示，2000～2017年间，中国向英国出口电脑办公设备规模占中国向英国出口总额的比重在7%～14%的区间内小幅波动，以2004年为分界点，中国对英国出口中电脑办公设备所占比重从2000年的8.2%稳步上升至2004年的最高值13.8%，此后该比重持续下滑，2017年降至7.3%，这或许受计算机作为劳动相对密集型的高技术产品，其主要产地已从中国向人力成本更低的东南亚国家转移影响；中国向英国出口电子通信设备规模占中国向英国出口总额的比重在6%～10%的区间内徘徊，表现非常稳定，最高值为9.9%（出现于2005年），最低值为5.9%（出现于2002年），在2009年的国际金融危机和2016年的英国脱欧冲击下中国向英国出口电子通信设备规模占中国出口总规模的比重较上一年度均出现上升，表明以手机为代表的电子通信设备已经在英国市场站稳了脚跟，成为中国向英国高技术产品出口的支柱型产品；中国向英国出口电机设备规模占中国向英国出口总规模的比重在1%～2.3%的区间内逐步走低，最高点为2.3%（出现于2000年），最低点为0.9%（出现于2013年），2000～2013年电机设备出口占比持续走低，2013年以后电机设备出口占比有所回升，2017年达到1.4%，标志中国相关产品在英国市场上的出口竞争力有所恢复。

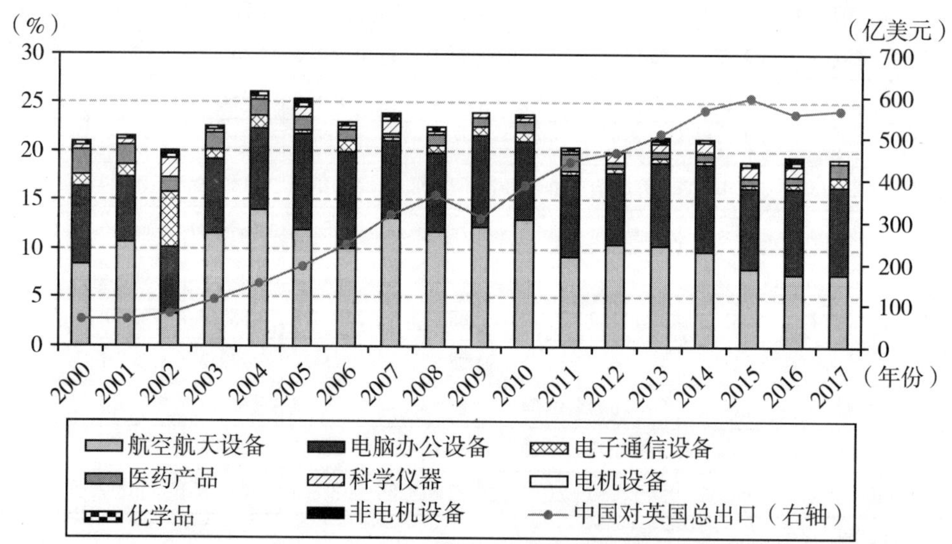

图5—38　2000～2017年中国向英国出口高技术产品规模占中国出口总额比重

资料来源：UN Comtrade。

分析中国向英国高技术产品出口可以发展，中国向英国出口电子通信设备、电脑办公设备、电机设备规模增速在2000～2017年的波动幅度小于中国向英国进口主要高技术产品规模的同期增速。如图5－39和表5－9所示，中国向英国出口电子通信设备规模在绝大部分年份实现了正增长，仅2001年、2012年和2017年的增长率分别为－8%、－10%和－1%，对2009年国际金融危机等负面外部冲击表现出了较强的抵抗力；2000～2017年中国向英国出口电子通信设备规模从5亿美元上升至50.1亿美元，年均增速达14.5%。值得注意的是2015～2017年中国对英国的电子通信设备出口规模几乎处于零增长的停滞状态，表明英国对中国现有电子通信类产品的吸收能力已趋于饱和，中国亟须加强相关技术领域的研发力度，通过产品创新、提升技术含量来提高电子通信设备类产品的出口竞争力。中国对英国的计算机和办公设备出口增速受外部经济冲击的影响较为明显，在2009年（国际金融危机）、2011年（欧债危机）、2016年（英国“脱欧”）均出现负增长，降幅分别为10%、20%和15%，这或与此类产品耐用品的性质有关，企业在经济形势低迷时会降低此类投资；除此以外的其他年份，中国对英国的计算机和办公设备出口都实现了较快增长，从2000年的5.2亿美元上升至2017年的41.2亿美元，年均增速达13.0%。中国向

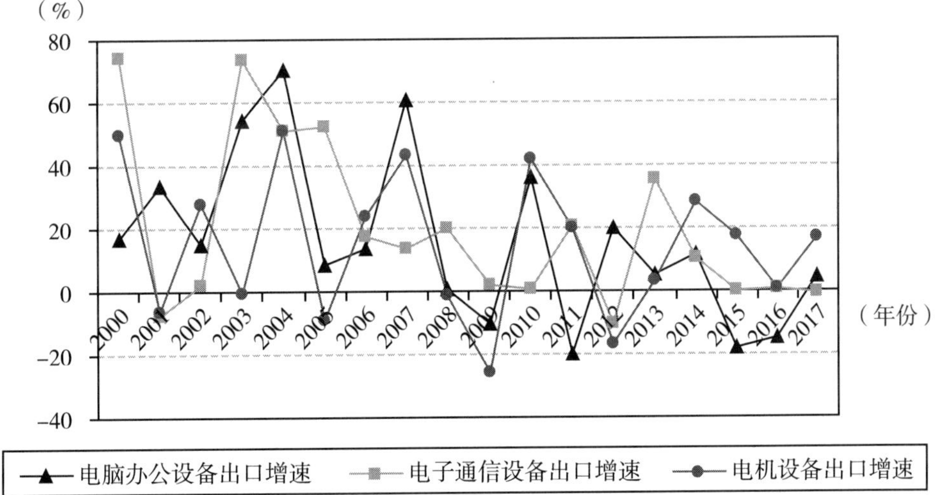

图 5－39　2000～2017 年中国向英国出口主要高技术产品类型增速

资料来源：UN Comtrade。

英国出口电机设备规模年均增速则波动较大，呈现震荡下行后小幅回升态势，2000～2017 年增速的最低值为－26％，出现于 2009 年，增速最大值为 50％，出现于 2000 年，反映出中国出口的电机设备类产品竞争力有待提升，尚未牢牢占领英国市场，2013 年以来电机设备出口规模增速有所回升，2000～2017 年中国向英国出口的电机设备规模从 1.5 亿美元上升至 7.9 亿美元，年均增速达 10.5％。

表 5－9　　1992～2017 年中国向英国出口高技术产品明细　　单位：万美元

年度	航空航天设备	电脑办公设备	电子通信设备	医药产品	科学仪器	电机设备	化学品	非电机设备	武器装备
1992	296.3	960.1	738.5	462.5	477.3	33.3	872.6	1.3	26.4
1993	329.0	5 721.9	4 778.3	530.1	1 039.6	799.9	1 102.0	7.6	66.6
1994	546.3	7 115.3	9 818.2	529.0	1 885.7	1 575.1	1 958.7	0.0	62.0
1995	631.3	11 970.1	12 665.9	547.2	3 110.6	1 388.8	3 894.1	0.1	33.0
1996	759.1	15 618.7	20 743.2	337.5	5 097.0	2 415.9	3 480.0	1.7	31.0
1997	1 470.5	26 610.3	21 409.5	579.5	5 865.6	6 201.3	4 618.0	0.0	9.2
1998	605.5	42 094.7	22 597.1	533.1	5 401.4	8 237.7	3 809.6	28.4	183.5
1999	1 599.7	44 026.9	28 867.2	362.1	7 007.8	9 725.7	2 659.3	18.7	20.9
2000	1 432.2	51 505.4	50 274.6	654.3	8 594.7	14 558.2	3 047.8	33.4	25.4
2001	2 573.7	68 629.4	46 335.4	557.7	9 014.6	13 588.7	3 532.0	105.0	32.7
2002	1 872.2	78 643.1	47 272.2	613.4	9 371.7	17 327.0	3 468.0	173.3	48.4
2003	1 572.2	121 274.4	81 997.7	875.3	12 726.3	17 161.4	5 184.1	172.4	22.5
2004	2 113.7	206 558.4	123 736.2	785.0	20 720.1	25 875.4	6 452.7	106.3	85.5
2005	4 319.7	223 597.4	188 140.8	1 099.3	28 205.1	23 613.3	6 834.0	214.7	133.1
2006	5 932.1	253 679.3	221 159.5	1 966.6	29 527.2	29 290.1	6 976.5	311.2	104.9
2007	12 906.9	407 995.7	250 661.6	1 885.3	20 738.4	41 859.0	8 447.4	732.7	130.2
2008	7 117.1	411 831.7	300 800.5	2 130.3	21 324.6	41 444.9	12 891.0	1 142.9	141.2
2009	8 181.7	368 741.7	306 061.5	3 224.8	21 094.6	30 666.3	4 827.5	1 275.7	146.9

续表

年度	航空航天设备	电脑办公设备	电子通信设备	医药产品	科学仪器	电机设备	化学品	非电机设备	武器装备
2010	9 639.9	502 289.0	308 242.0	3 474.1	28 665.4	43 581.5	13 881.2	924.4	122.8
2011	9 565.3	402 092.3	372 755.4	4 464.7	33 286.6	52 157.5	10 618.5	1 590.8	280.8
2012	10 494.7	481 914.5	334 687.8	5 285.4	37 283.3	43 476.3	5 051.4	1 426.8	340.0
2013	14 943.2	505 632.1	453 938.3	6 728.8	39 525.8	44 741.6	11 160.8	1 414.7	252.9
2014	13 918.7	564 738.9	501 314.1	8 672.2	43 067.5	57 336.8	11 545.3	1 630.0	247.0
2015	13 731.9	463 001.5	501 658.2	9 589.9	43 998.6	67 450.2	6 208.3	1 347.9	319.6
2016	16 432.5	393 456.1	503 487.2	7 682.5	45 602.8	67 835.2	4 979.9	1 338.4	293.3
2017	17 386.7	411 799.3	500 715.9	6 947.7	46 177.1	79 369.3	7 460.8	2 668.2	290.2

资料来源：UN Comtrade。

5.4.7　中英高技术产品贸易中中国高技术产品的竞争力分析

分析中国各高技术产品类别的贸易竞争指数可以看出（见表 5—10），中国在航空航天设备领域的贸易竞争力始终较弱，自 2000 年以来始终处于（—0.9，—0.6）的区间，劣势明显；电脑办公设备类产品的贸易竞争指数自 2000 年以来则始终处于 0.95 以上的极高水平，表明中国在计算机领域具有极为显著的市场优势地位，这符合中国作为全球第一大电子产品生产加工中心的地位；电子通信设备的贸易竞争指数则从 2000 年的—0.23 逐步上升至了 2016 年的 0.02，2017 年更进一步猛增至 0.59，显示中国生产的电子通信设备国际竞争力不断提升，从处于不明显的竞争劣势向有一定竞争优势但优势不明显改善，2017 年突破 0.5 关口则表明中国产电子通信设备已具有较强的国际竞争优势，符合我国以手机为代表的电子通信设备行业从出口低端产品、进口高端产品为主的贸易模式向扩大高端产品出口的贸易模式转化的趋势；中国医药产品贸易指数在 2000～2017 年呈持续下滑趋势，从 2000 年代表具有一定竞争优势的 0.42 降至 2016 年代表不明显竞争劣势的—0.23，2017 年回升至代表竞争力与国际平均水平持平的零值，这凸显出中国在医药产品领域亟须加强研发力度，否则将有相对于国际领先水平进一步落伍的危险；中国科学仪器类产品的贸易竞争指数则经历了从下降到回升的“U”型形态，但始终处于（－0.6，－0.1）的区间以内，在处于“U”型谷底的2003年和2004年，科学仪器类产品的贸易竞争指数跌破了－0.5的关口，表明具有较为明显的国际竞争劣势，此后贸易竞争指数缓慢回升，回到－0.5以上代表不明显竞争劣势的区间，但并未回升到2000年的初识水平，表明我国在科学仪器领域对进口设备，特别是高精尖进口设备的依赖程度依然较高，短期内难以缩小竞争力差距；中国电子设备的贸易竞争指数同样经历了“U”型的变化轨迹，从2000年代表不明显竞争优势的0.24降至2006年代表不明显竞争劣势的－0.02，此后稳步回升，至2017年回升至代表不明显竞争优势的0.34，这一发展轨迹符合我国以家电为代表的电机设备制造业从以生产低端产品为主向提高产品技术含量、整体提升产品档次转型的发展历程；中国化学品则经历了贸易竞争指数从上升到下降的倒“U”型发展轨迹，仅2002～2005年短暂拥有过较为明显的竞争优势，其后重新退回竞争优势不明显的状态；中国非电机设备的贸易竞争指数则始终处于竞争劣势区间，不过从2000年的显著劣势改善至近年来的竞争劣势不明显。

表5－10　2000～2017年中国高技术出口产品贸易竞争优势指数

年份	中国航空航天设备TC指数	中国电脑办公设备TC指数	中国电子通信设备TC指数	中国医药产品设备TC指数	中国科学仪器TC指数	中国电机设备TC指数	中国化学品TC指数	中国非电机设备TC指数
2000	－0.72	0.99	－0.23	0.42	－0.13	0.25	0.36	－0.83
2001	－0.89	0.99	－0.24	0.35	－0.37	0.12	0.45	－0.88
2002	－0.87	0.98	－0.24	0.29	－0.49	0.07	0.50	－0.87
2003	－0.88	0.96	－0.25	0.27	－0.55	0.01	0.53	－0.91
2004	－0.87	0.97	－0.17	0.29	－0.52	－0.03	0.51	－0.91
2005	－0.88	0.97	－0.14	0.29	－0.46	0.03	0.61	－0.85
2006	－0.79	0.98	－0.12	0.35	－0.44	－0.02	0.42	－0.74
2007	－0.82	0.98	－0.09	0.31	－0.37	0.02	0.35	－0.65

续表

年份	中国航空航天设备TC 指数	中国电脑办公设备TC 指数	中国电子通信设备TC 指数	中国医药产品设备TC 指数	中国科学仪器 TC 指数	中国电机设备TC 指数	中国化学品TC 指数	中国非电机设备TC 指数
2008	−0.70	0.98	−0.03	0.23	−0.35	0.13	0.15	−0.51
2009	−0.74	0.98	−0.02	0.21	−0.34	0.14	0.04	−0.51
2010	−0.70	0.98	−0.03	0.23	−0.33	0.14	0.00	−0.48
2011	−0.62	0.98	−0.01	0.09	−0.30	0.20	0.15	−0.49
2012	−0.74	0.98	−0.01	−0.01	−0.24	0.19	0.20	−0.49
2013	−0.76	0.98	0.00	−0.11	−0.23	0.19	0.26	−0.45
2014	−0.73	0.98	0.02	−0.13	−0.23	0.18	0.26	−0.35
2015	−0.66	0.98	0.04	−0.18	−0.20	0.23	0.16	−0.26
2016	−0.60	0.98	0.02	−0.23	−0.21	0.22	0.19	−0.26
2017	−0.63	0.98	0.59	0.00	−0.20	0.34	0.29	−0.39

资料来源：UN Comtrade。

在贸易竞争优势指数的基础上进一步引入测算中英两国高技术产品双边贸易中比较优势的双边显性比较优势指数，具体表达式为：

$$RC_{ijm} = (X_{ijm}/X_{ij})\ /\ (X_{im}/X_i) \tag{5.2}$$

其中，RC_{ijm}表示 i 国在 m 类产品上对 j 国的显性比较优势指数，X_{ijm}表示 i 国对 j 国 m 类商品的出口额，X_{ij} 表示 i 国对 j 国的出口额，X_{im} 表示 i 国面向全球的 m 类商品出口额，X_i 表示 i 国面向全球的出口总额。若 RC_{ijm}大于 1，说明 i 国在 m 类商品出口上对 j 国具有显性比较优势；若 RC_{ijm}小于 1，则说明说明 i 国在 m 类商品出口上对 j 国缺乏显性比较优势。用 i 国表示中国，j 国表示英国，得到以下中国在各高技术产品行业相对于英国的显性比较优势指数（见表 5—11）。

由表 5—11 所列测算结果可见，2012 年以来中国在高技术产品行业相对于英国的双边显性比较优势并不明显，且呈逐步下滑趋势。在电脑和办公设备产品项下，中国对英国对双边显性比较优势指数在代表全球平均水平的 1 值上下小幅波动，这表明中国相关行业若不尽快进行技术升级与产品创新，在英国市场上或将陷入增长停滞的局面。在电子设备项下，中国对英国的双边显性比较优势指数虽然在高于 1，表明中国在这一领域相对英国具有比较优势，但优势并不明显，并持续减弱。在电子通信设备项下，虽然这是中国对英国出口的主要高技术产品类型，但中国相对于英国并不具有双边显性比较优势，且有进一步缓慢变弱的趋势，表明中国对英国的手机等电子通信设备出口面临巨大的市场压力，迫切需求技术振兴。

表 5－11　　2000～2017 年中国在各高技术产品行业相对于英国的双边显性比较优势指数

年份	中国对英国航空航天设备 RCA	中国对英国电脑办公设备 RCA	中国对英国电子通信设备 RCA	中国对英国医药产品设备 RCA	中国对英国科学仪器 RCA	中国对英国电机设备 RCA	中国对英国化学品 RCA	中国对英国非电机设备 RCA	中国对英国武器装备 RCA
2000	1.9	1.2	1.2	0.3	1.0	2.5	0.9	0.2	0.9
2001	4.4	1.3	0.9	0.2	1.2	2.4	0.9	0.6	0.8
2002	3.3	1.0	0.7	0.2	1.1	2.5	0.8	0.8	1.1
2003	2.5	0.9	0.9	0.2	0.9	2.0	1.0	0.8	0.5
2004	2.6	1.0	0.8	0.2	0.8	2.1	0.9	0.3	1.6
2005	4.0	0.9	0.9	0.2	0.7	1.7	0.7	0.3	1.9
2006	1.9	0.8	0.8	0.3	0.6	1.7	0.6	0.2	1.1
2007	4.7	1.1	0.6	0.2	0.3	1.7	0.6	0.4	0.9
2008	1.5	1.1	0.7	0.2	0.3	1.5	0.7	0.4	0.7
2009	1.9	1.1	0.7	0.3	0.3	1.1	0.5	0.6	0.9
2010	1.6	1.2	0.6	0.2	0.3	1.2	0.9	0.3	0.5
2011	1.2	0.9	0.6	0.3	0.3	1.2	0.4	0.4	1.0
2012	1.6	1.1	0.5	0.4	0.3	1.1	0.3	0.4	1.1
2013	1.9	1.2	0.6	0.5	0.3	0.9	0.5	0.3	0.7
2014	1.2	1.2	0.6	0.5	0.3	1.1	0.4	0.3	0.6
2015	0.9	1.1	0.5	0.5	0.3	1.2	0.3	0.3	0.7
2016	1.0	1.0	0.6	0.4	0.4	1.4	0.2	0.2	0.8
2017	1.1	0.9	0.8	0.4	0.4	1.3	0.3	0.5	0.9

资料来源：UN Comtrade。

5.4.8 小结

综上所述，中国向英国的高技术产品出口呈快速增长态势，增速远快于中国向英国的高技术产品进口。中国对英国的高技术产品出口主要由电脑办公设备、电子通信设备、电机设备这三大类产品组成。结合贸易竞争优势指数和中国相对于英国的双边显性比较优势指数来看，虽然中国在电脑办公设备领域处于绝对出口地位，具有较强的国际出口竞争力，但在英国市场上的比较优势不断下滑；中国在电子通信设备领域的国际竞争力呈上升态势，现已从不明显的竞争劣势提升为不显著的竞争优势，但中国产电子通信设备在英国市场上不具有比较优势，未来面临巨大竞争压力；中国在电子设备领域基本处于不显著的竞争优势地位，在英国市场上虽有比较优势，但优势逐渐收窄。总体而言，中国向英国的高技术产品出口虽然到目前为止保持了较快的增长速度，但未来增长压力较大，亟须中国企业加大研发投入、加快技术创新以提升产品竞争力。中国对英国的高技术产品进口增长相对平稳，主要由航空航天设备、医药产品、科学仪器、电子通信设备等产品组成，中国向英国高技术产品进口占中国向英国进口总额的比重在一直（10%，30%）的区间内波动，未来有很大扩张空间，对提升中国出口高技术产品的技术密度也将起到积极作用。

5.5　中荷高技术产品贸易发展

在英国“脱欧”、全球贸易保护主义抬头的态势下，荷兰作为丝绸之路经济带和21世纪海上丝绸之路的重要国家，积极拥抱中国的“一带一路”倡议，中荷两国经济往来日益密切，2017年中荷贸易总额达784亿美元，创下历史新高。[①] 荷兰自古就是贸易强国，在17世纪上半叶便有“海上车夫”之称，中荷两国贸易往来始于17世纪初期，新中国成立后，两国贸易往来有了进一步发展。尤其是进入20世纪80年代以来，中荷双边贸易呈快速发展势头，贸易额从1983年的2.7亿美元增加到2017年的784亿美元，增长290倍。其中，中国对荷兰出口从1983年的1.8亿美元增加到2017年的671亿美元，增长372

① 畅帅帅：《中荷双边经贸合作进入“快车道”去年货物贸易额创新高》，http：//dy.163.com/v2/article/detail/DTRSIGJK0519A8ON.html，2018年10月11日。

倍；自荷兰进口从1983年的0.9亿美元增加到2017年的113亿美元，增长124倍。[①] 至2017年，中国已成为荷兰在欧盟以外的第二大贸易伙伴，荷兰已成为中国在欧盟内的第三大贸易伙伴。

荷兰不仅是中国在欧盟内的第三大贸易伙伴，同时荷兰在环保、新能源、生命科学和新材料等新兴产业均居世界领先水平，中国与荷兰的贸易中高技术产品占比达40%。根据联合国贸易商品统计数据库的资料显示，2017年中荷高技术产品贸易总额292.75亿美元，占贸易总额的37%。其中，中国对荷兰高技术产品出口282.85亿美元，占出口总额的40%；高技术产品进口额9.90亿美元，占进口额的8%。与此同时，党的十八大明确提出“科技创新是提高社会生产力和综合国力的战略支撑，必须摆在国家发展全局的核心位置”。强调要坚持走中国特色自主创新道路、实施创新驱动发展战略，构建创新型大国。在此背景下，中荷双方应就如何继续深化“一带一路”国际合作，扩大双边贸易，特别是深挖高技术贸易领域的合作潜力等问题进行深入探讨。因此有必要研究中荷高技术产品贸易现状，并进一步发现存在的优势及问题，从而有比较性和针对性地提出一些建议，以期为中荷之间的贸易关系以及中国创新型国家的构建贡献一点力量。

5.5.1 中荷双边贸易概况

联合国贸易商品统计数据库的资料显示，2017年中国与荷兰双边货物进出口额为784.04亿美元，增长16.57%。其中，中国向荷兰出口671.32亿美元，同比增长16.86%；中国从荷兰进口112.72亿美元，同比增长14.9%。中国实现贸易顺差558.6亿美元，增长17.26%。

如图5—40所示，2017年中国对荷兰出口商品中，贸易额规模最大的是电气及电子产品，为220.64亿美元，占中国对荷兰出口商品总额的32.87%，是荷兰该类商品第一大进口来源国，占荷兰进口市场份额的41.5%；其次是核反

① UN Comtrade.

应堆、锅炉、机器等商品，金额为 182.64 亿美元，占中国对荷兰出口商品总额的 32.87%，这两类商品的出口额均在 100 亿美元以上。中国在劳动密集型产品上保持优势，家具、玩具、纺织品及原料等轻工产品对荷兰的出口额分别为 35.4 亿美元、20.58 亿美元和 32 亿美元，占中国出口荷兰商品份额的 13.11%，在这些产品上，德国、比利时等国是中国的主要竞争对手。值得注意的是，中国有机化学品、汽车、精密仪器、医学设备、光学等设备对荷兰的出口均在 10 亿美元以上，说明中国不仅在劳动密集型产品上有优势，也逐渐在向技术密集型产品转型。

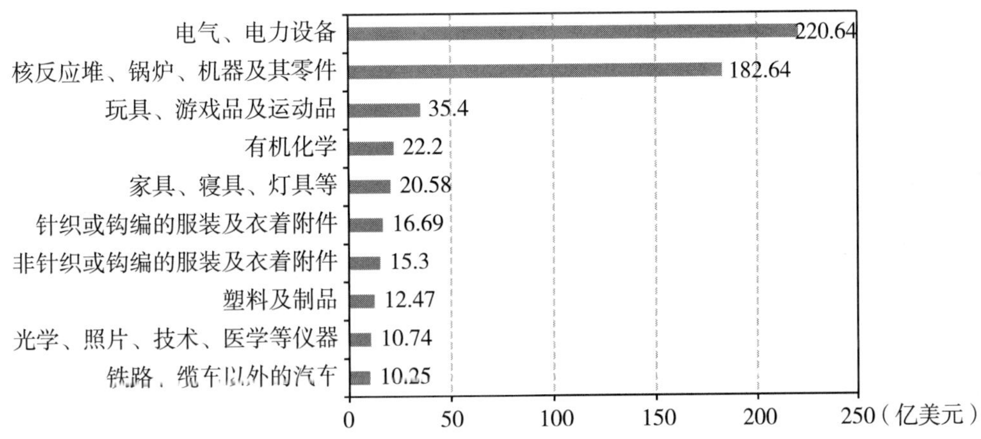

图 5—40　2017 年中国出口荷兰商品贸易规模

资料来源：UN Comtrade。

如图 5—41 所示，2017 年中国进口荷兰的商品中，贸易额规模最大的是矿物燃料、矿物油及其蒸馏产品，金额为 20.55 亿美元，占中国从荷兰进口商品的 18.23%；其次是核反应堆、锅炉、机器等大型设备，金额为 19.19 亿美元，占中国从荷兰进口商品的 17%。由于荷兰天然牧场的自然环境，荷兰麦片、牛奶、淀粉、乳饮料制品等日常消费品的进口也高达 10 亿美元以上，成为 2017 年中国从荷兰进口规模第三位的商品，金额为 12.26 亿美元。值得注意的是，荷兰的阿斯麦公司拥有世界最先进的光刻机，2017 年占全球出口市场份额的 68%，而光刻机是生产大规模集成电路的核心设备，也是芯片制造的核心设备之一，因此，荷兰在半导体产业甚至高技术产业有着世界领先的地位。从图 5—41 可以看到中国从荷兰进口的光学、照片器、技术、医学等仪器，药品和有机化学品等高技术产品进口规模均在亿美元以上，占进口产品份额的 12.12%。根据“进口学习效应”可知，从荷兰进口的高技术产品对本国的高技术产业有一定的技术外溢效应，说明中国的技术正在逐渐转型发展中。

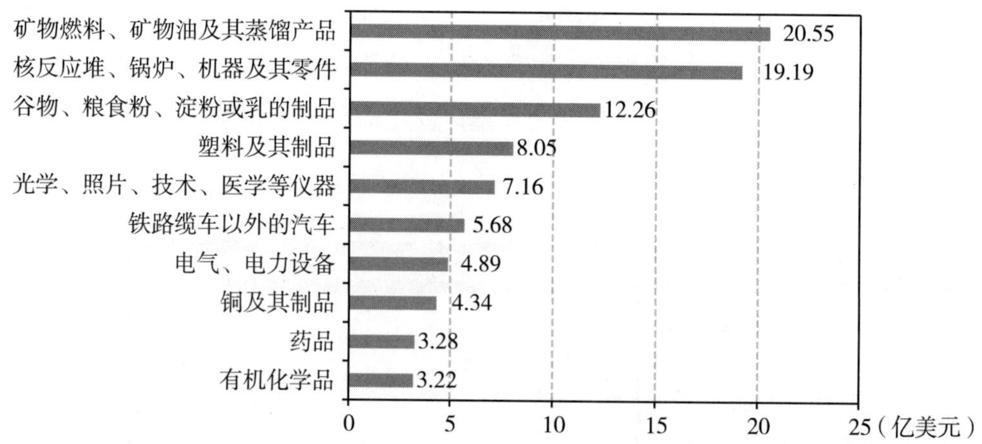

图 5－41　2017 年中国自荷兰进口商品贸易规模

资料来源：UN Comtrade。

5.5.2　高技术产品贸易规模

荷兰国土面积不大，人口不多，但却是一个经济和科研强国。目前，荷兰已成为世界上 10 个最主要的发达国家之一，其科研水平在世界上排名第 12 位。荷兰在化学、分子成像、医疗信息、生物制药和医疗设备、环境保护与能源应用等领域均位于世界领先行列。同时，由于荷兰拥有当今最先进的设施和前沿的科研力量，荷兰高科技行业包括设备制造和机械、信息与通信技术、汽车及航天行业的创新程度跻身世界前列。而对于中国的高技术产业而言，虽然发展起步较晚，但自改革开放以来中国高技术产业发展速度加快，特别是自 2001 年中国加入世界贸易组织后，中国对外开放的经济模式不断深化，大力引进外资推动科技创新，进一步促进高技术产业实现了高速发展。在此背景下，中荷两国高技术产品贸易规模不断扩张。

由图 5－42 可知，中荷两国贸易高技术产品双边贸易规模从 2001 年的 32.94 亿美元迅速增至 2007 年的 189.54 亿美元，其中 2003～2005 年贸易规模高速增长，同比增速分别达 69％、48％和 39％。这主要是由于中国加入世界贸易组织之后，与欧盟最惠国待遇等协定的签订实施使得中欧经贸关系迅速稳定发展，从而促进中荷两国高技术产品贸易的高速发展。由于受到 2008 年世界金融危机的影响，2009 年中荷高技术产品双边贸易总额下降为 152.12 亿美元，同比下降 17％。在 2010 年快速回升后稳步增长至 2011 年的 270.80 亿美元，随后至 2016 年均处于相对稳定的状态，除 2015 年和 2016 年稍有下降以外，没有大幅变化。2017 年“一带一路”国际合作高峰会议在中国召开，在此期间中荷两国开放务实达成全面合作，中荷两国高技术产品双边贸易额呈现明显上升态势，以 28％的增速增加至 292.75 亿美元。2018 年 6 月首届“一带一路”中荷经贸论坛在莱顿召开，表明在“一带一路”合作框架下，中荷两国经贸合作进一步加深，高技术产品贸易未来发展潜力也会更大。

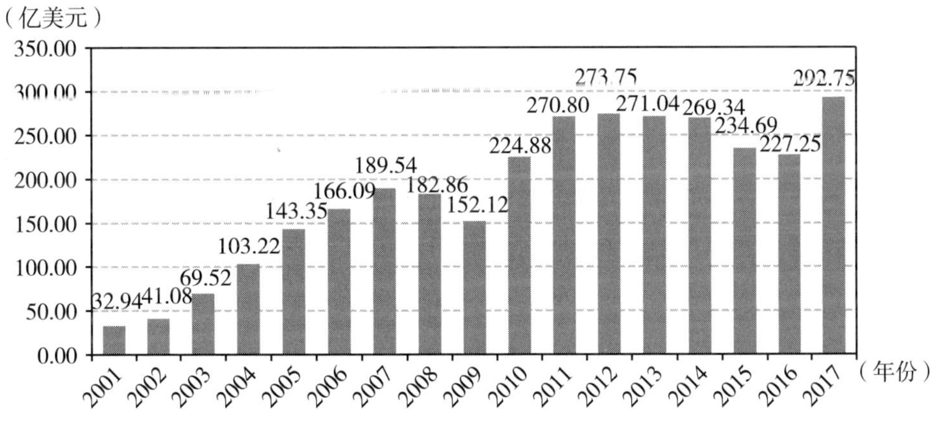

图 5－42　2001～2017 年中荷高技术产品贸易总额

资料来源：UN Comtrade。

中荷两国高技术产品双边贸易额的变化趋势可以分为中国对荷兰的出口和中国自荷兰的进口两个贸易方向来看，从图 5－43 可以看到中荷两国的高技术产品贸易主要以中国对荷兰的出口为主，一直存在大额顺差。中国对荷兰高技术产品的出口除了 2009 年和 2015 年出现两次明显的下降以外，一直呈现明显

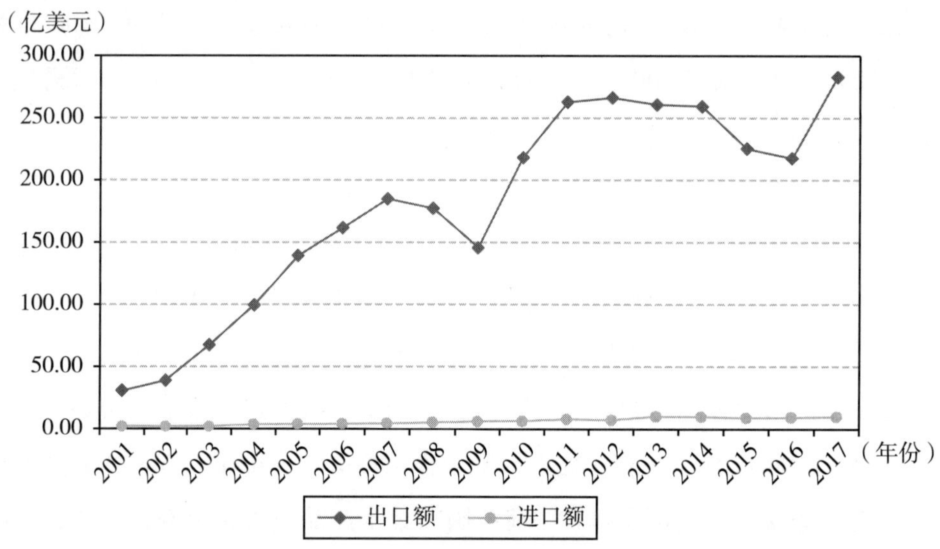

图 5－43　2001～2017 年中荷高技术产品进出口贸易额

资料来源：UN Comtrade。

的上升趋势，由 2001 年的 30.81 亿美元一直上涨到 2017 年的 282.85 亿美元，翻了九番，其中增长最快的两个阶段属 2002～2007 年和 2009～2011 年。2002～2007 年中国向荷兰出口的高技术产品由 2002 年的 39.04 亿美元一路上升至 2007 年的 184.90 亿美元，增长近 4 倍。主要是由于 2001 年中国加入世界贸易组织对外开放的脚步进一步加快，在此期间中国的制造业迅速发展，中国向荷兰出口的高技术产品规模也因此大幅上升。2009～2011 年中国向荷兰出口的高技术产品从 2009 年的 145.87 亿美元增至 2011 年 262.72 亿美元，年平均增长率达 40％以上。这一阶段的增长主要是由于 2008 年金融危机之后中国政府出台了一系列政策刺激消费鼓励出口，从而使得中国经济在金融危机之后保持稳中有升的状态，因此中国对荷兰出口的高技术产品也大幅上升。中国对荷兰高技术产品的出口在 2011～2014 年处于平稳状态，2015 年出现下降的趋势，这主要是因为 2008 年的金融危机影响在中国的滞后反映，当年国内经济面临下行压力，出口总值下降较为严重。许多出口企业特别是中小微企业经营步履维艰，珠三角、长三角出口加工企业基本处于停产或半停产状态。同时，2011 年的欧债危机使得全球经济特别是欧洲经济依旧处于深度调整之中，总体复苏乏力，需求不振。在此背景下中国对荷兰高技术产品的出口由于荷兰的需求不振以及国内经济下行而下降，从 2014 年的 259.47 亿美元下降至 2016 年的 217.72 亿美元，年均降幅 8%，与 2009 年金融危机造成的年均降幅 18%相比，影响小于当年金融危机造成的直接损失。2017 年中国对荷兰高技术产品的出口又回温至 282.85 亿美元，国际及国内经济形势的转好，未来中国向荷兰高技术产品的出口短时间内应当会稳中有升，不会出现大幅下降。

由图 5－43 看到，中国从荷兰进口的高技术产品在 2001～2017 年间一直呈现平稳上升的趋势，从 2001 年的 2.12 亿美元增加至 2017 年的 9.9 亿美元，增长近 4 倍。结合图 5－42 和图 5－43 可以发现，中荷两国高技术产品双边贸易的变化趋势几乎与中国对荷兰出口的高技术产品的贸易趋势一致，主要是由于中荷两国的高技术产品贸易主要以中国对荷兰的出口为主，中国从荷兰进口的高技术产品最多时仅占两国高技术产品双边贸易额的 6%，最少时不到 3%。在中荷两国的高技术产品贸易中，除了 2009 年和 2015 年，中国存在巨大的顺差，且顺差金额逐年扩大。具体而言，贸易顺差金额从 2001 年的 28.69 亿美元增加至 2017 年的 272.95 亿美元，顺差金额的变化趋势同中国对荷兰高技术产品出口的变化趋势几乎相同，顺差金额的变化主要是由于中国对荷兰高技术产品出口金额的变化。中荷两国高技术产品贸易产生顺差的主要原因是两国产业结构的差别，服务业是荷兰经济的支柱，占国内生产总值的 67%，占就业人数的 70%；而对于中国而言，虽然近年来中国一直在优化产业结构，第三产业的比重有所上升，但在 2014 年以前中国的产业还是主要以第一、第二产业为主，因此造成中荷两国高技术产品贸易的大额顺差。

5.5.3　高技术产品贸易商品结构

1. 中国向荷兰出口高技术产品商品结构

中国向荷兰出口的高技术产品商品结构在 2001～2017 年发生了明显的转变。如表 5－12 所示，2001 年中国对荷兰出口最多的是电脑办公设备，占当年中国向荷兰出口高技术产品总额的 73.64%，其次是电子通信设备，占 16.67%，两大主要商品占中国向荷兰高技术产品出口总额的 90.31%。下面依次是化学品、科学仪器、医药产品，分别占当年中国向荷兰出口高技术产品贸易额的 4.31%、3.34%、1.09%，电机设备和非电机设备占比不足 1%，而武器装备和航空航天设备出口占比最小。至 2017 年，中国对荷兰高技术产品出口商品结构发生明显变化，电子通信设备超过电脑办公设备成为中国对荷兰出口比重最大的高技术产品，为 51.98%，而电脑办公设备的占比降为 42.13%，两者总比重达 94.11%。但相比于 2012 年电脑办公设备一家独大的情况，2017 年已发展成为电脑办公设备与电子通信平分秋色，出口商品结构有一定的改善和转化。科学仪器、电机设备和化学品分别占当年中国向荷兰出口高技术产品贸易额的 2.01%、1.79%、1.11%，医药产品和非电机设备占比不足 1%。说明中国向荷兰出口的高技术产品种类较为集中，应提升其他种类的出口，从而促进中国对荷兰高技术产品全方位的出口，进一步优化出口产品结构。而航空航天设备和武器装备同 2012 年相比几乎没有变化，这主要因为武器关系着一国的国家安全，一般而言各国的军事装备大多都是自主研发，几乎很少通过贸易手段去获得；而对航空航天设备而言，荷兰在该领域处于世界领先地位，相对于中国的航空航天设备有明显的优势，因此荷兰几乎很少会从中国进口航空航天设备。

表 5—12 2001～2017 年中国出口荷兰高技术产品商品结构占比 单位：%

年份	航空航天设备	电脑办公设备	电子通信设备	医药产品	科学仪器	电机设备	非电机设备	化学品	武器装备
2001	0.01	73.64	16.67	1.09	3.34	0.88	0.06	4.31	0.00
2002	0.01	72.79	19.56	0.92	2.63	1.03	0.12	2.94	0.00
2003	0.00	74.87	19.86	0.54	1.39	0.74	0.10	2.50	0.00
2004	0.05	73.55	22.12	0.47	0.88	0.67	0.35	1.90	0.00
2005	0.01	76.00	20.29	0.45	0.74	0.53	0.10	1.88	0.00
2006	0.01	77.08	19.06	0.51	0.83	0.76	0.14	1.61	0.00
2007	0.00	79.60	15.61	0.71	1.23	0.99	0.06	1.79	0.00

续表

年份	航空航天设备	电脑办公设备	电子通信设备	医药产品	科学仪器	电机设备	非电机设备	化学品	武器装备
2008	0.00	76.22	17.61	0.80	1.58	1.77	0.18	1.86	0.00
2009	0.01	69.55	24.60	0.85	1.71	1.98	0.11	1.19	0.00
2010	0.03	66.45	28.66	0.68	1.33	1.19	0.04	1.60	0.00
2011	0.02	60.90	33.98	0.66	1.55	1.18	0.06	1.65	0.00
2012	0.12	57.78	36.76	0.72	1.67	1.70	0.05	1.20	0.00
2013	0.00	61.78	32.58	0.90	1.96	1.39	0.07	1.33	0.00
2014	0.01	63.46	30.66	0.97	2.09	1.16	0.07	1.58	0.00
2015	0.02	50.16	43.34	0.97	2.58	1.38	0.04	1.50	0.00
2016	0.12	45.99	47.10	1.16	2.64	1.57	0.05	1.37	0.00
2017	0.10	42.13	51.98	0.86	2.01	1.79	0.02	1.11	0.00

资料来源：UN Comtrade。

接下来从各类高技术产品的出口占比进一步分析中国向荷兰高技术产品出口商品结构（见图 5－44），了解中国 21 世纪以来各类高技术产品的发展历程以及其对荷兰的贸易状况。电脑办公设备对荷兰的出口在 2001～2008 年占高技术产品总出口额比例均在 70％以上，2007 年达到占比最高峰，接近 80％，是中国对荷兰高技术产品出口最集中的一年。主要是由于 2001 年中国加入世界贸易组织以来，积极引进外资从而拉动中国制造业的发展，同时加工贸易的发展，使得电脑办公设备的最后环节均在中国完成，从而拉动中国电脑办公设备的出口，提升了中国对荷兰出口高技术产品的占比。在 2009 年之后电脑办公设备所占比例逐年降低，其降低的原因分两个方面来看：一方面是 2009 年以后的一段时间中国的制造业受到 2008 年金融危机的影响以及中国人口红利的逐渐消失，导致中国出口环境低迷，中国出口荷兰的电脑办公设备占比变小；另一方面是自党的十八大明确提出要坚持走中国特色自主创新道路、实施创新驱动发展战略以来，中国其他高技术产业，如电子通信设备、科学仪器等的飞速发展，以致电脑办公设备的出口占比在 2015 年以后进一步降到 50％。与电脑办公设备的逐年降低相反的是电子通信设备出口的逐年增长，由

2001年的16.67%增长至51.98%，翻了三番，主要是由于一方面，中国21世纪以来电子通信设备的发展，如小米公司、华为公司等电子通信设备制造商的从弱到强。根据互联网数据中心（Interent Data Center，IDC）的数据，2012年7月，华为公司成为全球第三大智能手机厂商，仅次于三星公司和苹果公司，这主要归功于华为大量的研发投入和自主创新，其他高技术产业的发展也可借鉴电子通信设备的成长历程。另一方面，虽然荷兰的半导体设备位于世界领先地位，但荷兰国内缺乏大型的电子通信设备制造商。从而使得中国成长起来的电子通信设备"有地可销"。这样一个出口商品结构的变化说明中国的产业转型。

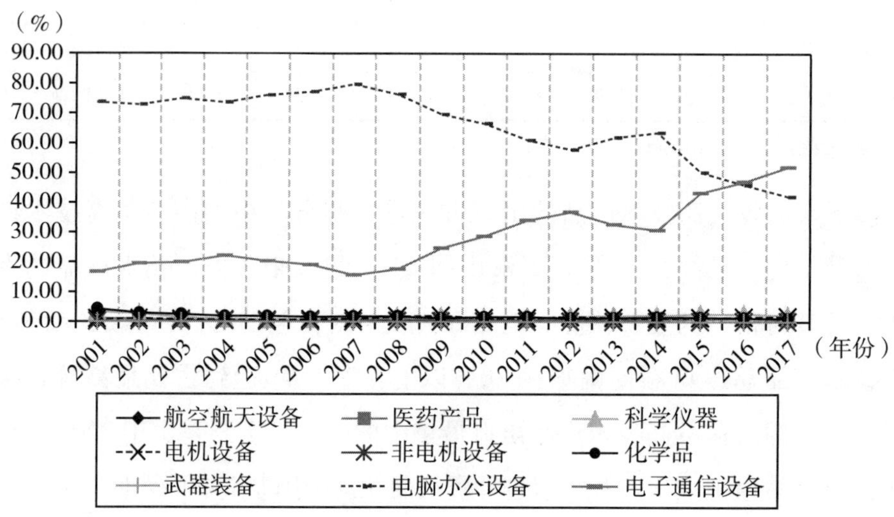

图5－44　2001～2017年中国出口荷兰各高技术产品商品结构占比

资料来源：UN Comtrade。

中国对荷兰出口的医药产品、非电机设备、电机设备、科学仪器和化学品等占比较小，主要是由于荷兰在生命科学与健康、电机设备以及科研方面一直是强国，对于中国相关产品的需求较小。就其变化趋势而言，如图5－44所示，非电机设备和医药产品占比的变化相对稳定，医药产品的出口占比在1%上下波动，非电机设备大部分在0.1%上下波动，而科学仪器占比呈现先降后升的趋势，电机设备占比逐年上升，化学品的占比逐年下降，但整体上差距较小。航空航天设备向荷兰出口的占比除了 2012 年、2016 年、2017 年有明显的提升以外，几乎为 0。究其原因，主要是由于这几年中国航空航天事业的飞速发展，特别是 2016 年和 2017 年这两年，中国在航天领域取得了巨大成就，如 2012 年神舟九号首次载人交会对接任务的成功，标志着中国完全掌握了载人交会对接技术；如 2016 年首颗微重力科学实验卫星实践十号、世界首颗量子科学实验卫星“墨子号”、太空实验室“天宫二号”、“太空快递员”天舟一号等卫星。

2. 中国从荷兰进口高技术产品商品结构

中国自荷兰进口的高技术产品商品结构从 2001 年的以科学仪器和电子通信设备为主的商品结构转变为以医药品设备和科研仪器为主的进口商品结构，电子通信设备明显从 2001 年的以进口为主转变为 2017 年的以出口为主。如表 5－13所示，2001 年中国自荷兰进口的最多的是科研仪器，占当年中国自荷兰进口高技术产品总额的 47.74％，其次是电子通信设备，占 31.52％，两大主要商品占中国向荷兰高技术产品进口总额的 79.26％，接下来依次是医药品设备、计算机和办公设备、电子设备和化学品，占比分别为 7.61％、6.85％、3.06％和 2.75％。与出口高技术产品结构类似的是武器和航空航天设备的进口占比依旧接近于 0，主要原因在于航空航天和武器均是一国最核心、最机密的行业，因此这两个高技术产业的贸易较少，就算有贸易发生也是被淘汰废弃的产品，不会进行大规模的贸易。从 2001 年的进口商品结构来看，中国自荷兰进口的高技术产品种类较为多元化。但到 2017 年可以明显看到，进口的高技术产品较为集中，科研仪器的占比最大，占中国自荷兰进口高技术产品的 59.36％，其次是医药品产品和电子通信设备，分别占 21.08％和 9.47％，这三大类产品占进口总额的 90％。非电机设备、电机设备、化学品与电脑和办公设备的进口额不到中国自荷兰进口高技术产品总额的 10％，航空航天设备和武器的进口比例和 2001 年相比没有本质的区别，除了航空航天设备进口占比从 0.20％降到 0.06％以外，进一步说明中国航空航天事业的发展。

表 5—13　　中国自荷兰进口高技术产品商品结构占比　　单位：%

年份	航空航天设备	电脑办公设备	电子通信设备	医药产品	科学仪器	电机设备	非电机设备	化学品	武器装备
2001	0.20	6.85	31.52	7.61	47.74	3.06	0.27	2.75	0.00
2002	0.03	6.50	38.91	11.18	35.87	5.05	0.08	2.38	0.00
2003	0.02	6.70	27.33	9.53	46.10	5.18	0.50	4.63	0.00
2004	0.01	7.13	43.12	6.60	36.85	3.58	0.32	2.40	0.00
2005	0.89	4.88	45.76	4.85	37.08	3.21	1.49	1.83	0.00
2006	0.02	3.50	43.42	7.64	37.55	5.09	1.31	1.47	0.00
2007	0.16	1.22	35.12	11.18	43.81	3.55	2.23	2.73	0.00
2008	0.02	1.35	32.09	11.74	44.92	3.74	2.77	3.37	0.00
2009	0.11	0.80	29.03	10.98	54.13	3.10	0.84	1.01	0.00
2010	0.04	1.21	16.33	14.03	61.12	3.11	2.48	1.69	0.00
2011	0.20	1.29	17.13	12.20	59.91	3.40	3.94	1.93	0.00
2012	0.02	1.46	13.93	14.98	59.24	2.85	5.89	1.63	0.00
2013	0.12	1.44	32.96	13.18	45.65	2.30	2.91	1.44	0.00
2014	0.10	2.45	20.00	15.40	53.68	2.68	4.50	1.19	0.00
2015	0.15	1.58	17.09	21.31	51.63	2.64	4.57	1.04	0.00
2016	0.13	1.22	15.20	19.33	57.26	1.81	3.75	1.29	0.00
2017	0.06	0.94	9.47	21.08	59.36	2.03	6.05	1.02	0.00

资料来源：UN Comtrade。

分别从每类产品的进口占比变化来看，如图 5—45 所示，中国从荷兰进口的科学仪器占比从 2004 年以来一直呈现上升趋势，除了 2013 年略有下降以外，最高占比在 2010 年达 61.12%，这一现象背后的原因主要是 21 世纪以来中国一直强调科技兴国战略，中国国内对科学仪器的需求增加，而荷兰一直就重视科研，是个科研强国，而中国要发展科研技术就需要从科研强国进口相关设备，因此中国从荷兰进口的科研设备占比呈上升趋势。其次是电子通信设

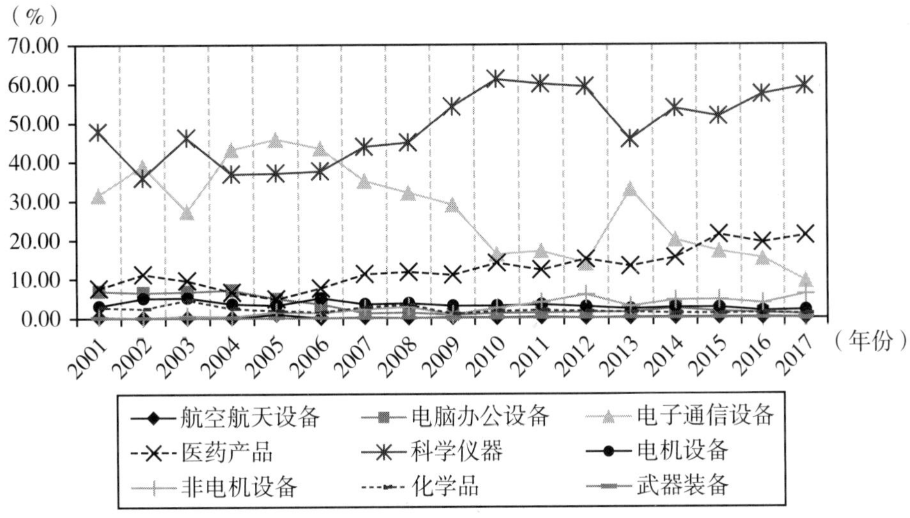

图 5—45　中国进口荷兰高技术产品商品结构占比

资料来源：UN Comtrade。

备，在 2005 年前呈小幅上升趋势，由 2001 年的 31.52%上升到 2005 年的 45.76%，但在 2005 年之后呈大幅下降趋势，下降至 2017 年的 9.47%，不足 10%。这一趋势与电子通信设备出口商品结构的上升趋势相对应，其主要原因与电子通信设备占中国出口荷兰高技术产品占比的原因类似，是中国电子通信设备领域的崛起，由进口为主转向以出口为主。从中荷两国电子通信设备的贸易占比来看，中国的电子通信设备的发展迅速，其他高技术产业的发展可借鉴其发展经验，这一领域的高技术产品贸易也可以为中国与其他国家的电子通信设备贸易提供借鉴。从图 5—45 还可以看到，中国从荷兰进口的医药用品设备所占中国从荷兰进口的高技术产品额的比例呈平稳上升的状态，从 2001 年的 7.61%上升到 2017 年的 21.08%，翻了近三番。从供给方面看，荷兰的生命科学与健康行业在国际上极具竞争力，在多个主要领域和细分市场上也居于领先地位。如成像技术和患者监护领域的全球领先企业飞利浦，在生物材料方面的领导者帝斯曼，以及兽医生命科学领域的创新企业英特威等。从需求方面来看，国内生活水平的提高，中国人口结构的逐渐老龄化导致中国国内对医疗的需求增加，而国内的生命科学与健康行业还处于发展中，需要从生命科学与健康行业的领先国家学习，而荷兰是该领域的佼佼者，因此中国从荷兰进口的医药产品的占比逐年上升。中国从荷兰进口的电脑办公设备占比从2001年的6.85%下降到2017年0.94%，与电脑办公设备的出口占比变化趋势基本一致，都呈现下降趋势，说明中国在逐渐从电脑办公设备独大的高技术产业内结构向逐渐多元化转型。化学品、电机设备和非电机设备所占的比例虽小，但可以具体看到电机设备和非电机设备一直在上下波动，化学品呈现下降趋势，但整体变化不大。

5.5.4 中国对荷兰出口高技术产品的比较优势分析

为了衡量中荷两国在高技术产品双边贸易中各自的比较优势，本节通过测算两国的显性比较优势指数来进行说明。显性比较优势指数（index of revealed comparative advantage，RCA）又称出口效绩指数，是一个国家某种出口商品占其出口总值的比重与世界该类商品占世界出口总值的比重二者之间的比率。本节在传统的显性比较优势的基础上稍做修改，得到测算中荷两国高技术产品双边贸易中对贸易伙伴的比较优势。

$$RCA_{abm}=\frac{(X_{abm}/X_{ab})}{(X_{am}/X_{a})}$$

其中，RCA_{abm}表示a国在m类产品上对b国的显性比较优势指数，X_{abm}表示a国对b国m类商品的出口额，X_{ab}表示a国对b国的出口额，X_{am}表示a国m类商品的世界出口额，X_{a}表示a国所有商品的世界总出口额。若RCA_{abm}大于1，说明a国在m类商品上对b国出口具有显性比较优势；若RCA_{abm}小于1，则说明a国在m类商品上对b国出口没有显性比较优势。本节在测算中国对荷兰高技术产品出口的显性比较优势时，a国表示中国；b国表示荷兰；m可以表示为高技术产品总额，以及各细分类的高技术产品，包括航空航天设备、电脑办公设备、电子通信设备、医药产品、科学仪器、电机设备、非电机设备、化学品和武器装备，测算结果如表5－14所示。

表5—14　　　中国出口荷兰高技术产品显性比较优势指数

年份	高技术产品	航空航天设备	电脑办公设备	电子通信设备	医药产品	科学仪器	电机设备	非电机设备	化学品	武器装备
2001	2.28	0.07	3.87	0.95	1.24	1.31	0.59	0.36	2.14	0.01
2002	2.02	0.07	3.09	1.02	1.04	1.15	0.74	0.73	1.60	0.01
2003	2.02	0.03	2.89	1.12	0.82	0.53	0.68	0.90	1.79	0.03
2004	1.96	0.55	2.91	1.13	0.96	0.27	0.68	3.21	1.51	0.05
2005	1.90	0.12	3.01	0.99	0.95	0.19	0.57	0.74	1.43	0.03
2006	1.86	0.04	3.13	0.86	1.08	0.22	0.75	0.76	1.40	0.04
2007	1.80	0.00	3.10	0.74	1.22	0.24	0.81	0.28	1.25	0.03
2008	1.63	0.00	2.82	0.73	1.16	0.27	1.15	0.54	1.07	0.01
2009	1.55	0.05	2.47	0.94	0.92	0.28	1.17	0.41	1.01	0.01
2010	1.71	0.16	2.63	1.23	0.80	0.24	0.72	0.16	1.25	0.06
2011	1.84	0.08	2.76	1.52	0.92	0.29	0.66	0.22	1.04	0.05
2012	1.84	0.57	2.76	1.54	1.13	0.28	1.15	0.21	1.00	0.05
2013	1.71	0.00	3.11	1.14	1.38	0.34	0.76	0.29	0.99	0.08
2014	1.68	0.02	3.08	1.07	1.34	0.38	0.64	0.23	1.05	0.07
2015	1.57	0.04	2.65	1.29	1.22	0.43	0.65	0.13	1.10	0.08
2016	1.61	0.21	2.48	1.43	1.37	0.46	0.84	0.15	0.98	0.05
2017	1.90	0.21	2.61	1.94	1.26	0.41	0.88	0.10	0.80	0.07

资料来源：UN Comtrade。

从表5—14可以看到，整体而言，中国的高技术产品对荷兰出口具有比较优势，这种比较优势不是特别明显，出口显性比较优势指数在2上下波动。就其变化趋势而言，中国对荷兰高技术产品出口显性比较优势指数在这17年间呈现先降后增的趋势，从2001年的2.28逐年降至2009年的1.55，随后又增至2017年的1.90，其中2011～2016年在1.7上下波动。从显性比较优势指数来看，2001年中国对荷兰出口的高技术产品中最具有比较优势的产品是电脑办公设备，出口比较优势指数为3.87。其次是化学品，虽然化学品的出口规模在中国对荷兰高技术产品出口中占比较小，但其具有较为明显的出口比较优势，根据比较优势理论，中国对荷兰化学品的出口会有所增加，而事实也是如此。接下来依次是科学仪器、医药产品和电子通信设备，可以发现虽然电子通信的出口占比较大，但却不是最具有比较优势的产品。在中国对荷兰出口的高技术产品中没有出口比较优势的产品依次是武器装备、航空航天设备、电机设备以及非电机设备。但武器装备由于政治原因几乎很少出口，更不用说比较优势了，比较优势几乎为 0，因此在后续研究中不再探讨武器这类高技术产品的出口比较优势。到了 2017 年，中国向荷兰出口的高技术产品的比较优势发生了明显变化，最具有优势的产品依旧是电脑办公设备，但电子通信设备替代化学品成为第二具有比较优势的产品，比较优势指数为 1.94，接下来依次是医药产品、电机设备和化学品，而科学仪器逐渐丧失其比较优势，非电机设备的比较优势没有明显的变化。虽然最具有比较优势的产品依旧是电脑办公设备，但其他高技术产品也逐渐成长，开始具有较为明显的比较优势，高技术产品内的差距在逐渐减小，产业内结构在优化。

如表 5－14 所示，从细分高技术产品种类来看，电脑办公设备是中国出口荷兰高技术产品中最有比较优势的产品，2001 年的比较优势指数达 3.87，但随着时间的推移，这种比较优势在逐渐减弱，至 2017 年比较优势指数仅有 2.61，下降了 1.26。电脑办公设备大多是劳动密集型的产品，在加入世界贸易组织之后的初期，中国人口红利和中国加工贸易的大力发展使得中国在这类产品上具有比较优势。但随着中国人口红利的消失和中国产业结构的转型，该类产品对荷兰出口的比较优势逐渐降低，但依旧是中国目前出口荷兰的高技术产品中最具比较优势的产品，因此未来中国与荷兰高技术产品的贸易中，电脑办公设备依旧会占有比较重要的地位。电子通信设备的比较优势指数从 2001 年的 0.95 增长到 2017 年的 1.94，在 2008 年之后有比较明显的提升，与前面分析的中国电子通信设备的崛起一致，从而使中国电子通信设备对荷兰的出口比较优势有明显的提升。就其发展趋势来看，未来中国对荷兰电子通信设备的出口潜力较大，可进一步挖掘。中国对荷兰出口的航空航天设备的比较优势除了在 2004 年和 2012 年有明显的上升以外，其他时间均接近于 0，2016 年和 2017 年是中国航空航天事业具有里程碑意义的两年，对荷出口比较优势的大幅上升也可用此作为解释。中国对荷兰出口的科学仪器的显性比较优势指数从2001年的1.31下降到2005年的0.19，之后一直平稳缓慢的增长，但至2017年依旧低于0.5，不再具有对荷兰出口的比较优势。中国对荷兰出口的医药产品从2001年和2017年来看几乎没有变化，但其实质上有一个在2003年下降后上升又在2009年下降后上升的波浪状变化。2003年下降主要是由于国内的医药产品大部分用于“非典”疫情的预防，因而出口比较优势减弱，2009年主要是因为金融危机的发生，但至今已回归正常水平，显性比较优势指数为1.26，进入2017年中国对荷兰出口最具有比较优势的高技术产品前三名。就其发展趋势来看，医药产品的比较优势若没有其他特殊情况会通过进口学习效应进一步提升。电机设备和医药产品的变化趋势基本相同，呈现波浪状的变化趋势，唯一的区别就是自2012年后出口比较优势一直在降低。化学品的比较优势逐年降低，显性比较指数从2001年的2.14降到2017年的0.8，其规模也较小。非电机设备一直不具有出口的比较优势，除了2004年有明显的变化以外，出口规模也比较小。因此，未来有必要重视发展电机设备、非电机设备和化学品等高技术产品。

5.5.5　中荷高技术产品贸易展望

1. 高技术产业全方位合作具备良好环境

自20世纪末以来，中国与荷兰双边关系平稳、发展顺利，政治互信程度不断提高，合作领域不断拓宽，是2015年以来中欧经贸合作的重要内容。特别是自2015年在“一带一路”框架下搭建中欧互联互通平台以来，中欧“一带一路”合作深入推进，而荷兰又是中国与西欧的重要桥梁，中国对欧出口40%左右的货物经荷兰进入欧洲，[①] 因此中欧互联互通为中荷合作提供了良好的合作环境，蓉欧快铁的开通必将进一步激发中荷贸易的潜力。同时，荷兰是全球

① 姚铃：《推动中荷经贸合作继续深入发展》，http：//www.sohu.com/a/260043900_114986，2018年10月17日。

最具竞争力和创新力的国家之一，而中国正在全面实施创新驱动发展战略，建设创新型国家。在此背景下，中荷双方高度重视在科技创新方面的合作，举办了一系列论坛来促进双方的交流沟通，提供良好的合作环境。如首届“中荷半导体产业合作论坛”、以“高科技创新和可持续互联互通”为主题的中荷经贸论坛、中国首届国际进口博览会等都为中国和荷兰创新科技合作提供了良好的交流平台，也有利于促进中荷两国高技术产业的全方位合作以及中荷高技术产品贸易的发展。

2. 高科技产品贸易潜力巨大

近年来，中荷高技术产品贸易呈乐观良好的态势发展，分析自中国加入世界贸易组织至今中国与荷兰的高技术产品贸易可知，中国向荷兰出口的高技术产品主要集中在电脑办公设备及电子通信设备这两大类产品上，其次是电机设备、科学仪器和化学品，电脑办公设备的出口比较优势呈下降趋势，而电子通信设备处于成长阶段，电机设备、科学仪器和化学品等高技术产品有待未来进一步发展，从而优化高技术产业内结构。中国从荷兰进口的高技术产品从科学仪器和电子通信设备逐渐转变为科学仪器为主的进口商品结构。可以看到，中荷高技术产品贸易中发展较为成熟的是电脑办公设备以及电子通信设备，中荷高技术产品贸易还有很大的贸易潜力，医药产品和科学仪器主要还处于进口学习发展的状态，在化学品、电机设备和非电机设备等领域还有待进一步挖掘。发掘这些高技术产品不仅有利于发展中荷两国的高技术产品贸易，同时还有利于中国高技术产业内的结构优化和均衡发展。

3. 扩大中荷高技术产业投资

荷兰是全球最具创新力的国家之一，相比于荷兰的高技术产业而言，中国中低质量的高技术产业结构仍然占据主流，因此在“一带一路”的大背景下，有必要进行高技术产业合作投资，以改善中国高技术产业结构现状，提升中国高技术产品质量。而荷兰的发展指数一直远高于欧盟和经合组织成员的平均水平，一直是一个投资环境良好、社会安全稳定、收益回报理想的海外投资目的地。根据荷兰官方统计，目前中国企业在荷兰设立了 680 余家直接投资企业，中国自 2012 年以来已连续 6 年成为荷兰第二大外资项目来源国。因此有必要进一步扩大中国在荷兰高技术产业的投资，有利于中国学习荷兰先进的技术以及产学结合的模式。荷兰在新能源、新材料、生物医学等高技术产业均处于世界领先地位，但是中荷在上述领域的合作方兴未艾，因此未来双方可进一步拓展升级合作模式，进一步探索如何将“荷兰设计”与“中国制造”有机结合，探索共同建设产业园区和孵化器，联合推进产业投资、技术贸易和人才培养等，有利于提升中国的高技术产业转型优化升级。

5.6　中以高技术产品贸易发展

20 世纪 70 年代末开始，中国和以色列就存在着小规模、间接性、非公开的经济接触。到 20 世纪 80 年代初，中国实行了改革开放政策，中以经贸往来逐渐增多和公开化。1992 年中以建交，从而实现了邦交正常化，两国经贸往来也步入正轨。2013 年中国提出了“一带一路”倡议，以色列积极响应。2016 年 3 月，以色列成为亚投行首批创始会员国之一，随后两国启动了中以自贸区谈判。2017 年 3 月 21 日，正值两国建交 25 周年之际，中以建立了创新全面伙伴关系。目前，中国是以色列在亚洲的第一大贸易伙伴、全球第三大贸易伙伴。两国贸易产品结构不断优化，从食品、钻石、化工等传统产品贸易不断向高科技、新能源、生物技术、现代医药等方向发展转变，产品结构呈现多样化态势。以色列对华出口以高科技产品为主，具有较高的附加值；而中国对以出口中工业原料占比较大。根据中华人民共和国商务部网站显示，据以中央统计局最新数据，2018 年一季度，以色列国内生产总值年化增长率为 4.2%，以色列经济增长依然强劲。对 2018 年一季度增长的参数分析，几乎所有的因素都有两位数的增长：私人消费增长 10%，固定资产投资增长 12.8%，商品和服务出口增长 11.4%，公共支出增长 11.4%。2017 年第四季度，商品和服务进口仅增长了 6.1%，而 2018 年第一季度，软件和通信产品的出口增长了 26.8%。

高科技仍然是以色列经济增长的引擎。

5.6.1 中国和以色列贸易总体发展趋势

中以建交后经贸关系发展经历了磨合期（1992～1999 年）、成长期（2000～2010 年）和巩固期（2011 年至今）三个阶段。

1992～1999 年是两国经贸发展的磨合期。这一阶段，双方贸易量增长速度有限，但总体呈增长趋势。中以建交后不久，双方签署了双边贸易及投资协定和双方给予最惠国待遇的协定。1992 年，双边贸易额达 5 147 万美元；1993 年再增至 1.5 亿美元，同比增长了 1.9 倍；1994 年达 2.498 亿美元，比 1993 年增长了 63.5%；1995 年双边贸易额达到 3 亿多美元，比 1994 年同期增长 22%（见表 5—15）。这一时期，中以贸易虽然呈连年增长趋势，但是由于起点低，贸易规模也较小。此阶段，双方的贸易潜能还未完全发挥出来。

表 5—15　　中以进出口贸易数据（1992～2017 年）

年份	进出口总额		中国进口		中国出口		顺差
	金额（亿美元）	同比增长（%）	金额（亿美元）	同比增长（%）	金额（亿美元）	同比增长（%）	金额（亿美元）
1992	0.51		0.38		0.13		−0.25
1993	1.52	198.00	0.75	97.30	0.76	97.00	0.01
1994	2.49	63.00	1.07	42.00	1.42	86.00	0.35
1995	3.06	22.00	1.20	12.00	1.85	30.00	0.66
1996	2.91	−15.00	1.01	−15.00	1.89	2.00	0.88
1997	3.59	63.00	0.99	−1.00	2.59	37.00	1.60
1998	5.32	48.00	1.70	71.00	3.61	39.00	1.71
1999	6.87	29.00	1.91	12.00	4.96	37.00	3.05
2000	11.00	60.00	3.35	75.00	7.18	44.00	3.83
2001	13.00	18.00	4.83	44.00	8.32	16.00	3.49
2002	14.00	7.69	5.17	7.04	8.99	8.05	3.81
2003	18.00	28.57	6.90	33.46	11.00	22.36	4.50

续表

年份	进出口总额		中国进口		中国出口		顺差
	金额（亿美元）	同比增长（%）	金额（亿美元）	同比增长（%）	金额（亿美元）	同比增长（%）	金额（亿美元）
2004	25	38.89	9.72	36.52	15	36.36	5.99
2005	30	20.00	11	16.77	20	33.33	8.8
2006	39	30.00	13	18.18	26	30.00	12
2007	53	35.90	17	30.77	37	42.31	20
2008	60	13.21	18	5.88	43	16.22	25
2009	52	−13.33	15	−16.67	37	−13.95	21
2010	76	46.15	26	73.33	50	35.14	24
2011	98	28.95	30	15.38	67	34.00	37
2012	99	1.02	29	−3.33	70	4.48	41
2013	108	9.09	32	10.34	76	8.57	45
2014	109	0.93	31	−3.13	77	1.32	46
2015	114	4.59	28	−9.68	86	11.69	58
2016	113	−0.88	32	14.29	82	−4.65	50
2017	131	15	42	13	89	1.3	47

资料来源：UN Comtrade。

2000～2009 年是中以经贸发展的成长期。双方经贸发展开始打开局面，贸易额逐年攀升。但这一时期，中以经贸关系发展也并非一帆风顺。由于美国和以色列的特殊关系，以色列难以抵抗美国的强力施压来满足中国的需求。中以在军事方面的高端技术合作很大程度上受到美国的影响，而且这一阻碍因素很难克服。

2010 年至今是中以经贸发展的巩固期。这一阶段，以“一带一路”倡议的提出为节点，大致可以分为两个阶段。习近平主席提出“一带一路”倡议后，世界很多国家（地区）纷纷表示支持和响应。以色列作为中东地区强国对此也持积极立场，中以两国高层互访频繁，两国政府对经贸合作高度重视。2013 年，中以双边贸易额达 108.3 亿美元，其中中国向以色列出口 76.5 亿美元，从以色列进口 32 亿美元，中国成为以色列在亚洲的第一大贸易伙伴

(见表5—15)。2014年,中国成为在以色列进口贸易额中居第二位的国家(位于美国之后),在以色列的出口贸易额中,中国居第四位(位于美国、英国、土耳其之后)。据中国海关统计,2014年中以双边贸易继续保持稳步增长之势,进出口总额达109亿美元,同比增长0.5%,占以色列对外贸易总额的8.5%。中以贸易结构持续优化,双方从以食品、钻石、化工等传统产品贸易为主,不断向高科技、新能源、生物技术、现代医药等领域发展转变,且产品结构呈现多样化的态势。根据以色列中央统计局的数据,2015年以色列从中国的进口额约为86亿美元,以色列向中国出口额约为32亿美元。在2016年的中以双边贸易中,中国对以色列出口额达到80多亿美元,以色列对华出口额约32亿美元。可以说,2016年中以经贸关系和政府间合作达到了新高度,双方签署了一系列双边协定。2017年3月21日,习近平主席会见以色列总理内塔尼亚胡,并宣布中以建立创新全面伙伴关系。内塔尼亚胡称,访问期间中以签订了25项合作协议,涉及的总金额约达20亿美元。两国建立创新全面伙伴关系将进一步推动中以创新合作,重点加强科技创新、水资源、农业、医疗卫生、清洁能源等领域的合作,拓展两国务实合作的深度和广度。

根据中以进出口贸易数据,可以看出中以进出口贸易额成逐年递增(见图5—46)。

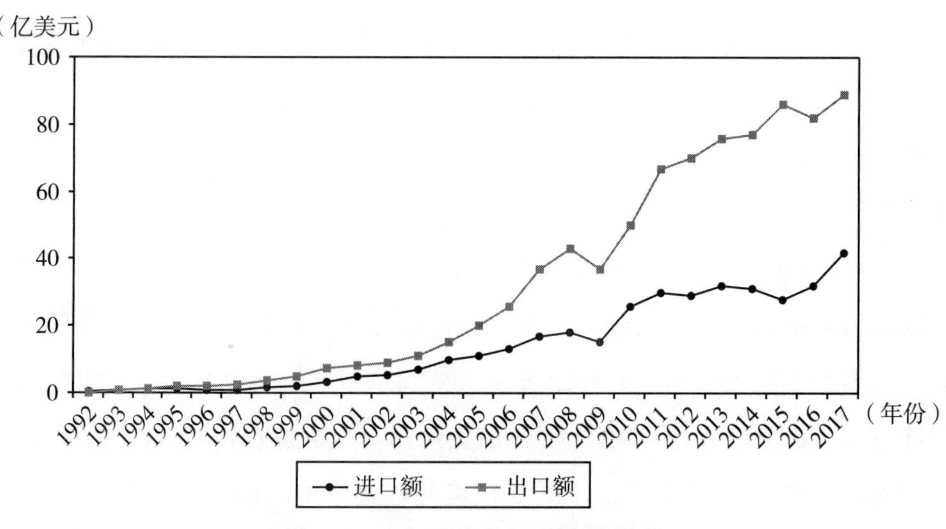

图5—46 中以进出口贸易额趋势

从以色列进口中国商品的结构看，种类较为分散。根据中国海关的统计数据显示，2015 年度，以色列从中国进口的商品中，排在首位的是机电产品，总值为 15.3 亿美元，包括空调、宽带设备等；排在第 2 位的是纺织品，总值为 10.3 亿美元，包括针织 T 恤、非针织女装等；排在第 3 位的是金属制品，总值为 6.01 亿美元，包括钢板、金属配件等；排在第 4 位的是化学产品，总值为 5.78 亿美元，包括含氮杂环化合物、核酸等；排在第 5 位的是杂项，总值为 4.2 亿美元；第 6 位的是塑料和橡胶制品，总值 3.57 亿美元；此外还有鞋帽、箱包等 1 亿美元左右的商品。近年来，中国对以色列出口商品总量增加的同时，结构也在不断优化，高附加值机电产品所占比重越来越大。虽然中国在以色列的进口对象中名列前茅，但反过来，以色列在中国的全球进出口对象中却并不占据重要位置。实际上，即使是在中东各国中，以色列对中国的出口排名也不靠前，如 2015 年度，中国对中东国家的出口排在前几位的分别是阿联酋 371 亿美元、土耳其 244 亿美元、沙特 234 亿美元、伊朗 178 亿美元、伊拉克 79.2 亿美元，以色列 58.6 亿美元仅排在第 6 位。究其原因：一是阿联酋是中东重要的商品集散地，从中国进口的许多商品由此分发至其他中东国家；二是排名靠前的其他几个国家都是人口 2 500 万以上的中东大国，国内市场规模相对较大。

由于以色列是个只有 800 多万人口的小国，中国从以色列进口的商品数量有限。根据中国海关的统计数据显示，2015 年，中国从中东国家的进口额，排在第 1 位的是沙特 267 亿美元、第 2 位是阿曼 147 亿美元、第 3 位是伊朗 145 亿美元、第 4 位是伊拉克 113 亿美元、第 5 位是阿联酋 103 亿美元、第 6 位是科威特 69.4 亿美元、第 7 位是卡塔尔 51.4 亿美元，以色列仅排在第 8 位 32.5 亿美元。但需要注意的是进口商品的构成，中国从前几个中东国家进口的几乎都是石油等原材料，而从以色列进口的商品结构则较为多元化。以 2015 年为例，中国从以色列进口的 32.5 亿美元商品中，排在第 1 位的机电类产品，进口额为 12.4 亿美元，包括集成电路（21%）、电话（2.4%）等；排在第 2 位的是化工类产品，进口额为 7.92 亿美元，包括混合肥（11%）、钾肥（8.2%）等；排在第 3 位的是仪器仪表，进口额为 5.27 亿美元，包括 X 射线设备（4.3%）、医疗器械（3.8%）等；排在第4位的是钻石，进口额为3.63亿美元（11%）；排在第5位的是贵金属，进口额为1.36亿美元，包括切割刀片4 330万美元（占1.3%）、钽3 670美元（占1.1%）等；其他的进口商品还有果汁、种子等。从以上统计数据可以看出，中国进口以色列的商品集中在集成电路等高技术产品上。

中以经济互补性强、发展快，贸易额逐年增长。根据中国海关统计，2016年，中以双边贸易继续保持稳步发展，进出口总额113.5亿美元，同比下降0.6%。其中，中国对以色列出口额为81.7亿美元，同比下降5.1%；中国从以色列进口额为31.8亿美元，同比增长13.4%。双方贸易结构持续优化，从食品、钻石、化工等传统产品贸易，不断向高科技、新能源、生物技术、现代医药等方向发展转变，产品结构呈现多样化趋势。中国是以色列在亚洲的第一大贸易伙伴，也是其全球第二大贸易伙伴。中国对以色列的主要出口商品有机电产品、纺织品、服装、鞋类、陶瓷制品等。中国自以色列进口的商品除钾肥之外，均为高技术产品，主要有机电产品、医疗仪器及器械、电讯产品等。

中以高技术产品贸易注定创新合作是中以合作的一大亮点。以色列是高科技大国，并且是世界新技术中心之一，以高新技术为支撑的先进制造业居世界领先地位，其凭借尖端化、多样化、高效化的特点带动了经济迅速发展，是以色列国民经济的支柱产业。以色列制造业产业体系较为完整，主要包括电子、通信、计算机软件、医疗器械、生物技术工程、航空等高科技产业。其中，电子信息产业是以色列最大的经济部门，从最基础的元器件、芯片设计、装配、测试行业到消费电子、安防、数字娱乐等领域的技术开发，以色列均位于国际前列，是国际重要的电子技术输出国之一。在电子信息产业中，仅半导体设计年均产值就高达20亿美元，主要出口日本、美国、韩国和中国。以色列计算机软件产业快速发展，保持年均10%以上的增长速度，成为国际软件业的主要力量。此外，以色列在卫星图像、纳米技术、太阳能发电、生物技术等领域均占据世界领先地位。高科技产品出口不仅是以色列的经济支柱，而且成为以色列外交的重要砝码。在电子通信、电光学、航空电子、软件开发、国际互联网络应用、电脑印刷等领域，以色列产品市场占有率较高。以色列还充分发挥创新能力优势，不断提高制造业服务化发展水平，在开发解决方案、应用和制造技术方面不断创新，重点发展用于先进制造的软件、通信和分析平台。在三维印刷和成像、CAD/CAM 和 CNC 的编程解决方案、工业流程的自动化检测、运动控制、通信以及工业物联网的分析平台等领域展现出良好的制造服务能力。

通过中以高技术产品贸易现状可以发现，以色列创新技术较为领先。以色列高新技术产业的竞争优势主要在于强大的本土研发能力，以及其掌握的大批具有世界先进水平的自主知识产权核心技术。在光电、激光系统领域，以色列研制的计算机彩色预印系统、印刷电路板计算机辅助设计/辅助制造和印刷电路板自动光学检测技术世界领先，占据超过85%的国际市场份额。另外，以色列具有创新人才集聚优势。以色列科学家和工程师在总人口中的占比是美日的2倍，居全球之首，20%就业人口拥有硕士以上学历。高学历、高知识教育背景的人才资源，加之勇于创新、敢于挑战的民族精神，促进了以色列先进制造业的创新发展。同时，以色列先进制造产业主要分布在北部沿海地区，以工业园区为发展依托。以色列海法 MATAM 科技工业中心是以色列最大、最早的工业园区，被称为“以色列硅谷”，园区聚集了世界著名的跨国公司，如英特尔、微软、谷歌、飞利浦及 IBM 等均在此设有分公司，开展高新技术产品生产与研发。

中以经贸往来频繁，合作前景广阔，创新是以色列的国家名片，而中国将创新列为五大发展理念之首，视为国家发展的重要引擎。以色列有很多先进技术，中国则有雄厚的资本和广阔的市场。这种互补性令中以两国在科技创新领域存在无限的合作空间。在“一带一路”倡议带动下，大量中国资本涌向以色列。以色列在信息安全、人工智能、物联网等领域的科技公司成为中国投资者的关注热点，阿里巴巴、百度、腾讯、奇虎360、联想等著名科技公司纷纷向以色列的科技投资基金注资。在先进制造业合作载体方面，中国—以色列常州创新园是中以两国第一个国家级创新合作实验区，园区集中力量打造了高端医疗项目孵化平台、先进制造技术成果展示平台、现代农业技术转移及交易平台等创新载体。

5.6.2 中以高技术产品贸易快速发展面临的挑战和机遇

中以两国之所以能在高技术产品贸易方面取得如此大的进展，与双方经济发展状况密不可分。中以经济互补性强、吸引力大。中国人口众多、市场广阔，消费需求量大且国内又有大量劳动力。以色列国内市场狭小，劳动力缺乏，但其高科技产品和技术有一定优势，特别是在通信设备、电子设备、农业技术（包括新品种培育、蔬菜和水果加工、喷灌和滴灌设备的技术等）、化工产品、部分医疗设备等方面都比较先进。然而，以色列不产石油和煤炭，原料和动力资源短缺，对轻工业品、日用品、工艺品、丝绸、家用电器、一般医疗器械、医药和部分食品都有一定需求。而这正是中国的优势所在。中国可以引进以色列的先进技术和设备，促进自身经济发展，以色列则可以利用中国市场，进口其所需轻工产品，以达到互通有无，取长补短的目的。

尽管如此，也应看到中以高技术产品贸易发展所面临的困难和挑战。（1）以色列政府将中以合作领域仅局限于商业，从中以签署的双边协定和经济合作中可见，中以间大多数核心技术上的合作都不涉及军事、航空航天等敏感领域，而这部分恰恰集中了很多的高技术产品。以色列对中国出口的商品以化工产品、集成电路等为主，相对比较单一。而中国对以色列出口的商品种类相对较多，从机电产品到纺织服装、从金属制品到化学产品、从塑料橡胶到各类生活用品，涵盖了工业和日常生活的各个方面。同时，在全球倡导绿色发展的大背景下，中国应该更加重视新能源、新材料、生物技术等领域的高技术产品贸易，以适应国际形势的发展变化。（2）研发投入不足和专业人才的匮乏。2001～2015年中国的研发投入经费一直在增加，说明中国已经开始意识到研发的重要性，中国研发经费投入强度也呈现稳定上升的趋势，但与国际进行比较时发现，美国、日本、法国、德国等发达国家研发投入强度在2001年已经达到2%以上，分别为2.64%、3.12%、2.20%和2.39%，2015年投入强度更是远远超过中国，而中国2015年才为2.10%。也正是中国对自主研发投入的不足，导致中国高技术企业在知识产权保护方面的专业人才十分紧缺。一是国内没有较成熟的教育培训课程以及相应的师资力量，缺少既懂国际贸易又懂知识产权保护法律的综合型人才，高技术企业在进口过程中一旦遇到国际知识产权纠纷案件，专业人才的缺乏会让企业处于十分不利的地位。二是随着中以在高科技创新领域合作的不断加深，专利技术的买卖与转让，以及知识产权方面的风险也是双方经贸合作中不可忽视的问题。虽然中国知识产权保护的立法已经趋于完善，建立了相对完善的知识产权保护的制度，且已经与国际惯例接轨，但还不是知识产权强国，众多的科研机构和中小型高科技企业对保护知识的重要性缺乏足够的认识，也没有掌握必要的保护措施和知识。由于以方担心在合作过程中自己的高新技术、工艺可能会被中国仿制，他们不会选择一些非常前沿或者非常尖端的技术作为合作项目，推介到中国。(3) 第三方因素的限制。中以科技合作基于两国的共同利益，符合两国发展的需要，但在合作中有时会受到第三方因素的影响。

从双方贸易发展的走向来看，中以经贸关系在巩固发展的基础上，也将迎来良好的机遇。首先，随着中以自贸区谈判的顺利开展，以及以色列多家企业来中国投资，中国将会更便利地与以色列进行更多的高科技技术交流。其次，随着中以关系的进一步发展，以色列国内高质量服务业的发展，将吸引大量中国游客前往以色列旅游。特别是 2016 年，两国同意相互为对方公民发放为期 10 年的旅游签证。中国游客赴以旅游及带来的消费将在一定程度上平衡以色列对华的贸易逆差。再其次，伴随中国经济结构的不断调整和重组，中国需要在远程医疗、食品安全、水处理，以及智慧城市、人工智能等未来科技上获得支持。而以色列在创新领域的技术水平一直处于世界领先地位，高科技创新平台已经成为中国经济战略的新方向。最后，以色列的创新能力以及先进的科技闻名世界，但鉴于以色列本国的市场有限，周边阿拉伯国家又大多不对其开放，而中国国内有很大的市场，对以色列的高新技术也有一定需求。

因此，以色列与中国经济发展需求的互补性强，双方的经贸合作在可预见的未来将有良好的发展前景。在当前的国际环境下，中以双方应在保持良好合作的基础上，突出重点，开拓创新，加强高层次科技合作。在深化创新全面伙伴关系的同时，坚持共商、共建、共享原则，不断优化贸易结构，在互惠互利基础上开展合作。充分利用两国经济的特色优势，努力消除贸易壁垒，提高市场服务的便利度。在此基础上，可以预见，中以两国将借助“一带一路”建设这一重要契机，深入发掘两国在经济贸易、文化、科技创新、旅游产业以及现代农业等方面的优势，推进两国在更宽领域、更高层次上的全方位交流合作。

5.6.3 中以高技术产品贸易的对策建议

习近平总书记指出，“中以建立创新全面伙伴关系将进一步推动中以创新合作，更好实现优势互补，为两国人民带来更多实实在在的好处”①。中以开展科技外交，能够进一步提升双方的合作伙伴关系，推动中国的产业升级换代。双方高层频繁互访，加强了政治互信，共同探讨和平解决巴以冲突的可能。中国加深与以色列、阿拉伯国家的合作也会扩大中国在中东地区的影响，提升中国的国际话语权。

1. 加强技术引进和创新

一是中国高技术企业应积极提高自主革新和升级意识，学会创新、敢于创新。结合中国产业转型升级需求，引导和鼓励引进以色列电子信息、数字制造、软件设计、生物医药等先进制造技术，提高以色列先进技术产业转化率，提升中国技术水平和国际竞争力。同时，在实际应用中，不能只停留在对技术的简单应用，而应注重新技术的开发，加大对基础研究的投入，开发具备核心技术和自主知识产权的高附加值产品，打造国际品牌，提高国际影响力。二是加大 R&D 投入。R&D 投入是推动高技术产品竞争力持续提升的最重要的因素，但中国 R&D 经费支出强度与发达国家相比还有很大差距。增加 R&D 经费支出要结合中国实际情况，增加 R&D 从业人员劳务经费支出，尤其是科学家和工程师。增加劳务经费支出可以提高 R&D 人员工作积极性，从而提高产

① 《习近平会见以色列总理内塔尼亚胡》，载于《人民日报》2017 年 3 月 22 日第 1 版。

品研发效率。企业是高技术产业生产和出口的主体，要注重企业研发机构经费的投入。高技术企业要根据自身发展需要，对亟须的高新技术开展研发活动，切实提高企业创新能力。三是优化高技术产品贸易结构。从长远的角度看，科技永远是第一生产力，尤其是对于高技术产品，中国要努力走在时代的前端，这样才能够有更强大的竞争力，才能够在中以高技术产品贸易中获得更高的利润。通过提升产品的竞争力优化贸易结构，要从劳动密集型向资本和技术密集型转变，不断优化贸易结构。

2. 提高外资利用效率

外国直接投资对产业内贸易的发展有着积极的影响。一是加强政府监管，制定合理的贸易政策。对于国内的市场既要开放又要保护，这就需要政府的调控。要为一些外国投资设置便利的政策条件，与此同时也要注意引进外资的质量和对国内市场的影响。对于目前中国和欧盟的高技术产品贸易来说，存在一定的贸易壁垒。尤其是中国相对处于技术劣势的地位，欧盟国家的技术标准和法规及产品质量的认证制度相对更为严格，其凭借占有的技术和资本优势选择对其有利的产品，这样使得中国处于相对较为不利的地位。因此，中国应该加强政府的监管，制定相对合理的贸易政策，保护中国高技术产品的贸易。二是做好预算和计划，合理利用外资。对于外国的直接投资，中国政府在加强政策监管的同时要做好计划，合理利用外资。从中国目前的情况来看，在这方面存在一些缺陷，因此，中国要充分提高外资的利用效率，尽量避免资源的浪费，减少空洞的口号，要对外资实行实际的监管和支持。中国目前处于基础研究的阶段，要想实现从基础研究到实质生产力的转化，在努力提高自主创新能力的同时，更要借助国外的资本和技术。

3. 完善知识产权保护相关制度和法律法规

国家层面，要制定有效的应对知识产权壁垒的战略。制定符合国际规则的、适应中国科技发展水平和特点的整体知识产权战略，从理论研究、法律制度、管理机构等各方面做好基础工作。同时，还要把知识产权战略和贸易政策、科技政策结合起来。加强知识产权行政执法和司法体制改革。中国知识产权管理在立法和法律体系方面与知识产权强国差距不大，主要差距是在严厉的执法和强有力的执行力方面。中国应建立高效、协调、精简的知识产权执法体系，全面提高执法人员素质，统一执法标准、严格执法程序，大幅提高知识产权行政执法的水平和效率。加强知识产权司法审判活动的权威、高效和统一，提高法官的知识产权专业水平，完善知识产权案件的管辖制度，建立专门的知识产权上诉法院。完善优化知识产权的司法和行政双轨保护机制，加强协调提高知识产权保护效率，防止司法资源和行政资源的浪费。只有严格执法，知识产权保护才能应用到实践当中，才能让伙伴国愿意出口更多高技术产品到中国。企业层面，要提高贯彻执行知识产权制度的自觉性，加强对知识产权知识和法律的宣传与培训，提高企业职工特别是企业领导的知识产权意识，使企业、公民真正意识到保护知识产权的重要意义。建立健全企业知识产权管理机制。健全管理机构体系和明确职能配置。知识产权管理机构体系的健全，是提升知识产权治理绩效的基础。企业知识产权管理机构的设置，须与企业产业特点及公司规模相协调。建立知识产权管理机构的有效协调机制。知识产权的管理不单单是靠单独专门的机构去完成，一系列环节会涉及多个政府部门，所以为了能够对重大知识产权事件及时作出反应，迫切需要建立知识产权管理部门与企业之间的直接沟通渠道，并采取多种形式建立政府与企业之间的沟通渠道和预警机制。

4. 加强智力交流引进

提高高科技人才素质。其实对于现在的国际竞争，人才是最宝贵的资源。人才的素质直接决定了一个国家的竞争力，对于高技术行业来说更是这样。要想提高产品的科技含量，归根结底还是要靠研发人员的技术。中国加强国内高等院校的建设，优化人才培养结构，与此同时还要积极引进外来人才，为人才提供一个好的科研环境和就业环境。要加强专业人才的储备，真正提高自主创新能力，提高企业的竞争力。发挥创新人才教育培养优势，鼓励相关省份与以色列相关企业和高校开展技术人才交流、培训和引进，以及研讨培训、交流互访等人力资源合作，提高能力建设水平，补充中国创新人才不足的短板。高技术人才掌握着科技转换为生产力的理论专业知识和实操技术，是高新产业发展的中坚力量，是提升产业整体创新能力的关键所在，中国要高度重视高技术人才的培养。根据《中国劳动统计年鉴》的数据，尽管目前中国的高技能人才数量在逐年增加，但是年增长率较低，高技术行业人才在学历和技术水平上普遍较低，高等院校在高技能人才培训的数量和质量上均有待进一步提高。高等院校人才培养的方向应该与企业需求所匹配，将理论与实践相结合，激发和进一步挖掘高素质人才的自主创新能力。同时，高等院校可以加强对外交流合作，实现高技能人才对外交流培养模式。通过国内外知名高等院校、培训机构等的交互培养，使高技术行业的职业人员具备世界前沿的专业知识和高超的实操能力。

5. 注重遵守以色列本国相关法律和税收政策

以色列为 WTO 成员，具有完备的法律体系。中国企业在以色列投资，应严格遵守其投资经营、劳动就业、环境保护、税收等相关法律法规。以色列吸引外商投资的法律规定，以色列对外商投资采取积极和开放的政策，与包括中国在内的 40 个国家（地区）签订了双边投资保护协定。由于以色列在科技水平、劳动力素质、政府对研发的鼓励政策、培育环境等方面的领先优势，特别适合外商投资高科技产业，尤其是在以设立研发中心。以色列的高科技产业和技术创新企业是外资投资重点。以色列因高额的军费开支而成为一个高税收国家，中国投资者要详细了解当地税收政策，充分核算税负成本。以色列法律、财务咨询服务业发达，中国企业赴以投资时应寻求当地具有丰富经验的律师和会计师事务所的服务，以防控相关法律风险和税务风险。

综上所述，自建交以来，尤其是进入 21 世纪以来，中以高技术产品贸易整体呈现增长趋势，进出口增长率均存在不同程度的波动，且中国对以色列高技术产品贸易以顺差为主，顺差额逐年稳步增加。针对目前的发展趋势，中以高技术产品贸易在面临良好发展机遇的同时存在四个方面挑战：一是以色列政府将中以合作领域仅局限于商业，结构相对比较单一；二是研发投入不足和专业人才的匮乏；三是存在知识产权方面的风险；四是第三方因素的限制。对此，提出以下建议：一是加强技术引进和创新；二是加大 R&D 投入并提高资金使用效率；三是完善知识产权保护相关制度和法律法规；四是加强智力交流引进；五是注重遵守以色列本国相关法律和税收政策。

5.7 中国和北欧四国高技术产品贸易发展

21 世纪以来，特别是加入世贸组织以后，中国高技术产业规模快速增长，与发达国家的高技术产业合作也不断深入，在贸易、投资和科技合作等多个领域均取得了较快发展。有学者提出，未来亟待加强自主创新，推动中国高技术产业从规模优势转向技术优势，向全球价值链中高端迈进。一方面，要充分发挥市场规模和产业配套优势，塑造良好的产业发展环境，鼓励企业创新；另一方面，要抓住技术更迭和经济周期低谷带来的赶超机遇，加强对国际先进技术的引进吸收。[①] 国际先进技术的引进和吸收不仅要着重于同美国、日本等传统科技强国的贸易文化交流，还应当加强与众多具有独特科技优势的国家之间的技术贸易往来，如北欧四国等。

北欧四国是指丹麦、瑞典、挪威、芬兰，这四个国家虽然国土狭小，人口有限，但具有较高的科技发展水平和国家竞争力。世界经济论坛发布的《全球竞争力报告》显示，2017～2018 年度，丹麦、瑞典、挪威和芬兰的全球竞争力排名别位于第 12 位、第 7 位、第 11 位和第 10 位，而中国只排在第 27 位。本节将分别对四个国家的高技术产业发展状况以及与中国间的高技术产品贸易情况进行介绍分析。

① 王尔德：《国研中心技术经济研究部副研究员石光：如何推动高技术产业向全球价值链中高端迈进》，http：//money.163.com/17/1124/05/D401B5TF002580S6.html，2017 年 11 月 24 日。

5.7.1　北欧四国高技术产业发展状况

1. 丹麦

丹麦是欧盟重要成员国之一，20 世纪 90 年代，丹麦政府颁布并出台了一系列政策性文件支持企业特别是中小企业的技术创新，成立了一批授权技术服务机构来为企业技术创新提供中介服务和技术指导，使得丹麦的创新水平在全球处于领先地位。随着经济全球化对丹麦影响的加大，丹麦政府越发重视企业的持续技术创新能力。进入 21 世纪以来，政府通过多种渠道措施出台一系列政策保障企业的创新能力。基于政府政策的支持，丹麦虽然国土面积相对狭小，但诸多企业却因具备很强的科研创新能力在全球影响巨大。如创建于 20 世纪 20 年代初期的诺和集团以高度创新闻名世界，该集团的诺维信在医药胰岛素以及酶制剂方面的领先技术大大扩大了其在全球医药市场的销售份额；同时，成立于 20 世纪初期的 A. P. 穆勒-马士基集团始终保持在全球运输业的领先地位，如今已有百年历史的 A. P. 穆勒-马士基集团早已发展壮大成为跨国公司，并且跻身于世界 500 强企业之列，这与集团在物流、集装箱制造业的持续创新是分不开的。

丹麦企业主要以农渔业、医药、电子设备、船舶等著称，享有欧盟最大的渔业国称号，同时有悠久的农业发展历史，畜牧业全球闻名，是全球最大的牧草种子生产出口国、最大的原貂皮生产出口国。航运业和医疗工业是丹麦的支柱性产业，典型的代表是“药谷”，“药谷”位于哥本哈根和瑞典南部斯科纳地区之间，目前已经成为欧洲最大的生物技术产业集群，覆盖面广泛，并且以大量高校和科研院所为依托。同时，丹麦注重环境保护，注重绿色人文，以电力、石油的高产出、低消耗著称的“丹麦模式”正在带动欧洲各国以及全球节能环保业的发展。

（1）风力发电。丹麦的风力发电研究始于 1891 年，是世界上最早开始进行风力发电研究和应用的少数国家之一。经过多年发展，丹麦已形成了本国的风电产业和有竞争力的风机制造业。丹麦拥有丰富的风力发电资源：平均风速7.6米/秒（电力输出与风速的平方成正比）。丹麦的目标是到2020年风力发电占全国用电总量的50％。2015年，丹麦风力发电已经供应全国用电总量的42％。[①] 随着科技的不断进步，风机的功率越来越大，且提高很快。

（2）生物能源。生物能或生物质能（Bio-energy/Biomass Energy）是可再生能源的形式之一。其主要来自能源植物或农、林、渔业副产物（秸秆、木屑、加工企业有机废物、动物粪便等），是从生物可再生原质转换而得的能源形式。生物质能是唯一一种可再生的碳源。就生物质能来说，丹麦正在成为工业化国家先导的角色。这一角色，正是通过其在主要技术方向上的努力来体现的，包括使用秸秆燃料发电、建立中央沼气厂用于供热和发电、把生物质转化为液体燃料和可燃气体以及具有前瞻性的能源作物的研究开发等。

（3）未来新能源。丹麦通过对燃料电池、海浪发电以及氢能等可再生能源和新能源的研发，塑造了未来的能源供给新模式：当世界的化石能源储量越来越接近枯竭时，人们可以从日照、风、农田和城市废料中获得他们所需的能源形式——电、热和交通运输燃料。

2. 瑞典

瑞典是人均拥有发明专利和专利申请最多的国家之一，其创新能力全球领先。在信息通信、医药生物、清洁能源、环保产业等领域，目前瑞典居世界领先地位。高技术产业产值超过GDP的1/5，38％的瑞典人在高科技企业工作，高技术产业已成为瑞典经济社会发展的主导力量。

（1）信息通信领域。瑞典信息通信产业高度发达，在信息技术创新和信息技术应用两方面均居全球领先地位。信息技术产业化方面，瑞典在移动通信、通信软件、汽车电子、光电系统、嵌入式系统芯片等领域具有优势，新一代移动通信、红外照相芯片等技术全球领先。近年来，瑞典软件产业发展较快，金

① 柳苏源：《丹麦：小国家的大志向》，http：//news.hexun.com/2016－05－19/183949373.html，2016年5月19日。

融和证券交易软件尤其突出。信息技术应用方面，瑞典也已发展成为全球宽带普及率最高的国家之一。

（2）医药生物领域。瑞典除了在医药医疗领域拥有一大批发明专利外，还在微系统技术、非扩散测量技术及生物材料研发方面居世界领先地位。近年来，瑞典生物产业发展迅速，生物科技、医学技术、医药、医疗器械和诊断设备在国际上具有重要地位，拥有一批影响世界医学发展的技术发明，如心脏起搏器、呼吸器、人造肾、超声波、伽马刀、局部麻醉等。瑞典是欧洲生物技术第四大国，全球排名第九，如果按该产业占 GDP 的比重计算居全球之冠。

（3）新能源领域。瑞典清洁能源技术比较成熟，电力来源基本是水电和核电，全社会消耗能源的 26%来自可再生能源。在新能源领域，瑞典的风力发电技术较为先进，太阳能发电技术研发全球领先，并已经进入商业运作阶段。垃圾发电供热方面，年垃圾总量的一半约 170 万吨用来发电供热，配套烟气清洁设备技术先进，不会造成环境污染。生物能源领域在利用速生柳作为能源发电方面的技术较为成熟，使用生物燃料的混合燃料轿车已占轿车市场份额的 10%。①

（4）环保产业领域。瑞典环保产业发展迅速，污水处理、废气排放控制、固体垃圾回收与处理等技术先进。瑞典拥有一大批具有专有技术的环保企业，形成了完善的产业体系。近年来，瑞典环保产业出口强劲，约占环保产业总产值的 38%，并以年均 8%的速度递增。其出口市场主要是欧盟和波罗的海国家，中国是瑞典在亚洲最大的环保产品出口市场。

3. 挪威

挪威是北欧小国，但在科学研究领域颇有成就，曾有 4 位挪威科学家荣获诺贝尔奖。作为发达国家，挪威的科技水平总体较高，但由于国家小、人口少，经济规模不大，产业门类也不全，因此挪威的科技优势也多集中于其较为

---

① 国家发展改革委监察局等：《瑞典高技术产业发展及监管环境》，载于《宏观经济管理》2010 年第 2 期。

发达的领域中，多年以来形成了四大领域科技水平普遍较高、其他领域拥有独特先进科技的格局。挪威较具特色的四大领域是造船工业、海产养殖业、海上油气工业和环境工业。此外，挪威在空间技术、建筑工程、金属冶炼、可再生能源、生物工程、制药、信息通信等领域也有某些较为突出的技术。

（1）造船工业。挪威的造船业是其传统产业，曾是挪威经济的支柱，现在仍是挪威的主要产业之一，挪威在这一领域里经验丰富，技术先进。近年来由于其他国家（包括中国）的竞争，造船订单逐步向外转移，然而挪威仍旧保留了高科技含量的特种船制造能力和大量先进的船用设备制造企业。挪威制造大型游轮、液化天然气运输船、滚装船、高技术渔船、冷藏船、近海供应船、高速双体船和地震探测船的技术处于世界先进水平。挪威的船用设备制造业可提供先进的船舶推进器、船舶动力主机、电子货物装运设备、航海电子导航仪器、电子地图，以及先进的船舶稳定系统、持久耐用的大型渔网和刺网、大功率渔船发动机、鱼群探测器、导航仪器等。

（2）海洋养殖业。20 世纪 70 年代，挪威在海洋养殖技术上取得突破后，海洋养殖业在挪威迅速发展，主要的养殖品种有大西洋三文鱼、虹鳟鱼等。人工养殖的海产品占海产品出口价值的比重越来越大，海洋水产养殖技术也已经进入电脑控制时代，在养殖设备、鱼生长控制、鱼病控制、基因、疫苗及海洋生物环境方面均有深入研究。海洋水产养殖育种技术也扩展到淡水鱼的养殖领域。挪威培育的罗非鱼品种在中国水产养殖业享有盛名。

（3）油气工业。油气生产是挪威最重要的经济领域，其产值占 GDP 的 1/4，出口占总出口的 52%，石油为挪威带来了滚滚财源。挪威的石油均产自海上，因此挪威在深海勘探、钻井、采油等领域进行了巨额投资，形成了相当成熟的技术，如海上石油平台的建造、可以从垂直方向改成水平方向的钻探技术和微生物采油技术等。挪威深海钻井深度可达 2000 米，还可在恶劣气候下自动控制平台的稳定。深海采油技术则取消了海面上的井架，完全依靠安装在海底的采油装置进行采油。挪威公司设计的软件可在特殊的石油输送管道中自动将油、气、水进行分离，在提高采油率方面也开发了特殊的软件。挪威企业在储量模型软件开发方面也处于世界领先地位，测量、数据分析及解析技术独具特色。总之，挪威的海洋石油技术，包括勘探、钻井、海底设备、平台设备等方面的技术世界一流，这与其长期的大量研发资金投入密切相关。围绕海上油气开发，挪威形成了由一系列设备制造、软件、近岸服务企业组成的紧密的产业链，为本国和海外的海洋石油产业提供高技术产品与服务。

（4）环境保护。挪威在环保技术研发方面也走在世界前列。“可持续发展”的理念在挪威由来已久，深入人心，并反映在挪威的各行各业，发展积累了丰富的经验和先进的技术。例如，挪威的优势技术——传感器技术，在环保技术领域中的应用就很成功，知名产品如自动分类的瓶罐分拣回收机在挪威超市普遍使用；治理硅铁冶炼厂烟尘而收集的微硅粉，一开始无任何用处，只能堆积成山，然而后来经研究发现可用作水泥的添加剂，使水泥强度大大增加，因而供不应求，真正实现了变废为宝。此外，挪威在海洋石油勘探开发过程中的环境控制、江河水质保护、海水养殖环境控制方面均有较为丰富的经验。挪威能连续五年蝉联最适合人类居住的国家，和企业与公民的环境意识及可持续发展的理念不无关系，也与挪先进的环保技术紧密相关。

（5）空间技术。挪威的空间工业重点有五个方面：卫星通信、卫星导航、地球观测、空间研究、基础设施。目前的航海、航空和航天皆是通过卫星导航。作为卫星导航解决方案的长期使用者和出口国，挪威在参与全球新的系统和设备的开发及测试方面占有独特的位置。挪威的空间企业积极参加了伽利略计划。资源规划、污染防治和海上交通监测是应用通过地球观测卫星采集数据诸多领域的几个方面，挪威是早期涉入这一领域的国家，即利用卫星雷达系统透过冬季的黑幕和厚厚的云层对石油泄漏与鱼群进行监测。挪威也是世界上对地球观测卫星数据进行创新和有效利用的领先国家之一。挪威的制造商和研究人员在欧洲空间局欧洲环境卫星项目中也扮演着一定的角色。该卫星上安装的 Kongsberg 等挪威公司的电子和光学设备用于对大气层的气体、冰盖及其运动、海风及海潮、石油泄漏、海平面及雨林变化等的测量和监测。欧洲空间局也愿意使用挪威公司的高科技产品。挪威 Nammo Raufoss 公司为 Ariane 5 号设计、研制并制造分离推进器。Prototec 公司为计划于 2007 年发射的天王星空间观测站设计及制造质量和热模型。Prototec 公司还为美国 AMC 15 号和 16 号卫星的通信有效负载（由阿尔卡特空间挪威公司生产）提供先进的轻型承载设备。另外，阿尔卡特空间挪威公司作为 Lockheed Martin 的分包商，为卫星提供先进的耦合信息处理器。挪威 Presens 公司与欧洲空间局签订了研制空间推进器系统的压力和温度传感器协议。

（6）金属冶炼技术。挪威金属冶炼技术，尤其是金属硅冶炼技术炉火纯青，全球生产的 50%左右的电脑中的硅片均产自一家挪威公司——埃肯公司。此外，挪威还可以生产世界上最高纯度的多晶硅。

（7）可再生能源。挪威在可再生能源的开发和使用上一直独领风骚。挪威水电生产列世界第 6 位，本国使用的 99%的电力来自水电，挪威的水电技术十分先进，犹以地下水电站见长，水电设备制造也一直独树一帜。此外，挪威还小规模使用风电和潮汐发电。挪威在太阳能研究方面也具有一定专长。

（8）信息通信技术。除上述所述卫星导航技术外，挪威在利用卫星进行无线移动通信方面也比较先进。挪威在通信软件开发方面也颇具特色，例如挪威 OPERA 软件公司设计的浏览器被用于国内通讯企业生产的手机上。

4. 芬兰

芬兰是世界上最具竞争力的国家之一。在 20 世纪 90 年代初遭遇经济危机后，芬兰政府进行了经济结构调整，坚持发展高科技，引导产业向信息化、知识化转型，增大了知识型经济在国民经济中所占比重，形成了森工造纸等传统产业与信息、节能技术等现代产业共同发展的格局。

（1）森工造纸业高度发达。截至 2017 年，芬兰的森林覆盖率全球第二，约为 80%，拥有丰富的林产资源，在木材加工、造纸、林业机械制造等领域具有世界领先水平，并以可再生、可回收和生物降解技术大量使用生物质能源。同时，芬兰是世界第二大纸张、纸板出口国（占世界出口量的 25%）以及第四大纸浆出口国。[①]

① 《芬兰：国家概况》，http：//cs. mfa. gov. cn/zggmcg/ljmdd/oz _ 652287/fl _ 653405/，2018 年 12 月 19 日。

（2）节能环保业技术超群。芬兰重视节能环保等可持续发展技术的研发，在能源效率、清洁工艺、水资源保护、废弃物处理和环境监测等方面的技术领先全球。生物能源开发和热电联产领域技术代表了国际最高水平。在全球观测数据利用技术领域也居世界领先地位。

（3）信息通信业实力雄厚。芬兰信息技术发达，以诺基亚为代表的一批信息通信和电子设备制造商不断发展壮大，已跻身世界信息通信强国行列。虽然近年来诺基亚全球最大手机设备制造商的地位不断受到苹果的强力冲击，但总体实力仍不可小觑。罗维奥（Rovio）公司开发的“愤怒的小鸟”是当下人气最旺的益智游戏。目前，芬兰信息通信产业约有 6 000 多家公司，产值约占芬兰 GDP 的 20%以上。

（4）高端机械制造业发达。芬兰是著名豪华游轮生产国，全球 10%的现役破冰船也系芬兰制造。此外，芬兰在电梯、升降机、船用发动机、安全门、制锁、气象探测技术、冶金技术等领域也具有世界一流水平。

（5）生命科技产业。生命科技与信息科技一样，一直被放在芬兰政府高技术计划最优先的地位。自 20 世纪 80 年代起，芬兰政府就开始重视对生命科技产业的投入，90 年代初，芬兰政府制定了加速发展生命科学技术的战略，加大了对生命科技研发的投入。现在芬兰已成为欧洲生命科技领先的国家，在诊断、生物制药、生物材料和工业酶等领域具有较强实力。

5.7.2　中国与北欧四国高技术产业贸易情况

1. 中国与北欧四国高技术产业贸易额及变动趋势

（1）丹麦。中国与丹麦 2001～2017 年的高技术产品贸易额如图 5－47 所示。从图 5－47 中我们可以看出，进出口贸易总额整体呈现波动上涨的态势，但在 2017 年有一个比较明显的下降。从进出口净额来看，中国对丹麦高技术产品的贸易差额呈现随时间剧烈波动的现象。2001～2004 年、2009 年以及 2013～2016 年中国对丹麦的进口额高于出口额，出现贸易逆差；2005～2008

年、2010～2012 年以及 2017 年中国对丹麦的进口额低于出口额，为贸易顺差。

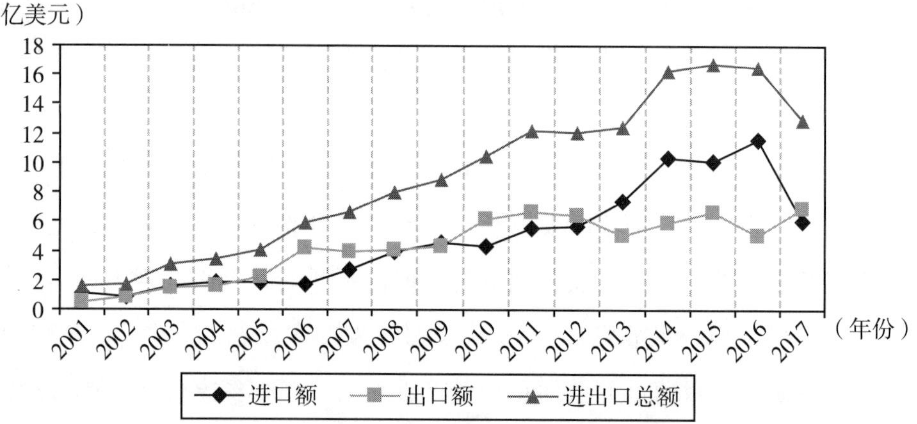

图 5—47 2001～2017 年中国与丹麦高技术产品贸易额

资料来源：UN Comtrade。

中国与丹麦 2001 年、2017 年高技术产品贸易类别及其占比如图 5—48 和图 5—49 所示。总的来看，中丹高技术产品贸易始终集中在科研仪器、电子通信设备、医药品设备、电子设备以及计算机和办公设备五大类之中。对比 2001 年与 2017 年中丹高技术产品贸易类别，我们可以发现主要的变化出现在科研仪器与医药品设备的贸易占比之间。在 2001 年，中丹科研设备贸易额以 45.26%的绝对优势占据了中丹高技术产品贸易总额的半壁江山，而医药品设备的贸易额只占了总贸易额的 10.93%；在 2017 年，中丹医药品设备贸易额以 31.54%的占比成为中丹高技术产品贸易的领头羊，而科研设备贸易占比仅为 25.01%，位居所有产品类别的第三位。从对丹麦高技术产业发展情况的分析可以得知，航运业和医疗工业是丹麦的支柱性产业。根据联合国商品贸易统计数据库贸易数据显示，中国自丹麦进口医药品设备的金额在 2001～2017 年的 17 年间有 9 年位居中国自丹麦进口的所有高技术产品之首，特别是 2010 年以来，中国进口医药品设备的金额呈现跨越式上升态势，由 2010 年的 1.89 亿美元上升到 2016 年的 8.29 亿美元，但是在 2017 年这一数额又断崖式下降到 2.75 亿美元，而这也正是前面提到的中丹进出口贸易总额在 2017 年出现明显下降的直接原因。

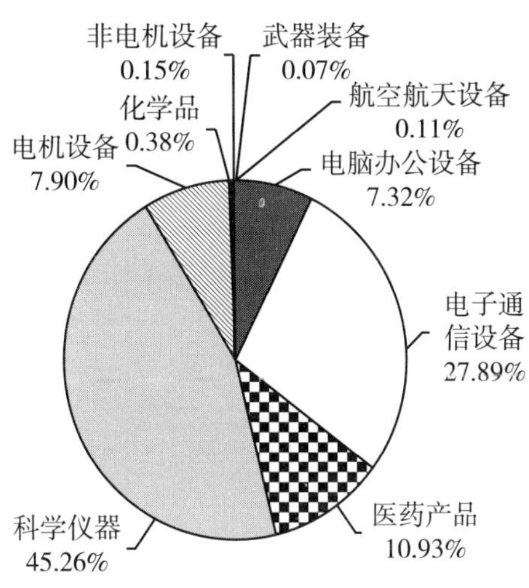

图 5—48　2001 年中丹高技术产品贸易类别

资料来源：UN Comtrade。

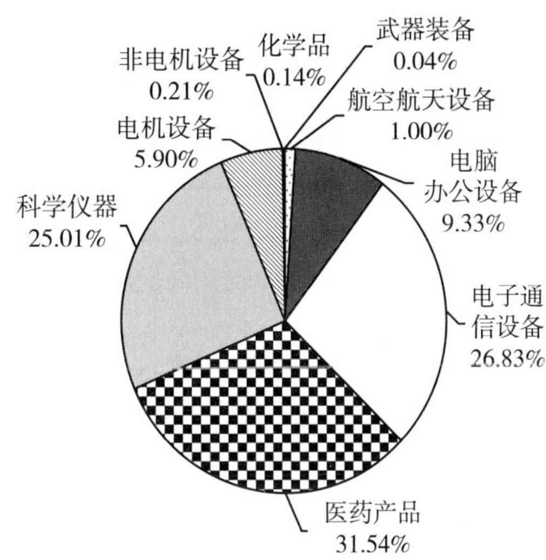

图 5—49　2017 年中丹高技术产品贸易类别

资料来源：UN Comtrade。

总的来说，中国与丹麦高技术产品贸易存在较大的发展空间，两国政府也愿意进一步加强经济交流合作，建立良好经贸关系。习近平总书记指出，发展健康、稳定、可持续的中丹全面战略伙伴关系，不仅符合我们各自国家的利益，也有利于推进中国—北欧合作和中欧关系全面发展。要以循环经济、节能环保、食品安全、农业科技、可再生能源利用、城镇化等领域为重点，开展高技术、高附加值的新型合作，积极探讨在“一带一路”框架内的合作领域和方式。丹麦首相拉斯穆森也表示，丹方愿意密切同中方在国际事务中沟通协调，加强在可持续发展等领域合作，共同维护全球自由贸易体制，推动欧中关系深入发展。①

（2）瑞典。中国与瑞典 2001～2017 年的高技术产品贸易情况如图 5—50 所示。与中丹贸易发展趋势类似，中瑞进出口贸易也整体呈现波动上涨的态势。从进出口净额来看，中国对瑞典高技术产品的贸易差额以 2006 年为分割点，由贸易逆差变为贸易顺差。在 2001～2005 年间，中瑞高技术贸易虽然始终为贸

① 王晓易：《中丹要开展高技术高附加值合作》，http：//news.163.com/17/0505/01/CJKRR468000187VI.html，2017 年 5 月 5 日。

易逆差，但差额不断缩小，直到 2006 年逆转成为顺差；而在 2006 年到 2017 年间，中瑞高技术贸易顺差额出现先增大后减小的现象，在 2010 年达到顶峰，但在 2016 年和 2017 年差额已经十分微小。

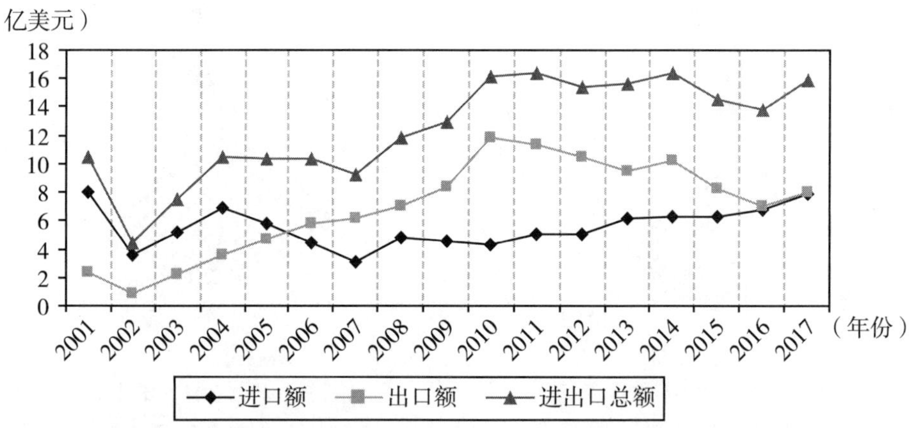

图 5－50　2001～2017 年中国与瑞典高技术产品贸易额

资料来源：UN Comtrade。

中国与瑞典 2001 年和 2017 年高技术产品贸易类别及其占比如图 5－51 和图 5－52 所示。总的来看，中瑞高技术产品贸易类别变化十分明显。在 2001 年，中瑞高技术产品贸易的绝大多数贸易额由电子通信设备构成，总占比 84.86%。单从出口或进口方面来看，这一结论也都成立。中国自瑞典进口电子通信设备金额占中国进口瑞典高技术产品贸易额的 85.15%，中国向瑞典出口电子通信设备金额占中国出口瑞典高技术产品贸易额的 83.89%；而在 2017 年，这一情况出现了很大的变化，中瑞高技术产品贸易不再局限于电子通信设备的单种类贸易，而是同时在科学仪器、医药产品、电机设备、电脑办公设备以及非电机设备领域中有了长足发展。具体来说，中瑞电子通信设备贸易额仍然占据中瑞高技术产品贸易的第一位，但其占比已经下降到 37.52%；其次为科学仪器，占比 21.43%；三到五位的是医药产品、电机设备以及电脑办公设备，分别占比 13.08%、10.88%和 10.51%。由一枝独秀到百花齐放，说明中国与瑞典高技术产品贸易的蓬勃发展，也展示出了中瑞在高技术产品领域的更多合作可能。

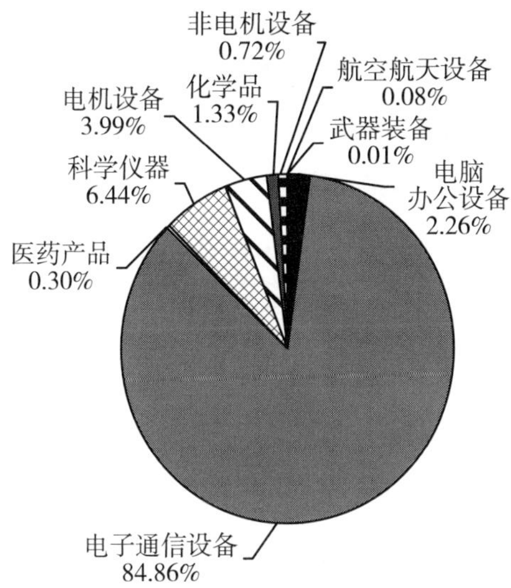

图5—51　2001年中瑞高技术产品贸易类别

资料来源：UN Comtrade。

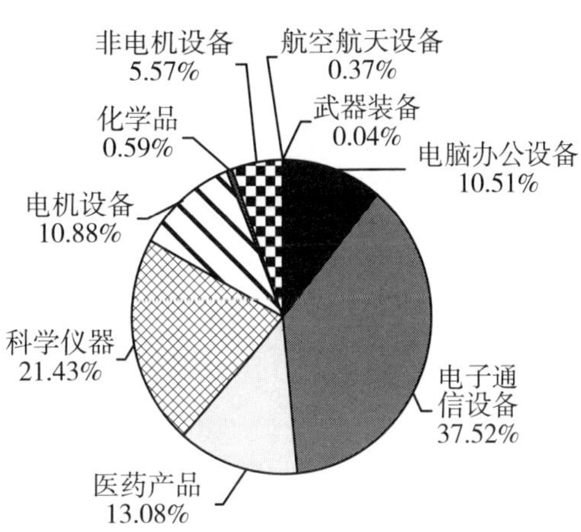

图5—52　2017年中瑞高技术产品贸易类别

资料来源：UN Comtrade。

（3）挪威。中国与挪威2001～2017年的高技术产品贸易情况如图5—53所示。中挪高技术产品贸易从整体趋势来看可以分为两个阶段，第一个阶段为2001～2011年，贸易总额呈现直线上涨态势，从2001年的0.51亿美元增加到

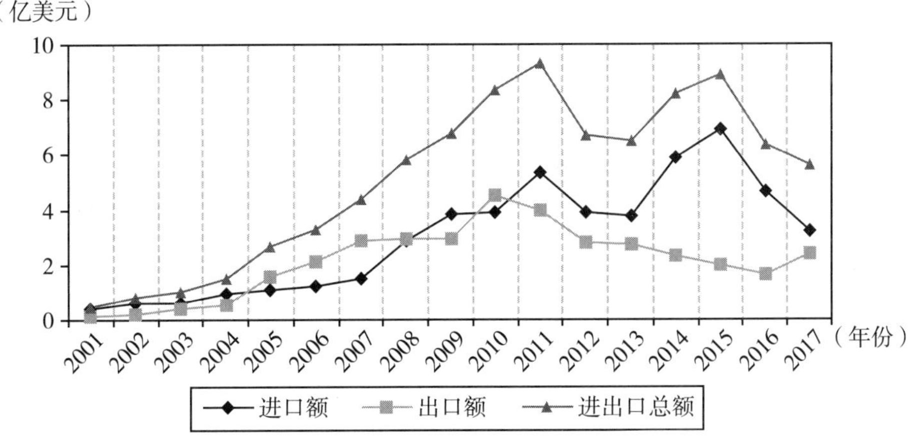

图5—53　2001～2017年中国与挪威高技术产品贸易额

资料来源：UN Comtrade。

2011 年的 9.30 亿美元，涨幅高达 17 倍；第二个阶段为 2012～2017 年，贸易额发展趋势为波动下降，到 2017 年中挪高技术产品贸易总额已经下降到 5.62 亿美元。从进出口净额来看，中国对挪威高技术产品的贸易差额在 2011 年前呈现波动状态，在贸易顺差和贸易逆差之间不停转换；然而自 2011 年起到 2017 年，中挪高技术产品贸易始终为贸易逆差状态，且在 2015 年达到顶峰。

中国与挪威 2001 年和 2017 年高技术产品贸易类别及其占比如图 5－54 和图 5－55 所示。总的来看，中挪高技术产品贸易类别众多，几乎所有高技术产品领域都有所涉及。其中，始终占据优势地位的是科学仪器和电子通信设备，在 2001 年分别以 30.21％和 31.28％的占比占据前两位，在 2017 年占比略有下降（27.72％和 25.44％），但仍然为贸易额最高的两个产品类别。从变化的角度来看，一方面，2017 年医药产品以 4.91％的占比成为中挪高技术产品贸易的新兴领域。中挪医药产品贸易变化主要是由中国从挪威进口额的增长所导致。这一变化是从 2007 年开始萌芽，在 2007～2017 年不断发展成为中挪高技术产品贸易领域的一个重要方面。另一方面，航空航天设备贸易额从 2001 年只占 2.78％发展到 2017 年占比高达 14.4％。

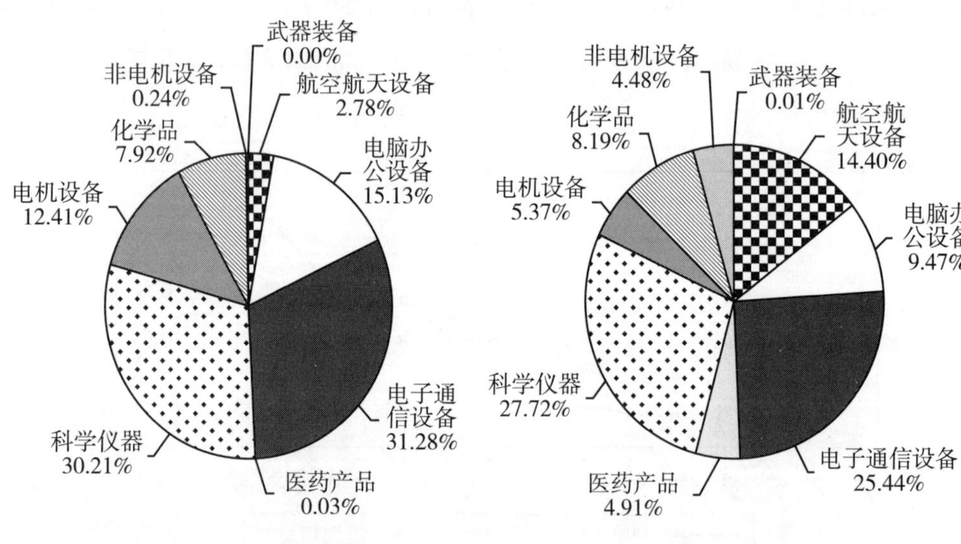

图 5－54 2001 年中挪高技术产品贸易类别

资料来源：UN Comtrade。

图 5－55 2017 年中挪高技术产品贸易类别

资料来源：UN Comtrade。

综上所述，我们可以发现，中挪高技术产品贸易涉及领域众多，但贸易额在近几年呈下降态势。为了更好地利用中挪高技术产品领域的互补性，我们应进一步加强中挪贸易合作，扭转贸易下跌趋势，实现两国共同发展。

（4）芬兰。中国与芬兰 2001～2017 年的高技术产品贸易情况如图 5－56 所示。与北欧四国中其他三国都有所不同，中国与芬兰高技术产品进出口贸易在 17 年间呈现波动的凹字形发展态势。从进出口总额来看可以分为三个阶段：第一个阶段为 2001～2008 年，中芬高技术贸易总额整体呈发展上升趋势，只在 2002 年有一个短暂的下滑；第二个阶段为 2008～2012 年，贸易额出现先减少后增多的变化趋势，变化前后 2008 年和 2012 年的高技术贸易额差距不大；第三个阶段为 2012～2017 年，中芬高技术贸易额逐年下降，直到 2017 年进出口总额已经降到除 2002 年以外 17 年间的最低水平。如果考虑通货膨胀因素，2017 年中芬高技术贸易总额应该是 2001～2017 年间的最低水平。分别从进口和出口角度来看，中国自芬兰进口高技术产品的数额在 17 年间始终处于一个较为平稳的低水平，并没有很大变化；而中国向芬兰出口高技术产品的发展趋势与中芬高技术产品贸易总额发展趋势基本一致。从贸易差额的角度来看，中芬高技术产品贸易只在 2001 年和 2002 年出现贸易逆差，其后的 15 年均为贸易顺差。在 2003～2014 年，中芬高技术贸易顺差额始终保持在一个较高的水平，然而自 2015 年开始，由于中国向芬兰出口额的大幅度下降，贸易顺差也急剧

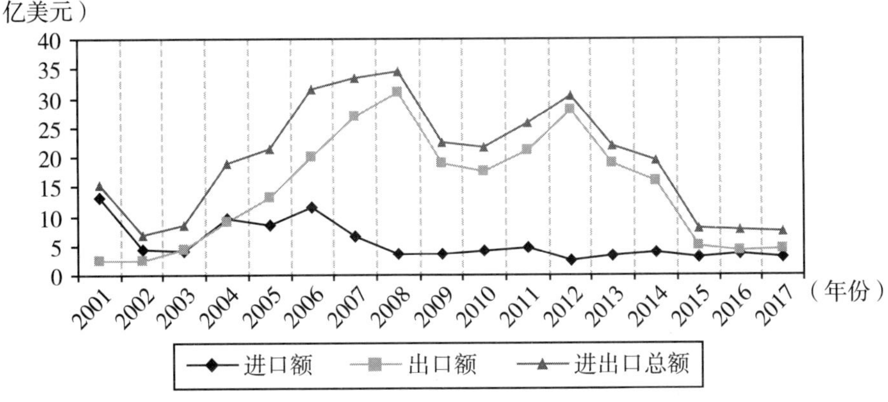

图 5－56　2001～2017 年中国与芬兰高技术产品贸易额

资料来源：UN Comtrade。

缩小接近于0。

中国与芬兰2001年和2017年高技术产品贸易类别及其占比如图5—57和图5—58所示。与中瑞高技术产品贸易类似，中芬高技术产品贸易类别变化也十分明显。在2001年，中芬高技术产品贸易的绝大多数贸易额由电子通信设备构成，总占比86.33%，其次为科研仪器以及电脑办公设备，分别占比6.18%和5.30%。到2017年，中芬高技术产品贸易所涉及的领域及其贸易额出现了较大的变化，在科学仪器、电机设备以及电脑办公设备领域的贸易额急剧增长，构成了新的高技术贸易结构。其中，处于首位的仍然是电子通信设备，但不再具有绝对优势，占比仅为34.42%；科学仪器贸易额的增长最为显著，占高技术贸易总额的33.50%，以不到1%的微弱劣势位居第二；占据第三位和第四位的是电脑办公设备以及电机设备，分别占比14.94%和12.87%。

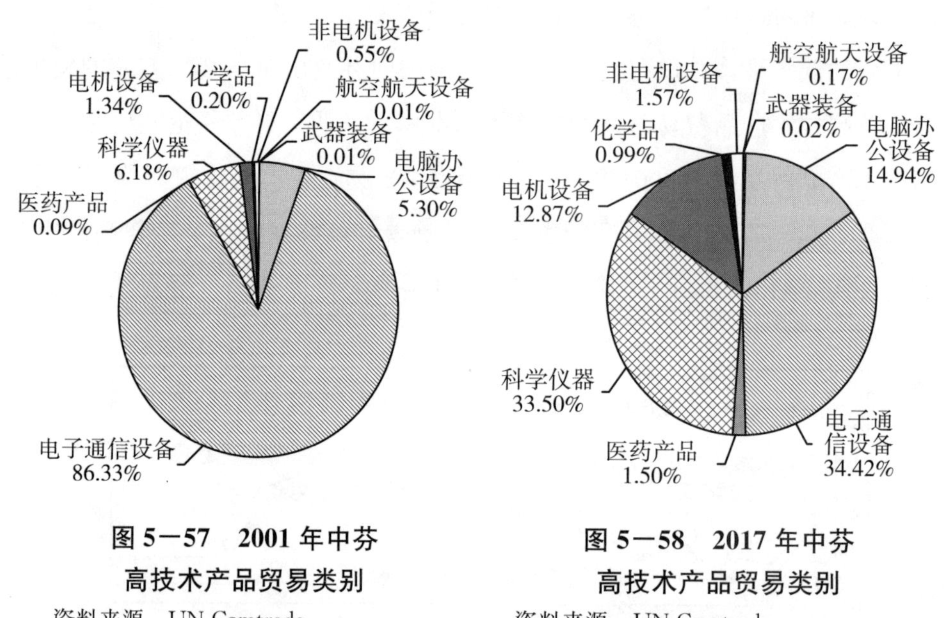

图5—57 2001年中芬高技术产品贸易类别

资料来源：UN Comtrade。

图5—58 2017年中芬高技术产品贸易类别

资料来源：UN Comtrade。

(5) 北欧四国的对比分析。上述报告了中国与丹麦、瑞典、挪威和芬兰高技术产品贸易的基本情况，接下来对中北欧四国的贸易情况进行综合对比分析。中国与北欧四国在2001～2017年间高技术产品贸易总额的对比如图5—59

所示。可以看到，在 2001～2014 年 14 年间，北欧四国中与中国进行高技术贸易数额最大的始终是芬兰。特别是在 2004～2008 年，中国与芬兰高技术产品贸易额比中国与其他三国的高技术产品贸易总额还要多。然而，中国与芬兰的高技术产品贸易虽然数额较大，但是稳定性较差，并且自 2012 年开始便不断下降，直到 2015 年被丹麦和瑞典后来居上实现反超。中国与挪威的高技术产品贸易始终处于弱势地位，除 2015 年以微弱优势超过芬兰位居第三外，17 年间始终在中国与北欧四国的高技术产品贸易中处于最后一位。

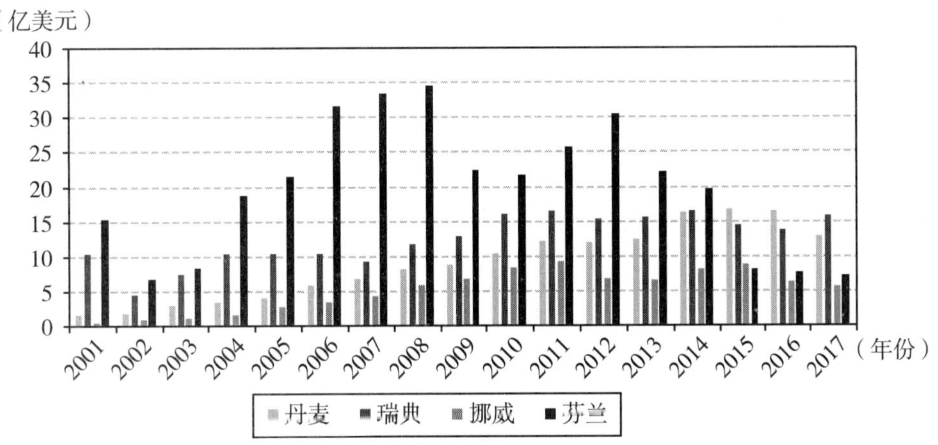

图 5－59　2001～2017 年中国与北欧四国高技术产品贸易额对比

资料来源：UN Comtrade。

中国与北欧四国在 2001～2017 年的高技术产品贸易总额的变化趋势如图 5－60 所示。从进出口总额的角度来看，中国与北欧四国的高技术产品贸易先增后减，并且呈现不断波动的状态。分别从进口和出口角度来看，中国自北欧四国进口高技术产品的数额在 17 年间始终处于一个较为平稳的水平，变化不大；而中国向北欧四国出口高技术产品的发展趋势与技术产品贸易总额发展趋势基本一致。从贸易差额的角度来看，中国与北欧四国高技术产品贸易呈现逆差—顺差的循环波动趋势：2001～2004 年、2015～2016 年为贸易逆差，2005～2014 年以及 2017 年为贸易顺差。

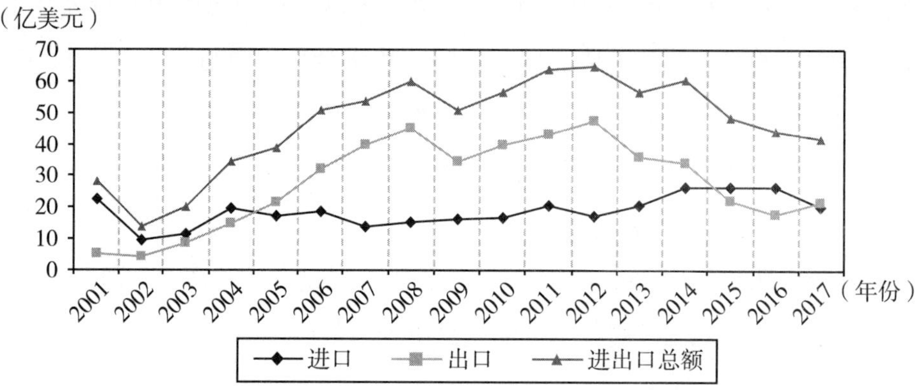

图 5－60　2001～2017 年中国与北欧四国高技术产品贸易总额

资料来源：UN Comtrade。

在了解中国与北欧四国高技术产品贸易发展状况的基础上，还应进一步分析其在中国总体高技术产品贸易中的地位。2001～2017 年中国与北欧四国高技术产业贸易占中国高技术贸易总额的比例如图 5－61 所示。从图中我们可以看出，中国与北欧四国高技术产品贸易占中国高技术贸易总额的比例呈现逐年下降的趋势，其原因可能在于 2001 年中国加入世贸组织后，贸易环境大大改善，贸易对象选择增多，因此在与世界各国的高技术贸易总额大规模增加的同时，中国与北欧四国的贸易额不增反减，最终导致占比在 2002 年出现大幅度下降。

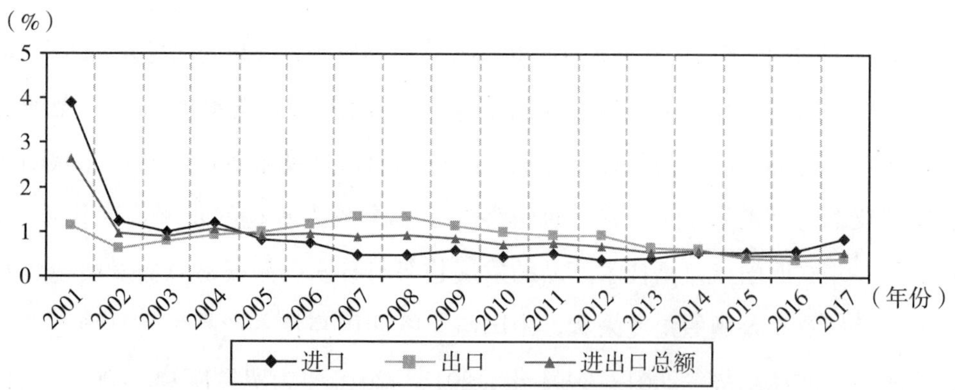

图 5－61　2001～2017 年中国与北欧四国高技术贸易占中国高技术产品贸易总额比例

资料来源：UN Comtrade。

在接下来的 16 年中，中国与北欧四国高技术产品贸易额不断上升，但其上升的速度始终慢于中国高技术产品贸易总额的增长速度，因而占比仍然在下降。

虽然中国与北欧四国的高技术产品贸易占中国高技术贸易总额的比例在不断下降，但不同类型的高技术产品贸易额占比情况存在一定的差异。图 5－62 和图 5－63 分别统计了 2001 年和 2017 年中国与北欧四国各类型高技术产品的贸易占比。2001 年中国与北欧四国高技术产品贸易最具优势的为电子通信设备，其贸易额占比为 4.43%，远远超过第二位的科学仪器（2.65%）。2017 年中国与北欧四国电子通信设备贸易额占比下降到了 0.42%，而中国与北欧四国

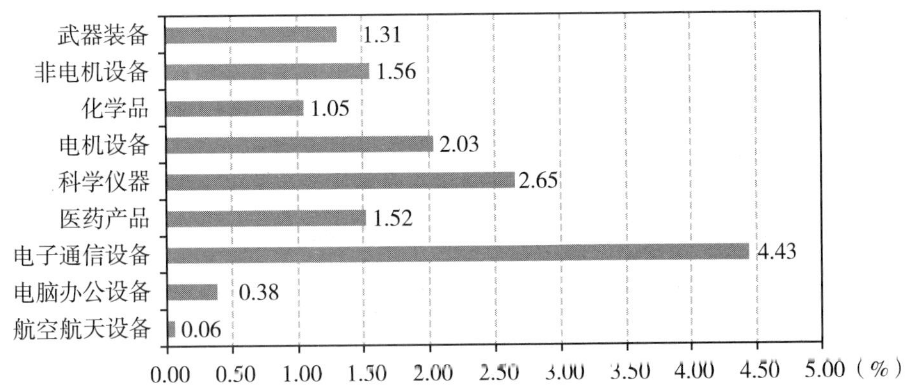

图 5－62　2001 年中国与北欧四国高技术产品贸易占比

资料来源：UN Comtrade。

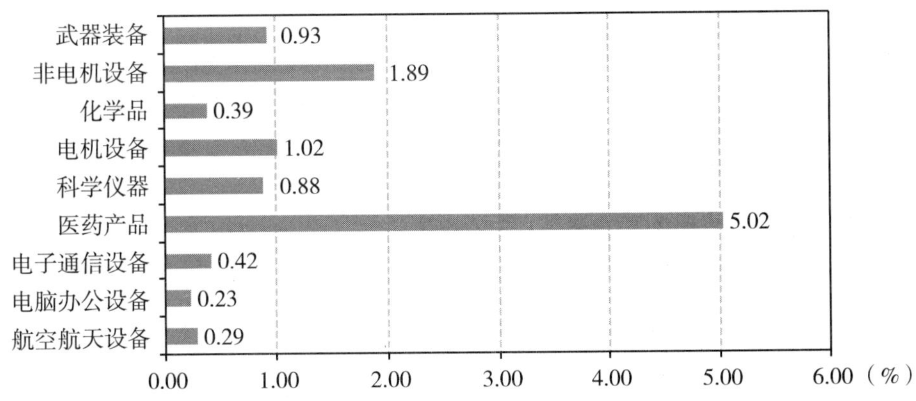

图 5－63　2017 年中国与北欧四国高技术产品贸易占比

资料来源：UN Comtrade。

医药产品贸易额占中国医药产品贸易总额的比例上升到了 5.02%，成为中国与北欧四国最具贸易潜力的高技术产业。

2. 中国与北欧四国高技术产业显性比较优势分析

2001～2017 年中国与北欧四国高技术产品的显性比较优势指数如图 5－64 所示。从图中我们可以看出，中国在 17 年间高技术产业总体显性比较优势指数呈上升态势，2001 年只有 1.01 的中度国际竞争力，到 2011 年发展到 1.92 的较强的国际竞争力，此后始终保持接近 2.0 的高技术产业比较优势强度。

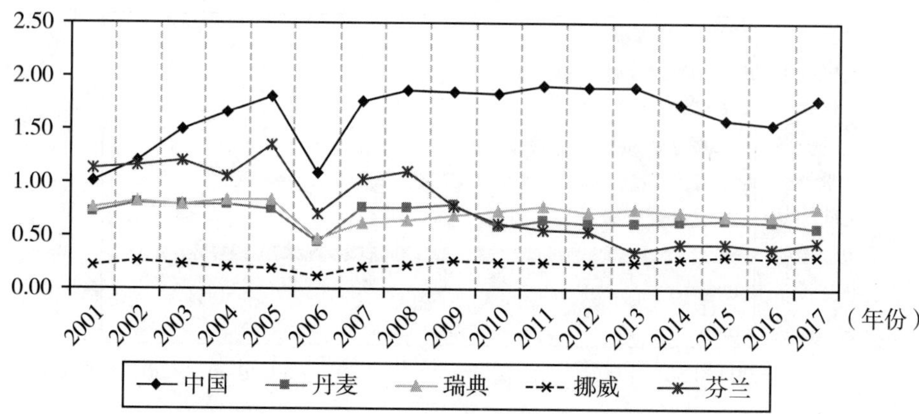

图 5－64 2001～2017 年中国与北欧四国高技术产品显性比较优势指数

资料来源：UN Comtrade。

2017 年中国和北欧四国在不同行业的比较优势指数如图 5－65 所示。从具体细分行业来看，中国在不同的高技术行业的比较优势存在较大差异：电脑办公设备行业、电子通信设备行业、科学仪器行业、电机设备行业以及化学品行业属于中国具有显性比较优势的行业，其中在电脑办公设备行业中具有极强的竞争力（RCA>2.5）；航空航天设备行业、医药产品行业、非电机设备行业和武器装备行业属于中国产业竞争力极弱的行业，其显性比较优势指数均小于 0.8。与中国相比，北欧四国总体高技术产业显性比较优势指数相对较低，但在具体细分行业上与中国存在互补性。中国相比北欧四国在电脑办公设备行业、电子通信设备行业和电机设备行业均存在绝对的竞争优势，在航空航天设备行业和武器装备行业均存在明显的贸易劣势。对于其余几个行业而言，中国竞争优势处于中等地位。在医药产品行业中，丹麦和瑞典均存在极强的竞争优势；在科学仪器行业中，芬兰和丹麦的显性比较优势指数均略大于中国；在化学品行业中，挪威表现出相比中国更强的竞争实力；在非电机设备行业中，瑞典以 3.59 的显性比较优势指数一骑绝尘，远远超过中国与其他三个北欧国家。

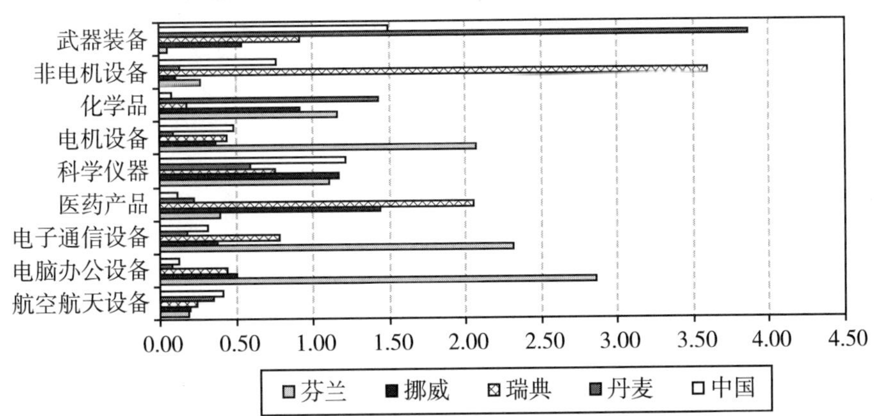

图 5－65　2017 年中国与北欧四国高技术产品显性比较优势对比

资料来源：UN Comtrade。

总之，北欧四国作为具有独特科技优势的国家，也是中国重要的高技术产品贸易伙伴。因此，为了进一步促进高技术产业健康持续发展、提高产品价值、增强创新能力，中国不仅应加强与美国、英国等创新大国的交流合作，也应促进与如北欧四国这样创新能力较强、在部分高技术产业中存在特殊优势的国家之间的贸易往来，充分利用各国技术优势，完成劳动力驱动发展向创新驱动发展的经济结构转型。

第 6 章

技术距离与高技术产品贸易

本章在梳理技术距离对高技术产品贸易影响理论机制的基础上，从专利申请量、研发支出占比、R&D 研究人员数量和科研期刊文章数量四个指标测算了中国与主要国家（地区）之间的技术距离，并从技术距离对世界和中国高技术产品贸易影响两个方面进行实证检验。结果显示，一方面，技术距离显著地促进世界高技术产品进出口贸易，相对成本差异是技术距离影响世界高技术产品贸易的中介因素。另一方面，技术距离也有助于促进中国高技术产品的进口和出口，技术距离能够显著地促进出口扩展边际、出口数量边际以及进口扩展边际，而对出口价格边际和进口数量边际、进口价格边际的影响不显著。

随着世界经济的飞速发展，科技创新已成为国家竞争力的重要因素。2012 年 2 月美国发出《国家先进制造战略规划》，2013 年 4 月德国提出《工业 4.0 攻略》，2015 年 3 月中国通过《中国制造 2025》，世界各国正在将发展高端制造业作为国家重要发展战略。为实现《中国制造 2025》制造业强国的战略目标，通过提高制造业的创新能力、产品质量，实现中国从全球价值链低端向高端的飞跃，实现制造业大国向制造业强国的转变，发展高技术产业至关重要。

高技术产业是知识和技术密集的产业，高技术产品贸易是国家经济实力、创新能力和国际竞争力的重要体现。OECD 将高技术产品界定为九类，包括航空航天设备、电脑办公设备、电子通信设备、医药产品、科学仪器、电机设备、非电机设备、化学品和武器装备。按照OECD的分类标准，2007年中国高技术产品进出口贸易总额5 973亿美元，超过美国的5 377亿美元成为世界第一大高技术产品贸易国，并持续保持世界第一的位置，2016年中国的高技术产品贸易额达到9 494亿美元，远远超过美国的5 961亿美元。

由于高技术产业是高技术密集、创新驱动的产业，本章将重点关注多种国家距离因素中技术距离的影响。技术距离是指国家之间的技术水平差距。技术距离对贸易的影响机制比较复杂，部分学者认为技术距离具有壁垒效应，作为贸易壁垒中的一种，技术距离将增加两国之间的贸易成本，从而抑制贸易往来；部分学者则认为技术距离具有互补效应，技术落后的国家为了学习和吸收先进技术，将扩大高技术产品进口，用一种低成本的方式来获得技术溢出。随着全球经济的高速发展，国家间的竞争已转化为科技的竞争，世界经济已进入高质量发展阶段，科技水平已成为各国经济贸易发展的关键。技术距离对国际贸易的影响尚未明确，高技术产业作为技术最密集的行业，更应该明确技术差距对高技术贸易的影响，从而在开展高技术产品贸易的过程中有所遵循。

本章首先实证研究了技术距离如何影响高技术产品贸易，发现技术距离将显著促进高技术产品出口额、进口额以及进出口总额。这与部分学者的实证结果相反（C. Filippini et al.，2004；罗来军等，2014）。为解释技术距离对高技术产品贸易的作用，本章将引入相对劳动成本作为中介因素。根据李嘉图的比较优势理论，国家之间的技术水平差异引起相对生产率水平和相对工资水平的差异，而相对生产率和相对工资水平差异形成了一国的比较优势，进而成为推动国际贸易开展的根本原因。因此，技术距离通过影响两国间的相对劳动成本促进贸易。因此，本章通过建立包含相对劳动成本差异的中介效应模型，检验技术距离通过扩大两国相对劳动成本差异获得比较优势，从而促进两国的高技术产品贸易出口额、进口额以及进出口总额。

此外，为解释技术距离对中国高技术产品贸易的作用，本章选择了2000～2016年中国与54个国家（地区）之间的高技术产品贸易，首先通过实证分析得到中国与不同国家（地区）间的技术距离对中国高技术产品进出口贸易规模的影响，其次为分析其影响机制，本章测算中国高技术产品进口和出口三元边际，并实证检验技术距离如何影响中国高技术产品贸易三元边际。

6.1 技术距离影响高技术产品贸易的理论机制

6.1.1 技术距离影响高技术产品贸易的相关文献

技术距离对贸易的影响机制比较复杂，有学者认为技术距离会促进贸易，也有学者认为技术距离会抑制贸易。杰夫（A. B. Jaffe，1986）在研究企业的技术溢出效应时首次提出技术距离的概念，他认为企业、行业或国家间的技术距离是以他们所拥有的专利组合与专利类型所测度的技术位置来衡量的。菲利普等（C. Filippini et al.，2003）第一个将技术距离引入引力模型研究其对贸易的影响，用三个指标的平均值来测度技术距离（中高技术产品出口占比与世界中高技术出口占比的比值；电力消耗、电话普及和网络使用的均值；中高等教育入学率和识字率的均值），结果发现技术距离会抑制双边贸易。斯坦因等（N. V. Stein et al.，2015）认为技术距离会影响合作伙伴之间的知识获取和吸收，也同样采取专利的近似性来测度技术水平。罗来军等（2014）和傅帅雄等（2017）用研发人员占比来衡量两国间的技术距离，对贸易进出口总量、进口量和出口量分别进行回归，他们发现技术距离对贸易的抑制作用超过了促进作用，技术差距越大，两国间的进出口规模、进口规模和出口规模都更小。易靖涛等（2016）和邱立成等（2017）从企业层面探讨了技术距离对企业间技术溢出的影响，他们认为技术差距越大表明行业内不同企业间的技术水平差距越大，技术溢出过程中知识的认知和吸收能力有限，通过学习、消化再创造新技术的成本太高，效果有限，因此技术差距越大对企业之间的商贸往来越不利。杨晨等（2017）在对服务贸易的影响因素分析中，用专利申请量来衡量各国的技术水平，实证结果发现，技术距离对国际服务贸易有显著的促进作用。方慧等（2017）用研发投入来测度一国的技术水平，在多维度的国家距离视角下分析了中国与“一带一路”沿线国家（地区）的贸易和投资，结果发现技术差距能够促进国家间的出口倾向。王庆喜等（2014）在研究中国各省份间的贸易时，发现技术距离的影响不显著。

6.1.2　技术距离影响高技术产品贸易的理论阐述

技术距离是指两国在技术水平上的差距。技术距离对贸易的影响机制比较复杂，有学者认为技术距离会促进贸易，也有学者认为技术距离会抑制贸易。

一方面，技术距离具有壁垒效应，可能会抑制贸易。正如赫尔普曼（Helpman，1987）得到的结论，相似的国家的贸易往来更加密切。技术距离作为贸易壁垒中的一种，可能成为一种贸易成本，抑制两国之间的贸易往来。技术先进的国家可能因为产品技术含量的要求减少对技术落后国家的进口，技术先进的国家也有可能为了保持比较优势，限制其他国家的高技术产业发展而限制出口；技术落后的国家由于难以达到技术要求或难以适应高技术产品的使用而减少向技术先进国家的进口。

另一方面，技术距离具有互补效应，可能会促进贸易。首先，根据李嘉图比较优势理论，两国间的技术差异导致两国间的相对工资水平和相对生产率差异，相对生产率的差异带来的比较优势直接导致两国间的国际贸易，因此，技术距离可以通过提高两国间的劳动生产率差异从而促进两国间的高技术产品贸易。其次，由于激励作用，技术距离越大，技术落后的国家为了模仿和吸收先进技术、获得先进技术和高质量产品而扩大进口，以一种低成本的渠道来获得先进技术的外溢效应，从而在追赶高技术国家的过程中扩展生产可能性边界。现在很多发展中国家能够在某些高技术产业超过发达国家就是通过这种高技术资源进口中的技术积累获得的（M. Bell et al.，1997）。此外，技术先进的国家可能由于技术落后国家的产品价格更低而扩大进口，将进口的较低价格的高技术产品用于加工生产或消费，从而将更多的资源用于研发和创新。

6.2 中国与世界主要国家技术距离的测度与分析

技术水平的高低直接决定着一国制造业在全球价值链中的地位，技术差距的存在使得低技术水平的国家倾向于向高技术水平的国家进口商品以获得先进技术，而高技术水平的国家为保护本国的先进技术设置各种贸易壁垒。技术距离可以采取多种指标进行衡量，如研发支出、研发人员数量、专利申请数量、高等院校数量、科研机构数量等。本节根据世界银行公开数据库（World Bank Open Data）数据，主要选择专利申请量、研发支出占比、R&D研究人员数量和科研期刊文章数量四个指标衡量一国技术水平，从两国间四种指标的差距作为衡量两国间技术距离的指标。

6.2.1 专利申请量

专利申请是指在世界范围通过《专利合作条约》程序或向国家专利部门提交的专利申请，目的是对一项发明（即提供一种新的做事方法或对某个问题提供一种新的技术解决方案的产品或程序）拥有专有权。专利权在有限的期限内为专利所有者的发明提供保护，一般为20年。专利申请量在一定程度上反映了一国的创新和技术水平。

2000年中国的专利申请量为25 346件，在所选的82个国家（地区）中排名第五，排名第一的为日本384 201件，其次为美国164 795件、韩国72 831件以及德国51 736件。从表6—1可以看出，与中国技术距离最大的除了4个发达国家，其他都是发展中国家，如埃塞俄比亚、巴拿马、厄瓜多尔等；与中国技术距离最小的是俄罗斯，其他国家大多是欧洲国家，如英国、法国、意大利等。到2016年，中国的专利申请量为1 204 981件，在所选择的82个国家（地区）中排名第一，其次是美国295 327件、日本260 244件及韩国163 424件。与中国技术距离最大的10个国家基本都是发展中国家，如巴林、哥斯达黎加、加纳、多米尼加等，其专利申请量基本为个位数；而与中国技术距离最小的国家都为发达国家，如美国、日本、韩国、德国、俄罗斯等。可以看出，2000～2016 年中国的专利申请量有很大的增长，中国与世界其他国家（地区）间的技术距离也有很大的变化。

表 6—1　　专利申请量测算的中国与其他国家（地区）间的技术距离

2000 年				2016 年			
国家（地区）	距离（件）	国家（地区）	距离（件）	国家（地区）	距离（件）	国家（地区）	距离（件）
日本	358 855	芬兰	22 767	巴林	1 204 975	土耳其	1 198 751
美国	139 449	西班牙	22 636	哥斯达黎加	1 204 972	意大利	1 196 133
韩国	47 485	巴西	22 167	加纳	1 204 967	印度	1 191 782
德国	26 390	加拿大	21 159	多米尼加	1 204 965	英国	1 191 105
埃塞俄比亚	25 343	瑞典	21 122	卡塔尔	1 204 965	法国	1 190 775
巴拿马	25 339	乌克兰	19 726	约旦	1 204 959	俄罗斯	1 178 186
厄瓜多尔	25 336	意大利	17 469	爱沙尼亚	1 204 952	德国	1 156 501
巴拉圭	25 335	法国	11 476	厄瓜多尔	1 204 936	韩国	1 041 557
爱沙尼亚	25 333	英国	3 296	巴拿马	1 204 913	日本	944 737
马耳他	25 323	俄罗斯	1 969	秘鲁	1 204 909	美国	909 654

资料来源：世界银行公开数据库。

6.2.2　研发支出占比

研发支出是指系统性创新工作的经常支出和资本支出（国家和私人），其目的在于提升知识水平，包括人文、文化、社会知识，并将知识用于新的应用。研发支出包括基本研究、应用研究和实验开发。研发支出占比测算的是一国研发支出占该国 GDP 的比重，在一定程度上反映了该国对科学技术研发活动的投入力度。

2000 年中国的研发支出占比仅为 0.896%，在所选的 82 个国家（地区）中排名第 27 位，排名第一的为以色列 3.93%，以及芬兰 3.252%、日本 2.904%、美国 2.617%、德国 2.388%。研发支出最小的国家为印度尼西亚（0.068%），以及秘鲁（0.112%）和科威特（0.125%）。从表 6—2 可以看出，与中国技术距离较大的国家有以色列、芬兰、日本、美国、瑞士等；与中国技术距离最小的是塞尔维亚，其他国家还有西班牙、乌克兰、匈牙利和巴西。到 2015 年，中国的研发支出占比达到 2.066%，在所选择的 82 个国家（地区）中排名第 14 位，排名靠前的国家有以色列 4.266%、韩国 4.228%、日本 3.284%、瑞典 3.263%；排名靠后的国家（地区）有秘鲁 0.117%、巴拉圭 0.129%、中国澳门 0.133%。从表 6—2 可以看出，与中国技术距离最大的国家（地区）为以色列、韩国、秘鲁、巴拉圭、中国澳门等；而与中国技术距离最小的国家（地区）都为荷兰、捷克、斯洛文尼亚、法国和英国等。可以看出，2000～2015 年中国的研发支出占比有较大提高，但是其比例仍处于世界平均水平，因此，以研发支出占比测算的中国与其他国家（地区）间的技术距离，差距最大的既有世界研发支出占比排名领先的国家（地区）也有排名落后的国家（地区）。

表 6—2　研发支出占比测算的中国与其他国家（地区）间的技术距离

2000 年技术距离				2015 年技术距离			
国家（地区）	距离（%）	国家（地区）	距离（%）	国家（地区）	距离（%）	国家（地区）	距离（%）
以色列	3.035	葡萄牙	0.172	以色列	2.201	美国	0.728
芬兰	2.356	俄罗斯	0.154	韩国	2.163	匈牙利	0.688
日本	2.008	印度	0.153	秘鲁	1.948	爱沙尼亚	0.571
美国	1.721	克罗地亚	0.150	巴拉圭	1.936	比利时	0.391
德国	1.492	意大利	0.109	中国澳门	1.933	英国	0.363
瑞士	1.430	巴西	0.105	哈萨克斯坦	1.896	法国	0.166
韩国	1.285	匈牙利	0.103	哥伦比亚	1.824	斯洛文尼亚	0.146
法国	1.182	乌克兰	0.067	巴基斯坦	1.820	挪威	0.133
比利时	1.028	西班牙	0.010	阿曼	1.819	捷克	0.117
奥地利	0.996	塞尔维亚	0.003	智利	1.681	荷兰	0.052

资料来源：世界银行公开数据库。

6.2.3　R&D研究人员数量

R&D研究人员是指参与新知识、新产品、新流程、新方法或新系统的概念成形或创造，以及相关项目管理的专业人员，包括参与R&D的博士研究生。此处的研究人员测算的是一国（地区）每百万人中的R&D研究人员人数，反映了一国（地区）投入研发活动的人力资源，在一定程度上能够反映该国（地区）的技术水平。

2000年中国的每百万人中研发人员仅有547人，在所选的82个国家（地区）中排名第33位，排名靠前的为芬兰6 731人、日本5 151人、新加坡4 245人、卢森堡3 773人。研发人员最少的国家有巴拿马94人、哥伦比亚99人、印度110人、斯里兰卡135人、科威特167。从表6—3可以看出，与中国技术距离较大的国家（地区）有芬兰、日本、新加坡、卢森堡和瑞士等。与中国技术距离最小的是巴西，其他国家（地区）还有阿根廷、土耳其、乌拉圭、马来西亚等。到2015年，中国每百万人中研发人员的人数增加到1 176人，在所选择的82个国家（地区）中排名下降至第37位，排名靠前的国家（地区）有丹麦7 483人、韩国7 087人、瑞典7 021人、芬兰6 816人等。排名靠后的国家（地区）有巴拉圭184人、阿曼202人、印度215人等。从表6—3可以看出，与中国技术距离最大的国家（地区）为丹麦、韩国、瑞典、芬兰、挪威等；而与中国技术距离最小的国家（地区）为中国澳门、乌克兰、罗马尼亚、泰国等。可以看出，2000～2015年中国的研发人员数量有一定提高，但是仍处于世界较低水平，因此，以研发人员数量测算的中国与其他国家（地区）间的技术距离，差距最大的基本都是世界研发人员人数较多的国家（地区）。

表 6—3 研发人员数量测算的中国与其他国家（地区）间的技术距离

2000 年技术距离				2015 年技术距离			
国家（地区）	距离（人）	国家（地区）	距离（人）	国家（地区）	距离（人）	国家（地区）	距离（人）
芬兰	6 185	斯里兰卡	412	丹麦	6 307	智利	721
日本	4 604	科威特	379	韩国	5 911	拉脱维亚	657
新加坡	3 698	罗马尼亚	378	瑞典	5 845	乌拉圭	652
卢森堡	3 226	印度尼西亚	335	芬兰	5 640	突尼斯	611
瑞士	3 096	墨西哥	331	挪威	4 739	阿拉伯埃及	497
加拿大	2 967	马来西亚	273	日本	4 054	克罗地亚	325
美国	2 928	乌拉圭	270	卢森堡	3 882	泰国	302
俄罗斯联邦	2 912	土耳其	182	奥地利	3 778	罗马尼亚	282
澳大利亚	2 907	阿根廷	166	比利时	3 699	乌克兰	171
德国	2 601	巴西	127	爱尔兰	3 399	中国澳门	132

资料来源：世界银行公开数据库。

6.2.4 科技期刊文章数量

科技期刊的文章是指在下述领域出版的科学和工程类文章：物理、生物、化学、数学、临床医学、生物医学研究、工程和技术，以及地球和空间科学。科研期刊的文章数量能够在一定水平上反映一国从事科学研究的能力，从而反映该国的技术水平。

2003 年中国的科学期刊文章数量为 86 621 篇，在所选的 82 个国家（地区）中排名第 3 位，仅次于美国 321 766 篇与日本 97 235 篇，排名靠前的国家（地区）还有英国 74 600 篇、德国 51 758 篇、法国 51 758 篇等；科学期刊文章较少的国家（地区）有多米尼加 14 篇、巴拉圭 15 篇、危地马拉 27 篇、巴拿马 63 篇、马耳他 78 篇等。从表 6—4 可以看出，与中国技术距离较大的国家（地区）有美国、多米尼加、巴拉圭、危地马拉、巴拿马等。与中国技术距离最小的是日本，其他国家（地区）还有英国、德国、法国、意大利等。到 2016 年，中国发表的科技期刊文章数量增长到 426 165 篇，在所选择的 82 个国家（地区）中排名第 1 位，排名靠前的国家（地区）有美国 408 985 篇、印度 110 320

篇、德国 103 122 篇、英国 97 527 篇等；排名靠后的国家（地区）有多米尼加 30 篇、危地马拉 85 篇、巴拉圭 96 篇、巴拿马 159 篇、巴林 211 篇等。从表 6—4可以看出，与中国技术距离最大的国家（地区）为多米尼加、危地马拉、巴拉圭、巴拿马、巴林等；而与中国技术距离最小的国家（地区）为美国、印度、德国、英国、日本等。可以看出，2003～2016 年中国的科技期刊文章数量有显著提高，处于世界领先水平，因此，以科技期刊文章数量测算的中国与其他国家（地区）间的技术距离，差距最大的基本都是发表世界科技期刊文章数量较少的国家（地区）。

表 6—4　科技期刊文章数量测算的中国与其他国家（地区）间的技术距离

2003 年技术距离				2016 年技术距离			
国家（地区）	距离（篇）	国家（地区）	距离（篇）	国家（地区）	距离（篇）	国家（地区）	距离（篇）
美国	235 145	澳大利亚	61 772	多米尼加	426 135	加拿大	368 810
塞尔维亚	86 621	印度	59 824	危地马拉	426 080	俄罗斯	367 032
多米尼加	86 608	西班牙	57 734	巴拉圭	426 069	韩国	363 102
巴拉圭	86 607	俄罗斯	54 292	巴拿马	426 006	意大利	357 040
危地马拉	86 595	加拿大	48 926	巴林	425 955	法国	356 735
巴拿马	86 559	意大利	45 414	马耳他	425 845	日本	329 629
马耳他	86 544	法国	34 864	哥斯达黎加	425 789	英国	328 638
卢森堡	86 535	德国	16 174	科威特	425 427	德国	323 043
厄瓜多尔	86 525	英国	12 022	阿曼	425 370	印度	315 846
卡塔尔	86 516	日本	10 614	乌拉圭	425 356	美国	17 180

6.3　技术距离对世界高技术产品贸易影响的实证分析

6.3.1　技术距离影响高技术产品贸易的计量模型

基于廷贝亨（Tinbergen，1962）、安德森（Anderson，1979）、罗来军等

(2014) 等已有研究，本节构造具有多种国家距离的贸易引力模型。

基本的贸易引力模型方程为：

$$trade_{ijt}=C\frac{Y_{it}Y_{jt}}{DS_{ijt}} \tag{6.1}$$

其中，$trade_{ijt}$代表t年i国和j国之间的贸易额，Y_{it}和Y_{jt}分别代表t年i国和j国的经济总量，DS_{ijt}代表t年i国和j国之间的国家距离。

随着贸易距离对国际贸易影响研究的深入发展，本节尽可能考虑多种对国际贸易产生影响的国家的距离，包括技术距离（dis_{ijt}^{tech}）、经济距离（dis_{ijt}^{eco}）、地理距离（dis_{ijt}^{geo}）、语言距离（dis_{ijt}^{lang}）、文化距离（dis_{ijt}^{cul}）和制度距离（dis_{ijt}^{wgi}）六种国家距离。这六种距离构成了两国之间的国家距离：

$$DS_{ijt}=\sqrt{\prod_k dis_{ijt}^{k}}=\sqrt{dis_{ijt}^{tech}\cdot dis_{ijt}^{eco}\cdot dis_{ijt}^{geo}\cdot dis_{ijt}^{lang}\cdot dis_{ijt}^{cul}\cdot dis_{ijt}^{wgi}} \tag{6.2}$$

$$dis_{ijt}^{tech}=(1+|tech_i-tech_j|)^{\alpha} \tag{6.3}$$

其中，技术距离用两国间专利申请量的差额表示，$tech_i$ 和 $tech_j$ 分别代表i国和j国的技术水平，即居民的专利申请量，α表示调整参数或待估参数。由于式（6.3）括号中的数大于等于1，如果α大于0，说明技术距离对贸易有促进作用；如果α小于0，说明技术距离对贸易有抑制作用；如果技术距离等于0，说明技术距离对贸易没有影响。

$$dis_{ijt}^{eco}=(1+|gdp_{it}-gdp_{jt}|)^{\beta} \tag{6.4}$$

$$dis_{ijt}^{geo}=(1+dis_{ij})^{\gamma} \tag{6.5}$$

$$dis_{ijt}^{lang}=(2-lang_{ij})^{\delta} \tag{6.6}$$

$$dis_{ijt}^{cul}=(1+cul_{ij})^{\varphi} \tag{6.7}$$

$$dis_{ijt}^{wgi}=(1+|wgi_{it}-wgi_{jt}|)^{\eta} \tag{6.8}$$

同样，经济距离用两国的人均收入水平差额来表示，gdp_{it}和gdp_{jt}分别表示t年i国和j国的人均GDP；地理距离用两国首都间的距离表示，dis_{ij}表示i国和j国首都之间的距离；语言距离为两国是否具有相同的官方语言来表示，具有相同的官方语言，则$lang_{ij}$为1，否则为0；文化距离用两国间Hofstede六维复合文化指数来衡量，cul_{ij}表示i国和j国的复合文化指数；制度距离用全球治理指标的六维指数和的差额来衡量 wgi_{it} 和 wgi_{jt} 分别表示 i 国和 j 国全球治理指数。β、γ、δ、φ 和 η 均为待估参数，含义与 α 相同。

将式（6.3）至式（6.8）代入式（6.2）可得国家距离：

$$DS_{ijt}=\sqrt{\begin{array}{l}(1+|tech_i-tech_j|)^{\alpha}\cdot(1+|gdp_{it}-gdp_{jt}|)^{\beta}\cdot(1+dis_{ij})^{\gamma}\cdot\\(2-lang_{ij})^{\delta}\cdot(1+cul_{ij})^{\varphi}\cdot(1+|wgi_{it}-wgi_{jt}|)^{\eta}\end{array}} \tag{6.9}$$

将式（6.9）代入式（6.1）并对其求导可以得到影响贸易的计量方程式：

$$\begin{aligned}\ln trade_{ijt}=&\ln C+\ln Y_{it}+\ln Y_{jt}-\alpha\ln(1+|tech_i-tech_j|)\\&-\beta\ln(1+|gdp_{it}-gdp_{jt}|)-\gamma\ln(1+geodis_{ij})\\&-\delta\ln(2-lang_{ij})-\varphi\ln(1+cul_{ij})\\&-\eta\ln(1+|wgi_{it}-wgi_{jt}|)\end{aligned} \tag{6.10}$$

6.3.2　变量选取

1. 技术距离（*techdis*）

技术距离可以采取多种指标进行衡量，如研发支出、研发人员数量、专利申请数量、高等院校数量、科研机构数量、生产率水平等。考虑到数据的可获得新，本节主要选择国内居民专利申请数量的差距作为衡量技术距离的指标，专利申请量是技术创新能力最直接的体现，$techdis=|tech_i-tech_j|$。数据来源于世界银行公开数据库。

2. 经济距离（*gdpdis*）

经济水平越相似的国家之间的需求结构越相似，更容易发生贸易往来。本节选择人均 GDP 差额来衡量两国间的经济距离，$gdpdis=|gdp_i-gdp_j|$。数据来源于世界银行公开数据库。

3. 地理距离（*geodis*）

地理距离是贸易成本的一部分，地理距离越大，两国之间的运输成本越离，越会抑制两国开展贸易往来。本节选择两国首都间的地理距离来衡量两国间的地理距离。数据来源于 CPEII 数据库。

4. 语言距离（*langdis*）

语言是国际贸易成本的一种，拥有相同的语言可以避免沟通障碍，有助于开展国际贸易。$langdis = |1 - offlang|$，其中 $offlang$ 表示两国之间的官方语言，在 CEPII 数据库中，如果两国的官方语言相同则 $offlang$ 为 1，如果官方语言不同则 $offlang$ 为 0；那么语言距离 $langdis$ 正好相反，如果两国间的语言距离为 1，说明这两国间的语言完全不同，如果两国间的语言距离为 0，说明这两国间的语言完全相同。数据来源于 CEPII 数据库。

5. 制度距离（*wgidis*）

制度距离是贸易成本中的另一种隐形成本，一国不健全的制度会引发国际贸易风险，带来贸易成本，阻碍双边贸易的开展（Smarzynska，2000；Meyer，2009）。本节选择世界银行发布的全球治理指标（worldwide governance indicator）作为衡量标准，它将一国制度分为六个维度：话语权和责任（*VA*）、政治稳定性和不存在暴力（*PS*）、政府效率（*GE*）、规管质量（*RQ*）、法治（*RL*）和腐败控制（*CC*）。本节构建制度距离符合指数 $wgidis = \sum_{k=1}^{6}(I_{ik} - I_{jk})$，其中 I_{ik} 和 I_{jk} 分别表示 i 国和 j 国在第 k 个维度上的得分。数据来源于世界银行发布的全球治理指标数据。

6. 文化距离（*culdis*）

文化越相近即文化距离越小的国家之间越容易形成文化认同和接受，在开展国际贸易时由于文化差异带来的贸易障碍越少，越有利于开展贸易往来。本节延续刘杨和曲如晓等（2013）的研究方法，选择 Hofstede 六位指数测度文化距离，并构造文化距离复合指数 $culdis = \frac{1}{6}\sum_{k=1}^{6}\frac{(I_{ik} - I_{jk})^2}{V_k}$，其中 I_{ik} 和 I_{jk} 分别

表示 i 国和 j 国在第 k 个维度上的得分，V_k 表示所有国家第 k 个维度的方差。数据来源于 Hofstede 指数网站。

6.3.3　数据来源与描述

本节参照 OECD 的分类标准，高技术产品包括九类商品。根据 SITC3 编码，从联合国贸易数据库（UN Comtrade）中获得各类商品的贸易数据。根据 2016 年高技术产品的进出口额，选择进出口额排名前 81 位的国家（地区），其贸易总额占世界高技术产品贸易总额的 99.66%①。表 6—5 展示了数据的描述性统计。

表 6—5　　数据的统计性描述

变量	观察值数量	平均值	标准差	最小值	最大值
ln—*trade*	97 200	14.85	5.50	0.00	26.25
ln—*exij*	97 200	12.42	6.80	0.00	25.95
ln—*imij*	97 200	13.17	6.08	0.00	25.65
ln—*techdis*	97 200	7.13	2.63	0.00	14.00
ln—*wgidis*	97 200	1.79	1.35	−9.17	4.64
langdis	97 200	0.12	0.33	0.00	1.00
ln—*geodis*	97 200	8.54	0.95	4.09	9.89
ln—*gdpdis*	97 200	9.38	1.39	−2.73	11.68

6.3.4　技术距离影响高技术产品贸易的基本回归结果

表 6—6 报告了 2001～2016 年 81 个国家（地区）之间，包括技术距离在内

---

① 81 个国家（地区）包括：中国、美国、中国香港、德国、新加坡、日本、韩国、法国、英国、墨西哥、荷兰、马来西亚、瑞士、加拿大、越南、比利时、泰国、意大利、爱尔兰、菲律宾、印度、奥地利、捷克、西班牙、阿联酋、波兰、巴西、瑞典、澳大利亚、俄罗斯、匈牙利、土耳其、以色列、斯洛伐克、丹麦、印度尼西亚、沙特阿拉伯、挪威、罗马尼亚、南非、芬兰、阿根廷、葡萄牙、智利、哥伦比亚、新西兰、乌克兰、哈萨克斯坦、阿尔及利亚、希腊、卡塔尔、秘鲁、巴基斯坦、立陶宛、保加利亚、克罗地亚、斯洛文尼亚、摩洛哥、科威特、卢森堡、埃及、突尼斯、爱沙尼亚、哥斯达黎加、拉脱维亚、埃塞俄比亚、尼日利亚、白俄罗斯、马耳他、厄瓜多尔、阿曼、危地马拉、巴拉圭、斯里兰卡、塞尔维亚、乔丹、多米尼加、巴林、加纳、巴拿马、乌拉圭、中国澳门。

的五种贸易距离对高技术产品贸易总额、出口额和进口额的影响。

表 6—6　　　　基本回归结果

	回归 1	回归 2	回归 3	回归 4	回归 5	回归 6	回归 7	回归 8	回归 9
	贸易总额	贸易总额	贸易总额	出口额	出口额	出口额	进口额	进口额	进口额
ln—*techdis*	1.058*** (0.006)	1.048*** (0.006)	1.052*** (0.006)	1.165*** (0.007)	1.156*** (0.007)	1.161*** (0.007)	1.080*** (0.007)	1.069*** (0.006	1.073*** (0.006)
ln—*gdpdis*		0.398*** (0.012)	0.467*** (0.012)		0.486*** (0.014)	0.600*** (0.015)		0.426*** (0.013)	0.512*** (0.014)
ln—*geodis*		−1.394*** (0.014)	−1.323*** (0.014)		−1.927*** (0.017)	−1.827*** (0.017)		−1.514*** (0.015)	−1.441*** (0.015)
langdis			−1.438*** (0.044)			−1.854*** (0.055)			−1.332*** (0.051)
ln—*wgidis*			−0.178*** (0.012)			−0.315*** (0.015)			−0.242*** (0.013)
Cons	7.312*** (0.052)	15.55*** (0.159)	14.42*** (0.161)	4.120*** (0.059)	16.07*** (0.198)	14.46*** (0.200)	5.477*** (0.547)	14.48*** (0.179)	13.29*** (0.180)
R^2	0.255	0.325	0.334	0.201	0.288	0.300	0.218	0.285	0.293
obs	97 200	97 200	97 200	97 200	97 200	97 200	97 200	97 200	97 200

注：括号内为标误，*、**、*** 分别表示 p<0.01、p<0.05 和 p<0.1。

回归 1 至回归 3 报告了各种贸易成本对高技术产品贸易总额的影响。可以看出，只加入技术距离时，技术距离对高技术产品贸易额有显著的促进作用，回归系数为 1.058，并在 1%的显著性水平下显著，模型的拟合优度为 0.255；加入经济距离和地理距离之后，技术距离依然有显著的正向影响，但是系数下降至 1.048，经济距离对高技术产品贸易额有显著的促进作用，而地理距离对高技术产品贸易有显著的抑制作用，模型的拟合优度提升至 0.325；在模型中继续加入语言距离和制度距离，技术距离依然具有显著的促进作用，回归系数为 1.052，依然比回归 1 有所下降，语言距离和制度距离均对高技术产品贸易有显著的抑制作用，模型的拟合优度进一步提升至 0.334。

回归 4 至回归 5 报告了五种贸易成本对高技术产品出口额的回归结果，各变量的回归系数符号和显著性水平均与高技术产品贸易总额的结果一致。技术距离在三个回归模型中均保持显著的正向影响，其回归系数比回归 1 至回归 3 的系数略大。经济距离依然对高技术产品出口额有显著的促进作用，而地理距离、语言距离和制度距离对高技术产品出口额有显著的抑制作用。

回归 7 至回归 9 报告了五种贸易成本对高技术产品进口的回归结果，各变量的系数符号及显著性水平均与另外两种贸易额保持一致。可以看出，技术距离对高技术产品贸易的进口额依然起到显著的促进作用，加入其他解释变量后，其系数有所下降，但是依然保持显著为正。经济距离显著促进了双边高技术产品贸易进口额，地理距离、文化距离和制度距离均显著的抑制了双边高技术产品贸易进口额。

综合 9 个回归结果可以看出，技术距离显著地促进了双边高技术产品贸易进口额和出口额，从而促进了高技术产品贸易总额。由于技术距离对贸易的影响十分复杂，既可能促进贸易也可能抑制贸易，本节得出的结论是技术距离对高技术产品贸易具有显著的促进作用。为研究技术距离是通过哪种机制促进高技术产品贸易，下面将从李嘉图比较优势理论的角度，引入相对劳动成本差异，研究技术距离通过促进相对劳动成本差异获得比较优势，从而促进双边高技术产品贸易。

6.3.5　相对劳动成本的中介效应回归结果

基本回归结果显示，技术距离能够显著地促进高技术产品贸易的进口、出口以及进出口贸易。这与菲利普等（2004）、罗来军等（2014）、傅帅雄等（2017）等的研究结果正好相反。因此，本节构建了以相对劳动成本为中介变量的中介效应模型来提供一种实证解释。

根据李嘉图的比较优势理论，国家之间的技术水平差异引起相对生产率水平和相对工资水平的差异，而相对生产率和相对工资水平差异形成了一国（地区）的比较优势，进而成为推动国际贸易开展的根本原因。为验证李嘉图比较优势理论，学者最初从英美两国间的贸易着手，麦克杜格尔（D. Macdougall，1951）验证了美国和英国间的制造业生产率导致两国间的国际贸易。斯特恩（Stern，1962）和巴拉萨（B. Balassa，1963）在此基础上加入了单位劳动成本作为一个独立变量，也同样导致了英美两国间国际贸易的开展。卡林（W. Carlin，2001）认为相对劳动成本是体现成本优势的指标，验证14个OECD国家之间相对劳动成本对贸易的显著作用，此外还验证了技术进步有助于降低一国的相对劳动成本。此后，大部分学者都利用单位劳动成本，即单位劳动成本与劳动生产率的比值，作为衡量一国比较优势的指标，验证了李嘉图比较优势理论（L. Edwards，2004；Akanbi，2008；Costino，2010）。马丹等（2006）、王燕武等（2011）和魏浩等（2013）基于单位劳动成本的测算来比较各国（地区）之间的产业竞争力。陈超等（2007）在比较各国（地区）单位劳动成本的基础上，验证了中国与其他国家（地区）间的单位劳动成本差异的扩大，有助于促进中国对其他国家（地区）的出口。

1. 模型构建

根据李嘉图的比较优势理论，国家（地区）之间的技术水平差异引起相对生产率水平和相对工资水平的差异，而相对生产率和相对工资水平差异形成了一国（地区）的比较优势，进而成为推动国际贸易开展的根本原因。因此，技术距离通过影响两国（地区）间的相对劳动成本从而促进贸易。本文借鉴爱德华兹等（L. Edwards et al.，2004）、阿坎比（Akanbi et al.，2008）等相关研究，采用相对劳动成本来衡量一国的比较优势，构建以相对劳动成本为中介渠道的中介效应模型，研究技术距离与高技术产品贸易间的影响机制。

$$
\begin{aligned}
ulcdis_{ijt} &= \alpha_0 + \alpha_1 techdis_{ijt} + \alpha_2 X_{ijt} + \varepsilon_1 \\
trade_{ijt} &= \beta_0 + \beta_1 techdis_{ijt} + \beta_2 X_{ijt} + \varepsilon_2 \\
trade_{ijt} &= \mu_0 + \mu_1 techdis_{ijt} + \gamma ulcdis + \mu_2 X_{ijt} + \varepsilon_3
\end{aligned}
\tag{6.11}
$$

其中，$ulcdis$ 是两国（地区）之间的相对劳动成本差异，如果存在中介效应，那么技术距离对贸易的影响，有一部分是通过相对成本差异的中介作用来产生的，那么在式（6.11）的第一个方程中，技术距离对相对成本差异的影响应显著为正，即 $\alpha_1>0$；式（6.11）的第三个方程中，中介变量全要素生产率差异相对成本差异的影响应显著为正，即 $\gamma>0$；且技术距离的解释效果变小，即 $\mu_1<\beta_1$。

2. 变量与数据描述

单位劳动成本（unit labor costs，ULC）是指一国（地区）劳动力成本与劳动生产率的比值，反映每一单位增加值的劳动成本，$ULC_i=\frac{LC_i}{LP_i}$，其中劳动成本 LC_i 需要进行汇率调整，劳动生产率 LC_i 需要进行购买力评价调整。

根据国际劳工组织的规定，劳动力成本不仅不含工资还包含各种福利以及社会保障成本、培训成本等雇主承担的成本。但是由于劳动力成本的数据在国际劳工组织数据库中有限，本节选择两种口径数据来衡量劳动成本。一种是宽口径的劳动成本（LC1），即国际劳工组织数据库中公布的经过 2011 年购买力评价调整的小时劳动成本；另一种是窄口径的劳动成本（LC2），即国际劳工组织数据库中公布的经过 2011 年购买力评价调整的月工资，并使用各国的周工作小时调整为小时工资。宽口径的小时劳动成本数据较少，窄口径的小时工资数据较多。劳动生产率数据也来自国际劳工组织数据库中公布的经过 2011 年购买力平价调整的各国（地区）年劳动生产率，并用该国（地区）的周工作小时数将年劳动生产率调整为小时劳动生产率。最后两者的比值得到宽口径单位劳动成本（ULC1）和窄口径单位劳动成本（ULC2），由于国际劳工组织数据库中的相关数据并不完整，宽口径数据缺失严重，为了尽量少的损失样本，本节主要采取窄口径数据的非对称样本来进行计量分析，剔除了缺失值的年份和国家（地区）。

利用 2002～2016 年 81 个国家（地区）的不对称的双边贸易数据和距离数据，分析技术距离对高技术产品贸易的影响，以及相对劳动成本差异是否在其中起到中介效应的作用。除单位劳动成本外，其他控制变量与 6.3.2 节相同。表 6－7 是全数据的统计性描述，表 6－8 是窄口径下的数据的描述性统计。

表 6—7 数据的统计性描述

变量	观察值数量	平均值	标准差	最小值	最大值
ln—*trade*	97 200	14.85	5.50	0.00	26.25
ln—*exij*	97 200	12.42	6.80	0.00	25.95
ln—*imij*	97 200	13.17	6.08	0.00	25.65
ln—*techdis*	97 200	7.13	2.63	0.00	14.00
ln—*wgidis*	97 200	1.79	1.35	−9.17	4.64
langdis	97 200	0.12	0.33	0.00	1.00
ln—*geodis*	97 200	8.54	0.95	4.09	9.89
ln—*gdpdis*	97 200	9.38	1.39	−2.73	11.68

表 6—8 窄口径劳动成本数据的描述性统计

变量	观察值数量	平均值	标准差	最小值	最大值
ln—*trade*	25 844	15.70	4.94	0.00	26.18
ln—*exij*	25 844	13.45	6.34	0.00	25.95
ln—*imij*	25 844	14.13	5.61	0.00	25.39
ln—*techdis*	25 844	7.42	2.59	0.00	14.00
ln—*wgidis*	25 844	1.70	1.33	−6.98	4.58
langdis	25 844	0.89	0.32	0.00	1.00
ln—*geodis*	25 844	8.60	0.98	4.09	9.89
ln—*gdpdis*	25 844	9.36	1.39	−2.15	11.68
ln—*ulc2*	25 844	1.73	1.23	−6.71	4.34

3. 中介效应回归结果——窄口径劳动成本

表 6—9 报告了窄口径劳动成本的中介效应回归结果，在剔除了缺失数据后，81 个国家（地区）2017 年的数据样本也大幅度减少，但还剩 25 844 个完整的数据样本。回归 1 至回归 3 报告的是技术距离对总贸易额和进出口贸易额的影响作用，从回归 1 可以看出，技术距离对总贸易额具有显著的促进作用，回归系数为 0.872；回归 2 显示技术距离对出口贸易额也具有显著的促进作用，

回归系数为 0.988；回归 3 显示技术距离对进口贸易额也具有显著的促进作用，回归系数为 0.905。这说明两国（地区）之间的技术差异越大，越能促进两国（地区）之间的高技术产品的进口额和出口额，从而显著促进两国（地区）间的高技术产品贸易总额。回归 7 报告了技术距离对两国（地区）间的劳动成本距离的影响，结果显示两国（地区）间的技术差异越大，越能扩大两国（地区）间的相对劳动成本差异，回归系数在 1%的水平下显著为正。回归 4—5 在回归 1 至回归 3 的基础上加入了相对劳动成本距离，可以看出，无论是贸易总额还是进口额和出口额，相对劳动成本距离都具有显著的促进作用，并且再加入了相对劳动成本距离之后，技术距离对三种贸易额的回归系数依然显著为正，对贸易总额的影响系数从 0.872 下降到 0.854，对出口额的影响系数从 0.988 下降到 0.968，对进口额的影响系数从 0.905 下降到 0.886。在加入中介因素后，技术差异的影响系数依然为正，说明还存在其他的中介因素也对高技术产品贸易存在影响。

通过表 6—9 的结果分析可知，技术距离能显著地促进两国（地区）间的高技术产品贸易总额、进口额以及出口额。技术距离能显著促进两国（地区）间的相对成本差异，两国（地区）间的相对成本差异对两国（地区）间的高技术产品贸易总额、进口额以及出口额有显著的促进作用。说明相对成本差异是技术差异影响高技术产品贸易的中介因素。

表 6—9　　　　　　窄口径劳动成本的中介效应回归结果

	回归 1	回归 2	回归 3	回归 4	回归 5	回归 6	回归 7
	贸易总额	出口额	进口额	贸易总额	出口额	进口额	ln—*ulc2*
ln—*techdis*	0.872*** (0.010)	0.988*** (0.012)	0.905*** (0.012)	0.854*** (0.010)	0.968*** (0.012)	0.886*** (0.012)	0.047*** (0.003)
ln—*gdpdis*	0.274*** (0.024)	0.385*** (0.029)	0.337*** (0.026)	0.086*** (0.030)	0.170*** (0.036)	0.132*** (0.032)	0.488*** (0.006)
ln—*geodis*	−1.261*** (0.024)	−1.889*** (0.029)	−1.446*** (0.027)	−1.276*** (0.024)	−1.906*** (0.029)	−1.462*** (0.027)	0.038*** (0.007)

续表

	回归 1	回归 2	回归 3	回归 4	回归 5	回归 6	回归 7
	贸易总额	出口额	进口额	贸易总额	出口额	进口额	ln−*ulc2*
langdis	−1.908*** (0.075)	−2.547*** (0.094)	−1.956*** (0.088)	−1.957*** (0.088)	−2.603*** (0.094)	−2.009*** (0.088)	0.126*** (0.023)
ln−*wgidis*	−0.102*** (0.023)	−0.183*** (0.028)	−0.138*** (0.026)	−0.136*** (0.023)	−0.222*** (0.028)	−0.176*** (0.026)	0.090*** (0.005)
ln−*ulc2*				0.386*** (0.031)	0.439*** (0.038)	0.420*** (0.034)	
cons	19.38*** (0.285)	21.34*** (0.353)	18.66*** (0.317)	20.83*** (0.315)	23.00*** (0.389)	20.24*** (0.343)	−3.767*** (0.087)
R^2	0.293	0.275	0.260	0.299	0.280	0.266	0.372
obs	25 844	25 844	25 844	25 844	25 844	25 844	25 844

注：注：括号内为标准误，*、**、*** 分别表示 $p<0.01$、$p<0.05$ 和 $p<0.1$。

4. 稳健性检验——宽口径数据

为避免窄口径的劳动工资衡量的劳动成本对计量结果造成影响，表 6—10 报告了用劳动成本衡量的宽口径劳动成本的中介效应，由于数据的缺乏，数据样本减少到 8 884 个。从表 6—10 的回归结果可以看出，宽口径劳动成本与窄口径劳动成本的中介效应完全相符。回归 1 至回归 3 显示技术距离能够显著促进两国（地区）间的高技术产品贸易总额、进口额以及出口额。回归 7 显示技术距离能够显著促进两国（地区）间的相对劳动成本差异。回归 4 至回归 6 显示相对劳动成本差异对两国（地区）间的高技术产品的三种贸易额都有显著的促进作用，在加入了相对劳动成本差异后，技术距离对高技术产品的三种贸易额依然有显著的促进作用，但是回归系数均有所下降。通过表 6—10 的回归结果可知，技术距离通过促进相对劳动成本距离，从而促进高技术产品贸易。宽口径劳动成本差异和窄口径劳动成本差异一样，是技术距离有限高技术产品贸易的中介因素。

表 6—10　　　宽口径劳动成本的中介效应回归结果

	回归 1	回归 2	回归 3	回归 4	回归 5	回归 6	回归 7
	贸易总额	出口额	进口额	贸易总额	出口额	进口额	Ln—*ulc*1
ln—*techdis*	0.712*** (0.014)	0.813*** (0.019)	0.764*** (0.017)	0.706*** (0.014)	0.808*** (0.019)	0.759*** (0.017)	0.030*** (0.005)
ln—*gdpdis*	0.157*** (0.022)	0.238*** (0.033)	0.192*** (0.027)	0.068*** (0.024)	0.172*** (0.036)	0.115*** (0.030)	0.417*** (0.011)
ln—*geodis*	—1.000*** (0.024)	—1.419*** (0.036)	—1.102*** (0.029)	—1.024*** (0.023)	—1.437*** (0.035)	—1.123*** (0.029)	0.111*** (0.012)
langdis	—1.303*** (0.092)	—1.544*** (0.113)	—1.405*** (0.101)	—1.341*** (0.088)	—1.572*** (0.110)	—1.437*** (0.099)	0.175*** (0.055)
ln—*wgidis*	—0.242*** (0.020)	—0.292*** (0.027)	—0.294*** (0.023)	—0.268*** (0.020)	—0.311*** (0.027)	—0.316*** (0.023)	0.121*** (0.009)
ln—*ulc*1				0.214*** (0.020)	0.159*** (0.031)	0.185*** (0.033)	
cons	20.04*** (0.266)	20.70*** (0.356)	19.14*** (0.311)	20.71*** (0.269)	21.20*** (0.365)	19.73*** (0.323)	—3.159*** (0.138)
R^2	0.424	0.390	0.383	0.429	0.392	0.386	0.285
obs	8 884	8 884	8 884	8 884	8 884	8 884	8 884

注：括号内为标准误，*、**、*** 分别表示 $p<0.01$、$p<0.05$ 和 $p<0.1$。

5. 稳健性检验——更换计量方法 SUR

为避免计量方法对回归结果造成的影响，表 6—11 报告了更换计量方法的回归结果。借鉴罗来军等（2014）和傅帅雄等（2017）的研究，采取似不相关回归模型（seemingly unrelated regressions model，SUR）。SUR 模型可以很好地处理不同个体的解释变量对被解释变量的不同影响。表 6—11 的回归结果显示，技术距离能显著促进两国（地区）间的高技术产品的出口贸易、进口贸易以及进出口贸易总额。技术距离对高技术产品贸易的促进作用，是通过相对劳动成本差异的中介影响。技术距离能显著促进两国（地区）间的相对劳动成本差异，相对劳动成本差异形成的两国（地区）间的比较优势差异是促进两国（地区）间高技术产品贸易的重要原因。在加入了相对劳动成本差异后，技术差异的回归系数均有所下降。实证检验了相对劳动成本差异对技术距离促进高技术产品贸易的中介影响。

表 6—11　　劳动成本的中介效应回归结果（SUR 模型）

	回归 1	回归 2	回归 3	回归 4	回归 5	回归 6	回归 7
	贸易总额	出口额	进口额	贸易总额	出口额	进口额	Ln—*ulc*2
ln—*techdis*	0.872*** (0.010)	0.988*** (0.013)	0.905*** (0.012)	0.854*** (0.010)	0.968*** (0.013)	0.886*** (0.012)	0.047*** (0.002)
ln—*gdpdis*	0.274*** (0.020)	0.385*** (0.026)	0.337*** (0.023)	0.086*** (0.024)	0.170*** (0.031)	0.132*** (0.027)	0.488*** (0.005)
ln—*geodis*	−1.261*** (0.027)	−1.889*** (0.035)	−1.446*** (0.031)	−1.276*** (0.027)	−1.906*** (0.034)	−1.462*** (0.031)	0.038*** (0.006)
langdis	−1.908*** (0.083)	−2.547*** (0.108)	−1.956*** (0.096)	−1.957*** (0.083)	−2.603*** (0.108)	−2.009*** (0.096)	0.126*** (0.020)
ln—*wgidis*	−0.102*** (0.021)	−0.183*** (0.027)	−0.138*** (0.024)	−0.136*** (0.021)	−0.222*** (0.027)	−0.176*** (0.024)	0.090*** (0.005)
ln—*ulc*2				0.386*** (0.026)	0.439*** (0.034)	0.420*** (0.031)	
cons	19.38*** (0.299)	21.34*** (0.389)	18.66*** (0.347)	20.83*** (0.314)	23.00*** (0.409)	20.24*** (0.365)	−3.767*** (0.070)
R^2	0.293	0.275	0.260	0.299	0.280	0.266	0.372
*Chi*2	10 725.65***	9 814.76***	9 088.64***	11 027.41***	10 040.42***	9 341.76***	15 320.76***
obs	25 844	25 844	25 844	25 844	25 844	25 844	25 844

注：括号内为标准误，*、**、*** 分别表示 $p<0.01$、$p<0.05$ 和 $p<0.1$。

6. 稳健性检验——剔除特殊样本

为避免样本中的特殊样本点对回归结果造成的影响，表 6—12 报告了剔除技术差距值在 95%以上和 5%以下的样本，样本量减少到 23 106 个。表 6—12 的回归结果也支持前面小节的结果。一方面，技术距离能显著促进高技术产品的贸易总额、进口额和出口额。另一方面，技术距离能显著提高两国（地区）间的相对劳动成本差异，劳动成本差异又能显著促进高技术产品的三种贸易额；在加入劳动成本差异后，技术距离对高技术产品贸易的影响依然显著为正，贸易总额的回归系数从 0.879 下降到 0.842，出口额的回归系数从 1.1019 下降到 0.987，进口额的回归系数从 0.927 下降到 0.897。再次验证了相对劳动成本差异是技术距离促进高技术产品贸易的中介因素。

表 6－12　　劳动成本的中介效应回归结果（剔除特殊样本）

	回归 1	回归 2	回归 3	回归 4	回归 5	回归 6	回归 7
	贸易总额	出口额	进口额	贸易总额	出口额	进口额	Ln－*ulc*2
ln－*techdis*	0.879*** (0.013)	1.019*** (0.017)	0.927*** (0.015)	0.842*** (0.013)	0.987*** (0.017)	0.897*** (0.015)	0.076*** (0.003)
ln－*gdpdis*	0.378*** (0.025)	0.480*** (0.031)	0.427*** (0.028)	0.197*** (0.032)	0.274*** (0.039)	0.235*** (0.034)	0.491*** (0.007)
ln－*geodis*	－1.157*** (0.025)	－1.786*** (0.031)	－1.348*** (0.028)	－1.176*** (0.025)	－1.808*** (0.031)	－1.368*** (0.027)	0.052*** (0.007)
langdis	－1.796*** (0.081)	－2.426*** (0.101)	－1.879*** (0.095)	－1.838*** (0.080)	－2.474*** (0.101)	－1.924*** (0.095)	0.114*** (0.024)
ln－*wgidis*	－0.146*** (0.024)	－0.225*** (0.030)	－0.184*** (0.027)	－0.178*** (0.024)	－0.262*** (0.030)	－0.219*** (0.027)	0.089*** (0.005)
ln－*ulc*2				0.369*** (0.034)	0.419*** (0.042)	0.391*** (0.037)	
cons	17.49*** (0.243)	19.28*** (0.387)	16.81*** (0.344)	19.01*** (0.347)	21.01*** (0.433)	18.42*** (0.378)	－4.107*** (0.095)
R^2	0.243	0.239	0.221	0.248	0.243	0.226	0.385
obs	23 106	23 106	23 106	23 106	23 106	23 106	23 106

注：括号内为标准误，*、**、*** 分别表示 $p<0.01$、$p<0.05$ 和 $p<0.1$。

6.4　技术距离对中国高技术产品贸易影响的实证分析

本节参照 OECD 的分类标准，将高技术产品分为九大类，利用 SITC3 编码，并选择 2000～2016 年与中国具有密切高技术产品贸易往来的 54 个国家

（地区），从联合国贸易数据库（UN Comtrade）中获得各类商品的贸易数据：2016 年中国与这 54 个国家（地区）间的高技术产品贸易额占中国高技术产品贸易总额的 78.5%。专利申请量、研发人员数量、研发投入占比和人均 GDP 数据来自世界银行公开数据库，地理距离和语言距离来自 CPEII 数据库，文化距离来自 Hofstede 指数网站，制度距离来自世界银行发布的全球治理指标数据。表 6－13为数据的统计性描述。

表 6－13　　数据的统计性描述

变量	观察值数量	平均值	标准差	最小值	最大值
ln－*trade*	918	20.823	2.223	13.592	25.95
ln－*ex*	918	20.340	2.231	13.215	25.95
ln－*im*	918	18.731	3.182	8.726	25.197
ln－*techdis*	918	10.804	3.525	－1.754	14.002
ln－*gdpdis*	918	9.200	1.454	3.910	11.622
ln－*wgidis*	918	2.566	2.090	－4.426	11.507
ln－*geodis*	918	8.861	0.571	6.862	9.868
Lang	918	0.944	0.229	0.000	1.000
ln－*culdis*	918	4.410	0.292	3.452	4.780

6.4.1　对贸易规模的回归结果

1. 对贸易总量的回归结果

对中国高技术产品贸易进出口总额的回归结果如表 6－14 所示。回归 1 和回归 2 利用混合 OLS，回归 1 只加入核心解释变量，可以看出技术距离能显著促进中国高技术产品贸易总额；回归 2 加入其他控制变量之后，技术距离仍具有 1%显著性水平下的显著促进作用，系数由 1.741 下降到 0.072，经济距离和文化距离具有显著的促进作用，地理距离和制度距离具有显著的抑制作用，语言距离的作用不限制。回归 3 利用 LSDV，加入国家效应之后，技术距离前系数依然显著为正的 0.003，语言距离的抑制作用变得显著。为解决组内自相关和可能存在的不同个体扰动项带来的组间自相关，回归 4 利用广义最小二乘法 FGLS，回归结果显示技术距离对中国高技术产品贸易总规模依然具有显著的促进作用，回归系数为 0.002。为了对回归 1 至回归 4 的估计结果进行检验，检验 1 进行了内生性检验，检验 2 至检验 5 进行了稳健性检验。检验 1 选择滞后一期作为当期的工具变量进行回归，可以克服解释变量间的相关性，以及解释变量与被解释变量之间的反向因果关系，回归结果显示技术距离对贸易总额的促进作用在 5％的显著性水平上显著，其他变量的结果也与基本模型一致。检验 2 更换计量方法，采用泊松回归，结果显示技术距离依然能够显著促进高技术产品贸易规模，回归前系数为 0.008。检验 3 剔除了贸易规模在 5％以下和 95％以上的样本，样本量缩减为 826 个，技术距离依然具有显著的促进作用。为避免使用专利申请量作为技术距离代理指标可能带来的误差，检验 4 和检验 5 分别利用研发投入占比与研发人员数量替换专利申请量作为技术距离的代理变量，由于部分国家（地区）2016 年数据的缺失，样本量缩减为 528 个，但回归结果显示技术距离对中国高技术产品贸易依然具有显著的促进作用。检验模型 1 至检验模型 5 的估计效果与回归模型 1 至回归模型 4 基本保持一致。

表 6—14　　对贸易总量的回归结果

	回归 1	回归 2	回归 3	回归 4	检验 1	检验 2	检验 3	检验 4	检验 5
ln—*techdis*	1.741*** (0.008)	0.072*** (0.025)	0.003*** (0.006)	0.002*** (0.004)	0.058** (0.024)	0.008*** (0.002)	0.077*** (0.022)	0.027*** (0.078)	0.402*** (0.121)
ln—*gdpdis*		0.670*** (0.073)	0.879*** (0.200)	0.638*** (0.038)	0.664*** (0.074)	0.051*** (0.006)	0.498*** (0.069)	0.647*** (0.118)	0.447*** (0.137)
ln—*wgidis*		−0.150*** (0.046)	−0.047*** (0.012)	−0.001*** (0.009)	−0.159*** (0.046)	−0.016*** (0.004)	−0.175*** (0.042)	−0.004*** (0.050)	−0.001*** (0.051)
ln—*geo*		−0.315 (0.239)	−3.609*** (0.557)	−1.445*** (0.105)	−0.355** (0.245)	−0.129*** (0.023)	−1.071*** (0.225)	−0.573** (0.300)	−0.398** (0.273)
lang		−3.893*** (0.405)	−7.740*** (1.369)	−3.775*** (0.056)	−3.894*** (0.414)	−0.327*** (0.036)	−2.730*** (0.418)	−7.127*** (0.817)	−6.994*** (0.766)

续表

	回归 1	回归 2	回归 3	回归 4	检验 1	检验 2	检验 3	检验 4	检验 5
ln—*culdis*		3.415*** (0.572)	4.013*** (1.842)	3.600*** (0.466)	3.412*** (0.584)	0.375*** (0.052)	2.005*** (0.545)	5.951*** (0.806)	5.346*** (0.752)
R^2	0.8929	0.8929	0.7946		0.986		0.989	0.988	0.988
Wald				325 404.8 (0.000)		257 138.6 (0.000)			
obs	918	918	918	918	864	918	826	528	528

注：括号内为标准误，*、**、*** 分别表示 $p<0.01$、$p<0.05$ 和 $p<0.1$。

可以看出，技术距离对中国高技术产品贸易进出口总规模具有显著的促进作用，无论是使用专利申请量，还是使用研发投入占比和研发人员数量作为其代理变量，回归结果都保持一致。这说明中国与技术差距越大的国家（地区）之间发生越多的贸易往来。经济距离和文化距离也对高技术产品贸易具有显著的促进作用，说明与中国经济发展水平差距越大的国家（地区）以及与中国具有越大文化差距的国家（地区）越倾向于与中国发生高技术产品贸易往来。而地理距离和语言距离具有限制的抑制作用，说明地理距离和语言差异成为两国（地区）发生高技术产品贸易的阻碍。制度距离也具有显著的抑制作用，说明与中国制度环境差距越大的国家（地区），与中国的高技术产品贸易额越小。为更好地研究技术距离对中国高技术产品贸易的促进作用，下面分别对出口额和进口额进行实证检验。

2. 对出口额的回归结果

对中国高技术产品出口额的回归结果如表 6－15 所示，回归方法与表 6－14 一致。回归 1 和回归 2 利用混合 OLS，只加入技术距离时，其影响结果显著为正的 1.699，加入其他控制变量后，系数降低为 0.047，但依然对中国高技术产品出口具有显著促进作用。回归 3 用 LSDV 方法加入国家效应之后，技术距离的影响依然显著为正，回归系数为 0.023。回归 4 采用可行广义最小二乘法，技术距离的系数变得很小，仅有 0.001，但依然对中国高技术产品出口具有显著的促进作用。检验 1 采用滞后一期作为工具变量进行内生性检验，结果显示技术距离的系数依然为正，并且在 1%的水平上显著。检验 2 更换解释变量，采用泊松回归，技术距离依然具有显著的促进作用。检验 3 剔除了中国高技术产品出口额 5%以下以及 95%以上的样本，避免极端情况带来的误差，结果显示技术距离的系数依然显著为正的 0.053。为避免专利申请量作为技术距离的代理变量带来的误差，检验 4 和检验 5 分别利用研发投入占比和研发人员数量作为技术距离的代理变量，由于部分国家（地区）2016 年数据的缺失，样本量缩减为 528 个，结果显示技术距离依然具有显著的促进效果，其系数分别为 0.019 和 0.655。内生性检验 1 和稳健性检验 2 至检验 5 与基本回归结果基本保持一致。

表 6－15　　对出口额的回归结果

	回归 1	回归 2	回归 3	回归 4	检验 1	检验 2	检验 3	检验 4	检验 5
ln－*techdis*	1.699*** (0.008)	0.047*** (0.024)	0.023*** (0.008)	0.001*** (0.006)	0.055** (0.024)	0.007*** (0.002)	0.053** (0.022)	0.019** (0.085)	0.655*** (0.150)
ln－*gdpdis*		0.703*** (0.070)	1.051*** (0.200)	0.794*** (0.038)	0.695*** (0.070)	0.054*** (0.006)	0.495*** (0.065)	0.628*** (0.113)	0.301** (0.131)
ln－*wgidis*		－0.129*** (0.044)	－0.061*** (0.012)	－0.002*** (0.016)	－0.144*** (0.045)	－0.015*** (0.004)	0.127*** (0.043)	0.007*** (0.052)	－0.004*** (0.052)
ln－*geo*		－0.815*** (0.226)	－2.634*** (0.561)	－1.412*** (0.061)	－0.838*** (0.230)	－0.156*** (0.022)	－0.963*** (0.217)	－0.033** (0.296)	－0.281** (0.273)
lang		－3.309*** (0.402)	－5.536*** (1.371)	－3.581*** (0.068)	－3.311*** (0.406)	－0.300*** (0.037)	－1.856*** (0.419)	－7.026*** (0.823)	－6.808*** (0.747)
ln－*culdis*		2.157*** (0.538)	9.192*** (1.848)	0.958*** (0.303)	2.145*** (0.543)	0.307*** (0.050)	1.975*** (0.508)	4.784*** (0.782)	3.748*** (0.753)
	0.8903	0.985	0.7605		0.986		0.989	0.986	0.986
Wald				146 713.46 (0.000)		251 091.5 (0.000)			
obs	918	918	918	918	864	918	827	528	528

注：括号内为标准误，*、**、*** 分别表示 $p<0.01$、$p<0.05$ 和 $p<0.1$。

可以看出，技术距离对中国高技术产品出口也具有显著的促进作用，中国倾向于向那些与中国具有较大技术差距的国家（地区）出口高技术产品，对于比中国技术水平低的国家（地区），中国的高技术产品不仅能给该国（地区）带去技术外溢，而且技术水平带来的高生产率使得中国的高技术产品具有更大的比较优势；而对于比中国技术水平高的国家（地区），中国的高技术产品较低的价格能够推动其出口。此外，经济距离和文化距离能够显著促进中国高技术产品出口，地理距离、语言距离和制度距离能够显著抑制中国高技术产品的出口。

3. 对进口额的回归结果

对中国高技术产品进口额的回归结果如表6—16所示，回归方法与表6—14一致。回归1和回归2采用混合OLS，仅加入技术距离时，其回归系数为1.567，并在1%的显著性水平上显著；加入其他控制变量之后，技术距离的回归系数下降为0.092，但依然显著为正。回归3采用LSDV，加入国家效应后，技术距离依然具有显著的促进作用，回归系数为0.013。回归4采用广义最小二乘法FGLS，技术距离的系数仅为0.007，但依然在1%的显著性水平上显著。检验1采用滞后一期作为工具变量进行内生性检验，结果显示技术距离前系数依然显著为正。检验2更换计量方法采用泊松回归，技术距离依然具有显著的促进作用。检验3剔除中国高技术产品进口额5%以下和95%以上的样本，避免特殊样本的影响，技术距离的回归系数依然显著为正的0.089。为避免采用专利申请量作为技术距离的代理变量带来的误差，检验4采用研发投入占比作为技术距离的代理变量，技术距离的回归系数为0.009，并且在1%的显著性水平上显著。检验5采用研发人员数量作为技术距离的代理变量，其回归系数为0.151，并且在1%的显著性水平上显著。内生性检验和稳健性检验都验证了基本模型的回归结果。

表6—16　　对进口额的回归结果

	回归1	回归2	回归3	回归4	检验1	检验2	检验3	检验4	检验5
ln—*techdis*	1.567*** (0.010)	0.092*** (0.031)	0.013*** (0.009)	0.007*** (0.005)	0.083*** (0.031)	0.010*** (0.002)	0.089*** (0.028)	0.090*** (0.080)	0.151*** (0.135)
ln—*gdpdis*		0.823*** (0.099)	0.539*** (0.200)	0.455*** (0.045)	0.826*** (0.101)	0.063*** (0.008)	0.636*** (0.098)	0.964*** (0.150)	0.895*** (0.182)

续表

	回归 1	回归 2	回归 3	回归 4	检验 1	检验 2	检验 3	检验 4	检验 5
ln-*wgidis*		-0.207*** (0.059)	-0.001*** (0.016)	-0.019*** (0.012)	-0.215*** (0.060)	-0.019*** (0.005)	-0.194*** (0.055)	-0.028*** (0.059)	-0.031*** (0.059)
ln-*geo*		-0.970*** (0.287)	-8.290*** (0.549)	-1.662*** (0.125)	-0.940*** (0.294)	-0.049* (0.026)	-0.258** (0.279)	-1.610*** (0.322)	-1.639*** (0.287)
lang		-4.709*** (0.484)	-5.737*** (1.356)	-4.813*** (0.644)	-4.678*** (0.497)	-0.392*** (0.038)	-4.152*** (0.499)	-5.411*** (0.793)	-5.364*** (0.776)
ln-*culdis*		5.358*** (0.719)	3.447*** (1.822)	3.899*** (0.464)	5.333*** (0.737)	0.501*** (0.061)	3.180*** (0.716)	6.563*** (0.947)	6.499*** (0.871)
	0.8789	0.9725	0.8788		0.986		0.979	0.982	0.982
Wald				122 021.82 (0.000)		179 163.2 (0.000)			
obs	918	918	918	918	864	918	827	528	528

注：括号内为标准误，*、**、*** 分别表示 $p<0.01$、$p<0.05$ 和 $p<0.1$。

可以看出，技术距离对中国高技术产品进口额也具有显著的促进作用，中国倾向于向那些与中国具有较大技术差距的国家（地区）进口高技术产品。一方面，中国向技术水平较高的国家（地区）进口高技术产品，可以通过进口获得技术外溢，推动中国的技术创新；另一方面，中国向技术水平较低的国家（地区）进口高技术产品，由于其具有较低的价格，中国可以节约成本，将更多的资源投入到高技术产品的研发和创新中。此外，经济距离和文化距离对中国高技术产品进口具有显著的促进作用，地理距离、语言距离和制度距离对中国高技术产品进口具有显著的抑制作用。

通过对三种贸易规模的回归结果可以看出，技术距离不仅有助于促进中国高技术产品的出口，也有助于促进中国高技术产品的进口，这就使得技术距离推动了中国高技术产品的整体贸易水平。一方面，中国倾向于向技术水平较高的国家（地区）进行出口和进口，出口优势来源于中国较低的产品价格，进口动力来自通过进口获得技术水平较高的国家（地区）的技术外溢，推动本国的技术创新。另一方面，中国倾向于向技术水平较低的国家（地区）进行出口和进口，出口优势来自中国较高的技术水平带来的高生产率所产生的比较优势，以及中国出口产品中的技术外溢；进口动力来自低技术水平国家（地区）的产品较低的价格，将其用于加工生产，可以将更多的资源投入研发创新等价格链高端环节。

6.4.2 对三元边际的回归结果

1. 中国高技术产品贸易的三元边际测度

为分析技术距离对中国高技术产品贸易的作用机制，本节采用赫梅尔斯等（Hummels et al.，2005）的分解方法，测度了中国高技术产品贸易的出口三元边际和进口三元边际，从扩展边际、数量边际和价格边际三个维度来检验技术距离的作用机制。数据来源与上节相同，参考普遍使用的数据处理办法，将提出数量值为空值的样本，将数量值为 0 的数据样本改为 1。扩展边际即产品广度，是指中国与一国高技术产品贸易的产品种类的丰富程度，扩展边际越大说明中国实现更多商品种类上的高技术产品贸易。集约边际即产品深度，是指中国与一国（地区）高技术产品贸易占中国全部高技术产品贸易的比重，集约边际越大说明中国与一国（地区）实现更大规模的高技术产品贸易。三元边际中又将集约边际分为数量边际和价格边际。表 6－17 为数据的统计性描述。

表 6－17　　数据的统计性描述

变量	观察值数量	平均值	标准差	最小值	最大值
ln－*emex*	918	－0.354	0.367	－3.500	0.000
ln－*imex*	918	－2.366	1.127	－7.209	－0.016
ln－*qex*	918	－2.473	1.004	－9.606	0.000
ln－*pex*	918	0.108	0.615	－2.345	6.096
ln－*emim*	918	－0.661	0.921	－7.599	0.000
ln－*imim*	918	－3.149	1.389	－8.451	－0.030
ln－*qim*	918	－3.815	1.502	－9.584	0.000
ln－*pim*	918	0.665	1.174	－6.917	7.300

2. 对出口三元边际的回归结果

对出口三元边际的回归结果如表6—18所示。对于出口扩展边际，OLS回归结果显示技术距离的系数为0.010，并且在1%的显著性水平上显著，LSDV的回归结果也显示技术距离能够显著的促进出口扩展边际。经济距离和文化距离对出口扩展边际的影响不显著，技术距离、语言距离和制度距离能够显著地抑制出口扩展边际。对于出口价格边际，OLS和LSDV的回归结果均显示，技术距离的影响效果不显著。经济距离、制度距离、地理距离和语言距离具有显著的促进作用，文化距离的效果不显著。对于出口数量边际，OLS的回归结果显示技术距离的系数为0.018，并且在5%的显著性水平上显著；LSDV的回归结果也显示技术距离能够显著地促进出口数量边际，其系数为0.013。经济距离和文化距离具有显著的促进作用，制度距离、地理距离和语言距离具有显著的抑制作用。

表6—18　对出口三元边际的回归结果

	出口扩展边际		出口价格边际		出口数量边际	
	OLS	LSDV	OLS	LSDV	OLS	LSDV
ln—*techdis*	0.010*** (0.004)	0.010*** (0.002)	0.004 (0.006)	0.005 (0.005)	0.018** (0.008)	0.013** (0.005)
ln—*gdpdis*	0.009 (0.010)	0.040 (0.028)	0.045** (0.018)	0.170** (0.067)	0.094*** (0.026)	0.382*** (0.093)
ln—*wgidis*	−0.009*** (0.006)	−0.012*** (0.004)	0.033*** (0.012)	0.040*** (0.007)	−0.020*** (0.015)	−0.002*** (0.010)
ln—*geo*	−0.062*** (0.020)	−0.206** (0.080)	0.148*** (0.043)	0.033*** (0.189)	−0.085*** (0.061)	−0.223*** (0.273)
lang	−0.202*** (0.044)	−0.127*** (0.193)	0.327** (0.137)	0.697*** (0.468)	−0.229*** (0.166)	−2.172*** (0.662)
ln—*culdis*	0.074 (0.056)	0.281 (0.261)	−0.139 (0.114)	−0.520 (0.628)	0.570*** (0.163)	2.159** (0.892)
R^2	0.504	0.376	0.072	0.259	0.872	0.525
obs	918	918	918	918	918	918

注：括号内为标准误，*、**、*** 分别表示 $p<0.01$、$p<0.05$ 和 $p<0.1$。

可以看出，技术距离能够显著地促进出口扩展边际和出口数量边际，而对出口价格边际的影响效果不显著，说明技术距离越大越能够显著地促进中国出口的高技术产品种类的多样化，并且能够带来出口数量的增加，对出口价格没有显著的影响。中国倾向于向那些与中国具有较大技术水平差距的国家（地区）出口更多种类和更大数量的高技术产品。经济距离对中国出口的高技术产品种类的影响不显著，但能够显著提高出口的数量和价格。语言距离对中国出口的高技术产品的种类和价格的影响不显著，但能显著提高出口商品的数量。地理距离、语言距离和制度距离都会显著地抑制中国出口的高技术产品的种类和数量，并提高出口产品的价格。

3. 对进口三元边际的回归结果

中国进口三元边际的回归结果如表 6－19 所示。对于进口扩展边际，OLS 的回归系数为 0.013，并且在 5%的显著性水平上显著；LSDV 的回归系数为 0.009，并且在 5%的显著性水平上显著。经济距离和文化距离具有显著的促进作用，地理距离、语言距离和制度距离具有显著的抑制作用。对于进口价格边际，技术距离的作用效果不显著，经济距离、地理距离和语言距离具有显著的促进作用，而制度距离和文化距离具有显著的抑制作用。对于进口数量边际，OLS 和 LSDV 的回归结果均显示技术距离的影响效果不显著，文化距离具有显著的促进作用，经济距离和地理距离、语言距离和制度距离具有限制的抑制作用。

表 6－19　　对进口三元边际的回归结果

	进口扩展边际		进口价格边际		进口数量边际	
	OLS	LSDV	OLS	LSDV	OLS	LSDV
ln－*techdis*	0.013** (0.006)	0.009** (0.004)	0.020 (0.014)	0.012 (0.013)	0.013 (0.015)	0.016 (0.012)
ln－*gdpdis*	0.197*** (0.026)	0.182** (0.073)	0.049* (0.032)	0.389*** (0.122)	－0.197*** (0.041)	－0.186* (0.100)

续表

	进口扩展边际		进口价格边际		进口数量边际	
	OLS	LSDV	OLS	LSDV	OLS	LSDV
ln−*wgidis*	−0.013*** (0.014)	−0.011*** (0.009)	−0.052*** (0.020)	−0.026* (0.014)	−0.014*** (0.025)	−0.018*** (0.016)
ln−*geo*	−0.314*** (0.050)	−0.898*** (0.211)	0.012*** (0.076)	0.875** (0.341)	−0.866*** (0.100)	−3.108*** (0.283)
lang	−0.146* (0.085)	−0.714*** (0.512)	0.498** (0.211)	1.404* (0.832)	−0.802*** (0.207)	−3.731*** (0.701)
ln−*culdis*	0.075*** (0.127)	1.454** (0.691)	−0.158** (0.189)	−2.774** (1.121)	1.418*** (0.245)	6.745*** (0.939)
R^2	0.435	0.463	0.250	0.272	0.876	0.527
obs	918	918	918	918	918	918

注：括号内为标准误，*、**、*** 分别表示 $p<0.01$、$p<0.05$ 和 $p<0.1$。

可以看出，技术距离能够显著地促进进口扩展边际，但对进口数量边际和进口价格边际的影响不显著。说明技术距离越大，越有利于提高中国进口高技术产品的种类，但是对于进口高技术产品的价格和数量没有显著的影响。中国倾向于向那些与中国具有较大技术水平差距的国家（地区）进口更多种类的高技术产品。经济距离能够显著提高中国进口高技术产品的种类和价格，但会显著降低进口的数量。制度距离对中国进口高技术产品的种类、价格和数量均有显著的抑制作用。地理距离和语言距离能够显著地降低中国进口高技术产品的种类与数量，并且会显著提高进口产品的结果。文化距离能够显著提高中国进口高技术产品的种类和数量，但会降低高技术产品的进口价格。

6.5　本章小结

技术水平的高低直接决定着一国（地区）制造业在全球价值链中的地位，技术差距的存在使得低技术水平的国家（地区）倾向于向高技术水平的国家

（地区）进口以获得先进技术，而高技术水平的国家（地区）为保护本国（地区）的先进技术设置各种贸易壁垒。技术距离即两国（地区）在技术水平上的差距，其对贸易的影响机制比较复杂。一方面，技术距离具有壁垒效应可能会抑制贸易，因为技术水平较高的国家（地区）和技术水平较低的国家之间对技术含量的需求不一样。另一方面，技术距离具有互补效应可能会促进贸易，因为技术水平较低的国家提高本来的产品技术含量，需要向技术水平较高的国家（地区）寻求高技术资源。而高技术产品的流动正是高技术资源跨国、跨地区流动的最直接方式。

首先，本章分析了技术距离对世界高技术产品贸易的影响。通过引入包含技术距离在内的多种贸易成本，验证了技术距离对高技术产品贸易有显著的促进作用，而且是所有贸易成本中最关键的因素。技术距离不仅显著地促进进出口总量贸易，对进口和出口贸易都具有显著的促进作用。经济距离对高技术产品贸易具有显著的促进作用，地理距离、制度距离和语言距离对高技术产品贸易具有显著的抑制作用。

为研究技术距离是通过哪种机制促进高技术产品贸易，本章从李嘉图比较优势理论的角度，引入相对劳动成本差异，研究技术距离通过促进相对劳动成本差异获得比较优势，从而促进双边高技术产品贸易。本章引入了国际劳工组织提供的两种口径的劳动成本构建单位劳动成本指数来衡量一国（地区）的劳动成本。两种口径的劳动成本及多种稳健性检验均显示，技术距离能显著地促进两国（地区）间的高技术产品贸易总额、进口额以及出口额。技术距离能显著促进两国（地区）间的相对成本差异，两国（地区）间的相对成本差异对两国（地区）间的高技术产品贸易总额、进口额以及出口额有显著的促进作用。说明相对成本差异是技术差异影响高技术产品贸易的中介因素。

其次，本章以中国为例，着重分析了技术距离对中国高技术产品的影响。技术距离不仅有助于促进中国高技术产品的出口，也有助于促进中国高技术产品的进口，这就使得技术距离推动了中国高技术产品的整体贸易水平。与技术水平较高的国家（地区）的贸易中，中国的出口优势来源于较低的产品价格，进口动力来自通过进口获得技术水平较高的国家（地区）的技术外溢，推动本国的技术创新。与技术水平较低的国家（地区）的贸易中，中国的出口优势来自较高的技术水平带来的高生产率所产生的比较优势，以及出口产品中的技术外溢；进口动力来自低技术水平国家（地区）的产品较低的价格，将其用于加工生产，可以将更多的资源投入研发创新等价格链高端环节。

为分析技术距离对中国高技术产品贸易的作用机制，本章测度了中国高技术产品的出口三元边际和进口三元边际。实证结果显示，技术距离能够显著地促进出口扩展边际和出口数量边际，而对出口价格边际的影响效果不显著，这说明技术距离越大能够显著地促进中国出口的高技术产品种类的多样化，并且能够带来出口数量的增加，对出口价格没有显著的影响。此外，技术距离能够显著地促进进口扩展边际，但对进口数量边际和进口价格边际的影响不显著。说明技术距离越大，越有利于提高中国进口高技术产品的种类，但是对于进口高技术产品的价格和数量没有显著的影响。

第7章

技术出口管制与中国高技术进口

7.1 世界技术强国的技术出口管制体系

为维持自身的技术优势和世界领先地位，美国、日本、欧洲等发达国家和地区自20世纪50年代起，通过立法、制定政策等行政手段，对发展中国家采取高技术出口审查和管制措施，其形式主要有多边出口管制和单边出口管制两种。

多边出口管制是指几个国家政府，通过一定的方式建立国际性的多边出口管制机构，商讨和编制多边或单边出口管制国别、规定出口管制办法等，以协调彼此的出口管制政策和措施，达到共同的政治和经济目的，目前多边管制体系主要包括五个非正式组织和三个重要国际条约：瓦森纳协定组织、核供应集团、桑格委员会、澳大利亚集团和导弹技术管制组织，以及《核不扩散条约》（1970年生效）、《禁止生物武器公约》（1975年生效）、《禁止化学武器公约》（1997年生效）。非正式组织以军民两用技术管制为主，国际条约则以武器管制为主。

瓦森纳协定组织由巴黎统筹委员会转型而来，旨在通过信息通报机制，提高常规武器、敏感两用物项及技术转让方面的透明度，从而协助组织成员规范出口管制法规，防止相关敏感物项和技术扩散。该机制包含两份控制清单：一份是军民两用产品和技术清单，涵盖了9大类物项与技术；另一份是军用产品清单，涵盖了各类武器弹药、设备及作战平台共计22类物项与技术。

核供应国集团通过实施核及与核相关物项及技术的出口管制准则，防止和平利用核能的相关物项被转用于发展核武器或者其他核爆炸装置，以期防止核武器及其技术扩散。截至2018年，核供应国集团有48个成员国。

桑格委员会根据《不扩散核武器条约》第三条第二款，制定了向未参加该条约的无核国家出口核材料、设备和技术的控制条件与程序。委员会制定了核材料和设备的出口管制清单，规定出口清单项目只有在得到充分监管的情况下才可出口。该委员会的管制决定与清单对成员国没有法律约束力，只对各国制订核出口政策起指导作用。

澳大利亚集团是生化领域最重要的多边出口管制体系，其宗旨是确保成员国不会有意或无意地协助某些国家或恐怖分子获得生化武器，并通过协助成员国采取出口许可措施，确保某些化学品、生物用品及用于制造生化两用品的设施和设备的出口不会导致生化武器的扩散。

导弹技术管制组织限制包括导弹开发、生产和操作所需的所有关键设备和技术，防止可运载大规模杀伤性武器的导弹和无人驾驶航空器及相关技术的扩散。各成员国根据MTCR准则（Missile Technology Control Regulation）和附件制定出口控制法规，并定期相互通报发放导弹相关出口许可证的情况。该制度特别关注能够运载至少500公斤载荷且射程在300公里以上的导弹，即“I类项目”受控物项。

单边出口管制则是指一国根据本国出口管制法案，设立专门机构对本国某些商品出口进行审批和颁发出口许可证，实行出口管制。以下就主要国家的出口管制体系进行说明。

7.1.1 美国的技术出口管制体系

美国出口管制政策最早由军民两用项目管理和军用项目两部分构成。高技术出口管制体系主要是管理军民两用品项目，对该项目实施管制的主要法律依据是美国 1997 年出台的《出口管理法》以及根据该法制定的《出口管制条例》等其他一系列相关文件。该类管制项目主要由商务部下属的工业与安全局负责，并具体执行政策的实施、协调和出口许可证审批等工作。在“管理出口、提高出口管理效率，以及最大限度减少干预参与商业活动能力”的宗旨前提下，美国技术出口管制的产品和范围主要包括以下两方面：一是限制能够大大增强任一国家或国家集团的军事潜力从而损害美国国家利益的产品和技术出口；二是限制那些为有效促进美国对外政策或履行公开宣布的国际义务而必须限制的产品技术出口。并且在具体决定是否向目标国或集团出口的过程中，还应考虑到：该国是否社会主义国家；与美国的盟国和敌国现存及潜在的关系状况如何；再出口控制的能力；以及总统认为需要考虑的其他因素等。

为了顺利执行出口管制政策，美国政府和国会还制定了以下一系列的可供操作的具体措施：

（1）发放许可证。根据美国出口条例规定，除了可以向加拿大直接输出多数商品和技术外，美国对世界上任何国家出口的商品和技术都必须获得由商务部工业与安全局制订及签发的普通许可证或核准许可证或特别综合许可证。许可申请通常会经过多重的审查过程，包括国防部、能源部、情报机构、美国国家航空航天局，以及国务院相关部门在内的美国政府相关机构都会参与审查。在这一过程中，美国政府会对申请人的资质、参与交易的各方和产品的最终用途进行审查，评估拟向最终用户出口的产品质量和数量是否适当，以及出口行为是否存在法律上的障碍、国家安全隐患或任何与美国外交政策相悖之处。

（2）制定出口管制清单。美国出口管制的主要清单分别是商业管制清单、美国军用品清单与核管理委员会管制目录。其中，商业管制清单主要针对军民两用品，清单名录项目来源于包括瓦森纳协定组织、澳大利亚集团、核供应国集团、导弹技术管制组织等多边出口管制体系准则，也包括其他出于实现美国外交政策等目的而控制的项目，如反恐、犯罪控制、枪支公约、地区稳定、联合国制裁等。美国出口商品管制清单上的商品类别经常发生变动，并随客观环境的变化而不断调整，该清单是确定一个具体出口项目应该适用普通许可证还是核准许可证的关键性依据之一。除此之外，针对多边管制清单上没有列出但可以用于大规模杀伤性武器及弹道导弹开发的低级别军民两用品按照“全面控制”的原则出口。如果出口商发现或有理由相信其出口的物项将被用于大规模杀伤性武器开发，或被商务部告知该出口会带来防扩散风险，那么该项出口将适用“全面控制”原则。如果美国政府经审查认为该出口申请会造成不可接受的核生化武器扩散风险，或有助于弹道导弹技术的扩散，那么该出口许可的申请将被拒绝。

（3）根据国别进行分组。美国依据不同国家对其国家安全、对外政策的影响程度和短缺控制的需要实行不同的管制，除加拿大外，按照管制的严格程度从严向宽依次是，Z 组：出于外交政策原因实行全面禁运的国家；S 组：出于国家安全、反恐、不扩散和地区稳定的需要，除药品、医疗用品、食品和农产品外全面管制的国家；Y 组：允许非战略物资出口，但出于国家安全需要，禁止任何涉及军事用途、有助于提高军事能力、有损于美国安全的商品和技术出口；W 组：基本原则同上，但管制范围更宽松；Q 组：基本规定同上，限制更少一些；T 组：总原则和政策同下述的 V 组，但对刑侦设备、军用设备进行许可证管理；V 组：基本不存在管制的国家，但该组内各国的待遇存在差别。

（4）严格的制裁措施。违反出口管制规定将面临严厉的刑事和民事处罚。对于违反军民两用品出口管制的行为，最高可处以 50 万美元的刑事罚款，对违法者最高处以 10 年监禁，每项违法行为还可能被处以最高 1.2 万美元的民事罚款，并被剥夺出口许可。一旦美国政府发现疑似违反美国出口管制规定的行为时，也将设法说服有关国家进行阻止。美国出口管制的法律法规还规定对涉及转让某些军事装备或存在其他扩散问题的国家、实体或个人实施强制性或酌情制裁。

自 2008 年金融危机以来，美国政府为了促进出口和经济复苏，于 2010 年

4月启动了出口管制体系的改革。这次改革将主要着眼于产业发展，把经济利益摆在更突出位置。一方面，甄别关系美国国家安全的关键产品和技术，对其出口施行更加严格的管制，在“更少的物项周围筑起更高的围栏”；另一方面，将那些对美国国家安全重要性相对较低的零部件、产品和技术，从军品清单移至商业管制清单，适用更加宽松和更加灵活的出口管制政策，促进这些产品和技术出口。该项改革分三阶段进行，涉及管制清单、许可政策、管制执法和信息系统四个领域。

第一阶段主要是继续做好已经启动的工作，为后续改革做好准备和铺垫，讨论并确定拟定单一管制清单的标准。该阶段的具体工作包括：消除两份清单之间管辖范围混乱的情况；制定新的独立管制准则，筛选受管制产品进入新的分级管制清单；精简许可证签发过程，统一政策和程序，以提高效率；设立执法协调中心，协调执法行动；确定企业需要，为出口商创造统一的美国政府切入点。第二阶段主要是具体实施管制清单的重构、整理与合并工作。政府在此阶段会实行分级出口管制清单措施，建立统一的信息技术体系，实现单一许可证签发制度。该阶段的工作包括：将两份清单整理成相同的分级架构、应用准则、取消单边管制及向多边提交议案；过渡至实现一份管制清单制度，全面协调许可证签发程序，让各级出口管理机构能简化签发程序而不是影响国家安全；扩大执法和自律范围；进一步过渡至一个电子签发系统。第三阶段则是完成清单统一，实现机构统一和系统的更新，并相应建立起统一的电子信息系统。这一阶段的工作具体为：把两份清单合并，实行系统化程序管理，并持续更新清单；设立统一的许可证签发机构；整合某些执法行动，由一个基本执法协调机构负责；配合许可证签发及执法工作，推行统一的企业资讯科技系统。

其中，管制清单改革是关键。美国国务院和商务部颁布了三套关于管制清单改革的最终规则，军品清单21个大类中15个大类下的物项和技术，部分或全部移至商业管制清单。其中，第8类飞机及有关设备和第19类中天然气管道机械的转移尤为重要。这两个领域的零部件出口许可占美国品清单出口许可的75%，是美国企业申请出口许可的主要产品。

许可政策改革围绕着合并国务院、商务部、财政部各自管理的出口筛选清单展开，主要目的是方便出口企业快速查询境外交易伙伴在美国出口管制体系中的位置，以更好地遵守美出口管制法律。同时，三个联邦机构开发了单一的许可表格，对一些关键术语的含义进行了协调。

管制执法改革修改了违反军品管制法律的刑事处罚措施，将最高10年的监禁提高到20年，与违反军民两用产品和技术管制法律的刑事处罚措施实现协调。并于2011年11月9日成立了统一的出口执法协调机构——出口执法协调中心，该中心由美国国土安全部、商务部、司法部、国务院、国防部、能源部、财政部、国家情报主任办公室、邮政局、进出口银行10个部门的若干内设机构组成，由国土安全部管理，负责对相关部门的出口管制执法工作进行协调。

信息系统改革是将美国国务院和商务部的出口审批机构都统一转向了国防部2003年开发的许可数据平台（USXPorts）。商务部为了克服信息技术和安全方面的挑战，还实施了包括SNAP－R、IMS－R、SIPRNet等分系统项目。目前，信息系统改革任务基本完成。

7.1.2 日本的技术出口管制体系

根据技术出口审查与管制的需要，日本政府建立了以《外汇及外国贸易法》、《进出口交易法》和《出口贸易管理令》为主体的出口管理法律体系，针对技术提供限制、出口的事前审批和事后审查等制度做出了详细的规定。并以1949年颁布的《外汇及外国贸易法》为日本实施技术出口审查和管制的核心依据。该法规定，在日居住者向非在日居住者提供与特定种类货物的设计、制造或使用有关的技术之前，须得到相关政府部门批准。根据该法大规模杀伤性武器、核能相关物品、化学及生物武器相关物品、尖端材料等均被列为技术出口管制对象范围。并规定经济产业省和地方经济产业局在出口管制相关事务上具有直接管辖权，海关、财务省、日本银行及日本授权外汇银行根据各自职责进行相应管理。

2002年4月起，日本经济产业省开始实施的以所有的货物和技术为对象的名为“全管制”的安全保障出口管制制度。它的实施对象除了恐怖组织，就是朝鲜和中国等被日本政府认为“有潜在威胁”的国家。根据这一制度，经济产业省会定期公布有可能涉足大规模杀伤性武器研发的最终需求者的“外国用户清单”。其管制领域极为广泛，除了食品和木材等之外，几乎所有的货物和技术都被列入了管制对象。在经济产业省公布的“全管制”管制的对象目录表中，日本出口货物按HS分类的97类出口产品中，有49类处于管制范围。虽然表面上看起来管制类别仅占了50.5%，但其囊括了日本对外贸易的所有具备一定技术水平的产品，而剩余的49.5%的出口产品基本上是资源密集型和劳动力密集型产品，并且其出口比重非常低，对这一部分产品几乎没有任何管制的必要。该制度以事先申报、企业自查、事后严惩为主。经济产业省还列出了琳琅满目的有关敏感“货物”的清单，如果出口公司的商品在这个清单之列，必须向经济产业省进行申报，获得经济产业大臣的同意。日本出口企业在向列入名单的外国企业出口有关敏感货物、技术时，须向经济产业省进行“事前咨询”（实质上是审批），否则不得出口。

之后，在2009年4月30日日本政府颁布了《外汇及外国贸易法》修正案。该修正案不但扩大了日本技术出口审查对象范围，而且加重了违规惩罚措施。该修正案规定，日本国内不论任何人携带受管制技术出境或通过各种介质（USB存储器、电子邮件、口头指导等）向境外任何人提供受管制技术之前，都必须获得经济产业大臣的许可。该修正案还规定，从事与安全保障相关机密技术出口的企业等部门必须遵守经济产业大臣制定的“出口部门守则”。该守则要求相关部门必须明确出口管理责任人；建立组织部门内部的出口管理体制（业务分配、责任关系），制定相关审查条例，明确审查流程；一旦发现违规行为或可能违规的行为时，立即向经济产业大臣报告，采取必要措施加以防范。日本政府还采取对100家企业进行临时抽检的办法，了解《外汇及外国贸易法》的遵守情况。对于对技术出口疏于管理的企业，日本政府将要求其负责人提交情况说明书和改善保证书。

与美国技术出口管制体系不同的是，日本技术出口管制体系具有产官学相结合的特点，日本经济产业省、地方经济产业局、全国产业联合会和大学的科研机构通过多种形式，共享信息和科研成果、对法律规章提出建议进行修改、开展国际合作及研讨。同时，日本的民间团体也在其中积极发挥作用，安全保障贸易情报中心（The Center for Information on Strategic Technology，CISTEC）是日本1989年成立的唯一关于出口管制问题的非营利性综合推进机构。该机构集合了日本出口管制领域的专家，积累并活用安全保障出口管理知识，特别是该中心接受对于出口许可申请的各阶段及货物、技术是否为管制物项等具体问题的咨询，对日本产业界的自主出口管制工作进行了有力支援。

7.1.3　欧洲国家的技术出口管制体系

英国、法国、德国等主要欧洲国家的技术出口管制体系建立在欧盟技术出口管制体系的基础上，同时各个国家又具有自身的特点。

1. 欧盟技术出口管制

欧盟对高技术贸易限制重重，欧盟现行的两用物项出口管制的具体法律依据是《第428/2009号欧盟理事会规章》（以下简称《规章428/2009》），该规章旨在促进合法贸易，使管制机构可以集中对两用物项的出口、转运、中间商及过境进行管制，以及打击欺诈行为等。在欧盟的出口管制机制下，受到管制的物项在没有出口许可的情况下不能离开欧盟关税区。同时，该机制对与两用物项相关的中间商和中间商服务的条款以及通过欧盟进行的两用物项的过境也有额外的限制规定。欧盟目前有四类出口许可。

（1）欧盟通用出口许可。根据欧盟理事会于2011年11月对《规章428/2009》进行的修订，目前有六种“欧盟通用出口许可”根据不同的物项分别发向不同的国家（地区），分别为：“第EU001号欧盟通用出口许可”，为原本的“欧共体通用出口许可”；“第EU002号欧盟通用出口许可”，发放给目的地为阿根廷、克罗地亚、冰岛、南非、韩国、土耳其的指定物项出口的许可证；“第EU003号欧盟通用出口许可”，发放给目的地为中国、巴西、智利、冰岛、印度、墨西哥、俄国、新加坡、南非、韩国、突尼斯、土耳其、乌克兰及阿联酋

13 国的经过修复或置换的物项出口的许可；“第 EU004 号欧盟通用出口许可”，发放给目的地为中国、阿根廷、巴西、智利、冰岛、印度、俄罗斯、新加坡、韩国、南非、突尼斯、土耳其、乌克兰及阿拉伯联合酋长国等 22 国的为展览会或交易会所临时进行的物项出口的许可证；“第 EU005 号欧盟通用出口许可”，发放给目的地为中国、阿根廷、克罗地亚、印度、俄罗斯、南非、韩国、土耳其及乌克兰 9 国的电信相关物项出口的许可；“第 EU006 号欧盟通用出口许可”，发放给目的地为阿根廷、克罗地亚、冰岛、韩国、土耳其、乌克兰 6 国的化学品相关物项出口的许可。

（2）国家通用出口许可。这类许可可以由各成员国在符合《规章 428/2009》的条件下独立颁发。此许可使得出口商不必受数量和价值方面的限制向某些国家出口某些两用物项，但必须与现行的欧共体通用出口许可的规定相一致。国家通用出口许可应公开发表于许可发放国的官方公报。目前，以下 7 国拥有此许可的发放权：法国、德国、希腊、意大利、瑞典、荷兰和英国。

（3）全球出口许可。这类许可是由欧盟成员国独立发放给某一出口商的，涵盖出口到一个或多个国家/最终用户的一种或多种两用物项的许可。

（4）单项出口许可证：这类许可一般是指由欧盟成员国独立发放给某一出口商的，涉及一个最终用户的许可。

根据《规章 428/2009》的主要原则，清单所列的被管制物项在没有出口许可的情况下不能离开欧盟关税区。该管制清单共分为十类，0 类：核材料、设施与设备；1 类：特殊材料与相关设备；2 类：材料加工程序；3 类：电子产品；4 类：电脑；5 类：电信与“信息安全”；6 类：传感器与激光；7 类：导航与航空电子设备；8 类：海事；9 类：航空航天与推进系统。

每类物项下又分为五项，A：系统、设备与部件；B：测试、检验与生产设备；C：材料；D：软件；E：技术。

各成员国有权管制附加的或未列入清单的两用物项的出口。同时，若某一个清单外物项出口到某一最终用户可能产生风险，成员国可以通知出口商提供该物项的出口许可；因存在某项出口具有转移至大规模杀伤性武器计划或者违反禁运的风险，出口商须在出口前向国家主管部门查询是否需要办理许可；在潜在地具有促进大规模杀伤性武器计划或者向禁运国家运送武器的可能性的情况下，相关的技术支持也受到管制。

在欧盟，出口管制的执法和处罚属于成员国的司法管辖范围。欧盟大多数国家采用行政执法，主要的处罚形式有警告、罚款、没收和吊销出口许可证等，并根据违规情况进行刑事或民事指控。但由于各成员国具有对违反出口管制的情况进行执法和处罚的自由，欧盟各国的执法机制和处罚结果存在着差异。

2. 英国的技术出口管制体系

英国的出口管制被称为战略性出口管制。自1939年英国制定《进口、出口和海关权力法案》以来，已形成了一套较为完整和成熟的体系。

英国对技术贸易的出口管制法规主要为欧盟法和国内法。欧盟法主要依据关于两用物品及技术出口的《第428/2009号欧盟理事会规章》。国内法主要为2002年颁布的《出口管制法案》和依据此法案制定的《2008版出口管制条例》。《出口管制法案》是英国关于军事和军民两用产品技术出口管制的主要法律，其替代《进口、出口和海关权力法案》，提供了一个更加透明的框架，并增加了议会问责制，还赋予了英国政府延伸管制的权力，以巩固先前的次级立法和实行新的管制范围。《2008版出口管制条例》管制对象主要包括：战略货物出口、技术转让和提供技术援助、与海外国家之间的军事装备贸易（管辖任何一部分活动发生在英国的情形）、依据欧盟或安全合作组织武器禁运目的的法规或声明中所执行的贸易控制。

英国出口管制的主管部门为商业、创新与技能部所属的出口管制组织。主要负责：制定出口管制规章制度，出口许可证审批、发放及管理，向企业的宣传和教育、为企业提供咨询，对拥有许可证的企业进行监督以及维护官方网站等工作。

英国企业在出口之前必须预先获得所需的出口许可证，如果没有许可证但蓄意试图出口受控货物，可能会被处罚最高达10年的监禁和无限额罚款。出口管制组织颁发的出口管制许可证分为以下七种：开放通用出口许可证、欧共体通用出口授权、标准个体出口许可证、开放式个体出口许可证、全球项目许可证、转运许可证和贸易管制许可证。

在 2006 年 3 月，出口控制组织推出了一个名为货物检验器的网络搜索工具，可以帮助英国出口商判定它们的货物、软件或技术是否需要遵守英国或欧盟委员会的战略出口控制法律。出口控制单上所列的内容都需要出口许可证，包括军事、准军事和双重用途的货物，出口控制单的内容还不限于此。如果某个具体的终端用户将未列入受控物品清单的物项用于某种最终用途的行为受到关注后，则这些物项也可受到出口控制。即所谓的终端使用控制或全部涵盖控制。其他类型的货物或某些活动的出口可能会由于某些事件而受到出口控制，如针对某些国家或地区实施的贸易制裁或武器禁运。

3. 法国的技术出口管制体系

法国在出口管制上遵循欧盟《第 428/2009 号欧盟理事会规章》，法国两用物项和技术出口管制属于生产振兴部的职责，具体管理机构是两用物项管制办公室。该办公室主要负责两用物项出口许可证审批和指导。它拥有一支专家库，包含来自工业经济部、国防部、海关、原子能机构和外交部等多个不同政府部门的 16 位专家。法国还设有两用物项部际委员会。该委员会由外交部主持，当遇到最敏感的问题时，两用物项管制办公室将与两用物项部际委员会共同沟通处理。

当前，法国两用物项和技术出口许可证分为单项许可证、国家通用许可证、全球许可证和欧盟通用许可证四类。

单项许可证是指发放给某一出口商的，涉及一个最终用户的许可。它是出口商从事出口业务，特别是敏感物项贸易业务的基本执照。国家通用许可证是根据欧盟《第 428/2009 号欧盟理事规章》的规定，由法国主管部门颁发，并公开发表于官方公报的许可。全球（欧盟）许可证是发放给某一出口商的，涵盖出口到一个或多个（欧盟）国家或最终用户的一种或多种两用物项的许可。

法国非常注重出口管制执法体系建设，在世界多国依靠海关派驻机构确保出口管制的实施，并明确规定了执法的程序和违反管制行为的处罚办法。法国海关通过国内和国际的驻办机构保障出口管制的实施。法国在出口管制执法中非常注重核查工作。一般情况下，法国的外交任务是参与最终用户检查和交付核查程序。法国外交、海关和情报官员通常还会保持与其外国同行的经常性接触，作为进一步确保出口商合规的手段。针对某些国家（地区），法国其他机构也会参与到核查和数据收集过程中来，如代表国防部的对外安全局，以及国家海关情报及调查局有能力进行核查测试。

对于出口管制违法行为，法国有明确的处罚规定。依据法国《海关法》第 414 条，未经许可的出口违法行为可处以 3～5 年的监禁，除此以外，缴纳等同于欺诈物项价值 1～2 倍的罚款，如在 5 年内再犯罚金可加倍。

4. 德国的技术出口管制体系

德国于 20 世纪 60 年代开始实行出口管制，以联合国决议、北约政策和欧盟法令及决议为基础，德国政府于 1961 年先后出台了《战争武器控制法》、《对外贸易和支付法》和《对外经济条例》，明确规定了国家实施出口管制的产品范围、措施、企业申报义务和主管部门审批标准，并详细列出军品及两用物项与相关技术的出口管制清单。德国两用物项出口管制清单基本执行欧盟《第 428/2009 号欧盟理事会规章》的规定。同时，德国《对外经济条例》还规定了 C 类为两用物项清单。该清单不仅将欧盟《第 428/2009 号理事会规章》附件完全覆盖，还增加了一些其他物项。目前，C 类第一部分包括 650 个物项，主要涉及核原料、厂房及设备；化学品、微生物和毒素；原料加工；一般电子产品；电脑；电信、信息安全；传感器和激光器；航空电子及导航设备；海洋和船舶技术；动力系统、航天器和相关设备。

德国出口管制的职能部门为联邦经济与技术部下属的联邦经济与出口管制局，其专注于制定联邦政府出口管制政策，发放出口许可，进行技术评估，并开展国际机制交流与合作。

德国联邦经济与出口管制局发放的出口许可证主要有以下三种不同类型：

（1）单项许可/最高限额许可。即一次许可仅对一个或多个物项基于一个收货方的一份订单有效。

（2）集合出口许可。在特定情况下对特定出口商颁发的许可。

（3）通用许可。适用于特定国家和项目，也适用于欧盟通用出口许可，但附加了联邦经济与出口管制局规定的条件。已申请通用许可的物项不能再申请单项许可。联邦经济与出口管制局颁发的通用许可均刊登在政府公报上，出口商或经销商无须专门申请，但需要作为使用者在第一次出口或转运前后 30 天内备案。德国还要求所有许可申请必须提交最终用途证明，由最终用户或委托人对最终目的地和用途进行声明。

7.2 美国技术出口管制与中国高技术产业发展

7.2.1 美国实施高新技术产品出口管制的原因

美国科学院于 1991 年联合其他有关部门提出研究出口管制的报告《寻找公共点：改变全球环境下的美国出口管制》（1991）（以下简称《1991 年报告》）。

《1991 年报告》指出，全球环境的新变化需要适当的出口管制。该报告认为美国正面临着全球经济结构变化、全球技术扩散速度加快、美国技术和制造优势地位下降、日本和新兴工业化国家及地区技术和制造优势不断上升、全球经济和金融实力分布不断变化、出口对美国经济重要性日益增加等一系列经济和技术挑战，执行过于严格的出口管制不利于美国经济的发展。但是，为了维护美国的国家安全和保持技术优势，不得不执行出口管制，适度的单边出口管制和有效的多边出口管制可以帮助美国平衡这一问题。①

美国科学促进会，美国物理学会和战略与国际问题研究中心联合工作组

① Panel on the Future Design and Implementation of U. S. National Security Export Controls, Committee on Science, Engineering, and Public Policy, National Academy of Sciences, National Academy of Engineering, Institute of Medicine. 1991. Finding Common Ground: U. S. Export Controls in a Changed Global Environment, The National Academies Press Homepage.

（2008）在其报告《核武器：21 世纪美国国家安全》中指出，对与核武器相关的设备和产品进行出口管制关系到美国的国家安全，因此必须实行管制。①

7.2.2　美国对中国的技术出口管制研究

韩立余（1999）指出，美国出口管理的模式是，禁止所有的出口，除非已经获得了一般许可、有效许可或出口管理局授权的出口。崔丕（1999）指出，在艾森豪威尔政府时期，美国缓和了对苏联与东欧各国的贸易管制，但继续对中国执行全面贸易禁运政策。郭又新（2003）指出，杜鲁门政府时期，美国的对日政策和对华政策出现了根本性的转变，带动了美国对中日贸易管制政策的调整，即从允许中日进行易货贸易转向迫使日本对中国实施比输出管制统筹委员会其他成员更为严厉的管制。李鹏（2004）对美国国内出口管制的相关法规和美国主导的多边出口管制体系做了介绍，分析了冷战前后美国对中国的技术出口管制政策，指出美国对中国技术出口管制是美国对中国"潜在的唯一战略对手"认知的负面结果，美国对中国技术出口政策上的变化反映了美国对中国战略政策的变化。揣莉坤（2009）指出出口管制制度是美国用来维持符合自身利益的国际经济秩序的一个手段。美国对华技术出口管制的松紧程度随着中美关系的变化而变化，美国的出口管制制度服务于维护国家安全，推行外交政策。在新的国际形势下，经济安全成为新的战略指导目标，在以经济安全为首的宏观指导下，美国正逐步放宽对华技术出口管制，但离全面解禁还有很长的时间；出口管制放松的对象仅限于民用高科技产品及少许军民两用产品，对于军用产品仍然采取严格的出口管制政策。

国内有些学者专门针对美国对中国的出口管制进行了研究。李志军（1999）指出，多年来，美国政府对中国采取歧视性的出口管制政策，使美国公司正常的对华贸易活动难以展开，美国企业失去了进入中国市场的许多机

---

① AAAS, the American Physical Society, and the Center for Strategic and International Studies, 2008. Nuclear Weapons in 21st Century U. S. National Security, AAAS Homepage.

会。邓峰（2001）指出，1948～1958年，美国对中国的管制政策严重阻碍了中日贸易关系的发展，进而阻碍了中日关系正常化的前进步伐。这不仅延缓了日本战后的经济复兴，阻挠了中国现代化的进程，而且使美国付出了巨大的经济代价：为了扶植日本，贯彻遏制战略，美国不得不向日本提供巨额经济援助，从而背上了沉重的财政包袱。刘雄（2002）认为，美国严厉的对华贸易管制政策造成的后果是严重的。首先，中国委员会的建立使中国与西方国家的贸易急剧减少，而与苏联、东欧国家的贸易迅速扩大。其次，美国全面贸易禁运诚然阻碍了中国的现代化进程，但同时这种政策也同样损害了美国自己。美国政府不仅每年要付出4 000万至7 500万美元的经济代价，美中持续对抗下去的结果更会使美国为此付出难以估量的政治代价。美国严厉的对华贸易管制政策在某种程度上的确达到了美国政府原先设想的目标。李鹏（2004）指出，技术出口管制是一把“双刃剑”，它是以牺牲美国的部分出口利益为代价来追求某种政治和安全利益的。因此，它虽然能在一定程度上限制中国高科技的发展，但也会对美国的商业利益产生极大的负面影响。李安方（2004）从经济全球化、国际科技竞争以及中美两国战略利益互动的角度来评判美国对华技术出口管制政策的效果，认为美国对华技术出口管制是一把“双刃剑”，美国在限制高新技术流向中国的同时，也极大地伤害了本国的商业利益，引起了美国大型商业集团的普遍不满，美国商界对这一政策的抵制态度在一定程度上削弱了这一政策的执行效果。随着经济全球化的不断深化，美国在高科技领域的垄断地位不断削弱，其对华技术出口管制政策正面临着越来越大的国际竞争压力。杨益民（2004）认为，美国的出口管制政策是加大中美贸易不平衡最重要的原因。宫旭平（2005）发现美国通过推行“中国差别”政策阻碍中国现代化进程，这一政策使美国与西方盟国关系进一步恶化。张波、刘枕岳（2009）指出，美国对华出口管制规定对中美双边贸易产生了诸多不良影响：美国企业因美国对华出口管制政策失去了许多潜在的贸易机会，付出了高昂的机会成本，而这一损失将远远大于被拒绝的许可证数字所能反映的金额；影响了中国技术进口；在一定程度上影响两国关系的正常发展。

7.2.3　美国的高新技术产品出口管制发展脉络

美国政府对高新技术产品的出口进行管制，并将其作为一种手段，用来实现美国国家安全利益和外交利益目标。在美国政府看来，通过其出口管制系统，美国政府能有效达到以下目的：（1）限制其他国家获得美国的敏感技术和武器以维护美国的国家安全；（2）维护地区稳定；（3）将人权纳入考虑范围之内；（4）防止武器和技术包括大规模杀伤性武器扩散到有问题的最终用户和支持国际恐怖主义者的手中；（5）和国际责任保持一致。以下，我们首先从美国高新技术产品出口管制政策的历史沿革、美国高新技术产品出口管制的相关机构及其职能、美国高新技术产品出口管制的措施、美国高新技术产品出口管制的执行情况、美国高新技术产品出口管制的特点等几个方面来对这一体系进行介绍。

1. 20世纪70～80年代

美国从20世纪70年代开始主要对高新技术及其产品进行管制，出台了《1979年出口管理法》以规制美国两用产品、软件和技术的出口或再出口。80年代，美国加强了对高新技术产品的出口管制。1985年6月12日，《出口管理法修正案》得以通过。该法在以下四个方面对高新技术产品出口管制进行了规定：（1）出于外交因素而实施出口管制时，总统必须与国会协商；（2）现有合同不受外交政策的限制；（3）如果进口国可以从其他国家获得同样的产品或技术，商务部就不能拒绝签发出口许可证；（4）缩短出口许可证审批的时间。1987年《平衡国家利益：美国国家安全出口管制与全球经济竞争》（Balancing the National Interest: U. S. National Security Export Controls and Global Economic Competition）报告引起了美国国内的广泛关注。该报告指出，美国面临如欧洲国家比美国更宽松的出口管制政策、激烈的国内市场和国际市场竞争等诸多挑战，这些因素使得国家安全出口管制的负面影响损害了美国经济的健康发展。迫于压力，美国国会于1988年通过了《1988年综合贸易与竞争力法案》。该法案要求放宽对装有微电脑的科学和医疗仪器的出口管制、削减单边管制的规模、减少对转口贸易中产品的出口限制（张继民，2009），放松对许多产品的再出口管制，并降低了许可证发行要求，缩短了出口审核的时间等（A. James et al.，1999）。为了保证这一法案的执行效果，美国商务部还专门制定了《出口管理条例》(Export Administration Regulations)，用来指导有关部门执法和出口商办理出口许可证手续，该条例汇集了美国所有出口管制法的有关规定。

2. 冷战结束至小布什政府时期

20 世纪 90 年代初期，苏联解体，冷战结束，美国成为当时世界上唯一一个超级大国。面对新的国际形势，美国大大缩小了其出口管制的范围。但仍然对一些两用领域的高新技术产品实行禁运政策，并对出口到利比亚、伊朗、朝鲜、叙利亚、古巴和伊拉克等国家的高技术及军备物资实施管制（林利民，1998）。

1993 年 9 月，克林顿政府一改以往对高新技术产品出口的严格管制，推出高新技术产品新战略。该战略的核心是放松部分高新技术产品的出口管制以提升美国高新技术及其产品的竞争力；严格管制那些生产大规模杀伤性武器所需要的关键性技术以防止核扩散；加强多边出口管制合作以提高出口管制的效果。1994 年 2 月，克林顿政府又提交了一份议案给国会，要求对《1979 年出口管理法》进行修改，放松对部分敏感技术的出口管制以推动美国经济的发展。国会批准了这一议案，从当年 4 月 4 日开始，美国放松了对计算机和其他一些高新技术产品的出口管制。到 1998 年，美国所管制的军品项目主要包括那些可能会导致美国遭到不对称攻击的武器与技术，如核生化武器及其投掷系统、先进的常规武器和高技术武器、无人驾驶飞行器等。“9·11”事件之后，面对恐怖主义分子的猖獗行为，小布什政府加强了高新技术产品出口管制。于 2005 年对出口管理条例进行了修订，简化了国别分类组，并继续推进多边出口管制体系的建立和完善。至 2007 年美国不顾本土企业反对限制出口到中国的高新技术产品包括：航空器及航空发动机、惯性导航系统、激光器、光学纤维、贫铀、水下摄像机及推进系统、先进复合材料以及高科技通信器材。2009 年 1 月

14 日，小布什总统在其任期的最后一个星期，放松了对中国的高新技术产品出口管制，将从前对出口到中国的高科技进行逐个审查，改成发放执照给中国的民用企业。

3. 奥巴马时期

美国国家科学院于 2009 年 1 月初提交了一份报告给当时的候任总统奥巴马。该报告指出，在过去的几十年里，美国在所有技术领域都具有绝对的技术领先优势，通过出口管制来限制其他国家获得重要技术是非常有用的。但是如今不同了，美国的科技垄断地位正在逐渐丧失，美国应该在一年之内对高科技出口管制政策重新进行评估，建立一个以“开放和接触”为主要特色的新政策，以便平衡美国的国家安全和经济利益。2009 年 8 月，奥巴马总统对美国出口管制体系进行了广泛深入的审查，想通过将焦点放在目前的威胁、适应新的经济和技术形势上来加强国家安全与美国核心制造部门及技术部门的竞争力。这次审查说明美国的出口管制体系太复杂，包含了太多累赘的东西，试图保护的东西太多，以至于削弱了美国集中精力维护的最关键的国家安全利益的能力。

4. 特朗普时期

自特朗普入主白宫以来，美国政府逆全球化引用单边保护主义，点燃了国际贸易战的硝烟。近年来，在中美经贸关系尚无明显转好之际，特朗普政府在持续向中国加码施压之外，更是与国会密切配合，积极推动针对出口管控制度、外商投资审查等政策工具的集中式立法改革，中国成为其主要针对目标。

（1）改革出口管控制度。为提升高技术和敏感技术的贸易门槛，特别是应对商业行为中越来越多的军民两用技术的出口，反制中国的产业政策，特朗普政府加快了现行出口管制法律法规的审查和改革。2018 年 2 月 15 日，美国众议院外交事务委员会主席罗伊斯（Edward Royce）和资深议员恩格尔（Eliot Engel）向国会提交了对于两用物项出口控制的改革议案——《出口改革管制法案》(Export Control Reform Act，ECRA)。经过几次修订，ECRA 已纳入美国《2019财年国防授权法案》（National Defense Authorization Act，NDAA），并在8月1日获得参议院通过。ECRA主要在扩充出口管制范围、强化出口审查制度和扩大出口辖制权力三方面加强对技术转让的管控。

ECRA对于“出口”“两用”“技术”等的定义和范围进一步扩充。一是加强了对公司背景的审查，对外国人控股超过50%的美国公司加强出口限制，合资企业、联合开发协议或类似合作都将受到影响；二是将恐怖主义和大规模杀伤性武器纳入“两用”定义，加强军备控制；三是填补了目前法案中“新兴技术”和“基础技术”等关键技术的管制漏洞，要求对可能用于军事用途的敏感技术进行及时监控和全阶段管控，人工智能、网络安全等技术的出口管控将更为严格。

ECRA对于出口审查的制度更为严格。一方面，加强了国会对于国务院、商务部等出口管制工作的监督，制约了行政部门单方面放宽出口限制的可能性；另一方面，在原有的审批程序的基础上，ECRA提出了跨机构审查制度，对于“关键技术”的识别和审查将由总统、商务部长、国防部长、能源部长以及其他相关联邦机构负责人协调完成。

自1994年《出口管理法》（Export Administration Act，EAA）失效以来，美国总统必须每年通过《国际突发事件经济权力法》（International Emergency Economic Powers Act，IEEPA）对《出口管理条例》（Export Administrative Regulation，EAR）进行特别授权以保障该条例的延续，再加上《瓦森纳协定》等国际多边出口制度不具备法律效力，因此ECRA即将成为美国出口管制的关键法案，将进一步扩大美国出口辖制权。

（2）加大外资投资安全审查力度。近两年来，美国国内要求改革外资审查的声音持续见涨并逐渐形成共识，特别是在以参议院多数党党鞭约翰·康宁为首的国会议员推动下，美国参众两院已就改革《外国投资风险审查现代化法案》（FIRRMA）达成一致，并作为《2019财年国防授权法案》的附加条款，即将成为正式法律。FIRRMA是对2007年《外商投资与国家安全法案》（FINSA）的修订与更新，不仅优化了审查程序，还极大地扩大了安全审查的范围。一是扩大审查投资类型，新纳入了关键技术与关键基础设施企业的“非主动投资”

与“少数股权投资”，以及涉及知识产权与关键技术转让的合资行为。FINSA 还将靠近军事基地以及政府部门所在地附近的房地产交易也纳入审查范围。此外，为应对规避审查的行为，FINSA 规定外国投资者在获得控制权上的任何股权变化都需纳入审查。二是增加对关键技术的审核力度，重新界定“关键技术”术语，除传统的国防工业外，增加了维持和增强美国领先优势的新兴技术与基础技术，并提出要特别考虑涉及具有获取关键技术战略计划的“特别关注国家”，对来自“特别关注国家”的交易进行严格审查。三是加大对网络安全问题的重视程度，FINSA 要求严审交易是否会将美国公民的个人识别信息、基因信息以及国家关键基础设施的网络漏洞泄露给外国实体，是否会便利外国政府发动对美国的网络恶意行动，以及影响美国供应链的安全情况。

（3）考虑启用《国际突发事件经济权力法》。在中美贸易摩擦中，以白宫贸易顾问彼得·纳瓦罗为首的美国保守派官员多次放话特朗普政府将启用《国际突发事件经济权力法》（IEEPA），对中国投资实施新限制。IEEPA 是卡特总统于 1977 年签署生效的贸易法则。根据该法，当美国遭遇到对国家安全、外交政策和经济的非寻常外部强烈威胁时，总统有权宣布美国进入紧急状态后，以阻止交易、冻结资产或没收与威胁相关的国家或个人在美资产等制裁方式予以应对。美国曾因恐怖主义威胁、侵犯人权、跨国犯罪等原因针对伊朗、朝鲜等国使用过该法，在贸易摩擦中使用还未有先例。随着温和派提议的《外国投资风险审查现代化法案》生效，美国国内主流舆论认为，白宫将暂时不会诉诸极端的 IEEPA。但是美方频频放出“美国政府正在评估针对中国投资启动《国际突发事件经济权力法》的可能性”“已设立专门的办公室”等消息，不啻为特朗普政府施压的一种手段，怪招频出的特朗普仍在该工具使用上留下了极大的不确定性。

（4）限制国际人才交流与招募。伴随着中美贸易摩擦，美国开始将学术深造、人才招募、学术合作等列为中国技术转移的方式，将经济纠纷中的强硬举措延续到高等教学领域。首先是渲染并诬蔑我国的“千人计划”，美国国防部次长迈克尔·格里芬在 2018 年 6 月 21 日国会众议院军事委员会上指控中国 2008 年启动的“千人计划”对美构成威胁。其次是收紧学生和学术签证，一方面限制申请赴美进行高科技专业研修的签证发放，在2018年6月6日美参议院“学生签证的完整性：保护教育机会和国家安全”的听证会上，美国领事事务局签证服务副助理部长拉莫托夫斯基明确表示，已经向美国驻华使领馆发布一些“额外的审查指示”，以处理在某些敏感领域从事研究工作的中国申请。另一方面是缩短签证有效期，多家媒体报道美国将缩短发给研究机器人、航空和高科技制造业等领域的研究生签证的有效期，虽然美国官员对此进行了澄清，但是在特朗普政府收紧STEM（science，technology，engineering and mathematics）签证的大背景下，美国通过签证打压中国人才深造的趋势越来越明显。美国政府进一步开始限制企业与高校的跨国合作。2018年6月19日，美国参议员鲁比奥联合26位跨党派议员致信美国教育部，要求成立专职小组，调查华为公司“华为创新研究计划”等项目与美国50多所高校在技术领域的合作情况，防止可能的国家安全威胁而为了避免将来可能产生的不必要麻烦，一些院校在特定的科研项目上开始主动屏蔽来自中国的学生或相关人员。

自特朗普执政以来，美国从立法到行政，从出口管制到投资限制，进行了一整套的布局。2015年美国禁止向中国出口与超级计算机有关的技术，这对英特尔和其他硬件供应商来说是一个打击，给中美两国之间的一系列科技争端再添一项。与超级计算机“天河二号”有关的中国四个技术中心被列入美国政府的一个名单，名单上的实体被认定从事违反美国国家安全或外交政策利益的活动。美国限制中国企业并购美国高科技企业，并且一直对中国禁售高科技产品。对关键技术出口管制并不是单独行为，而是特朗普政府确保美国在高科技领域领先地位行为的一部分，旨在开始运行对外国投资进行更严格审查的《外国投资风险评估现代化法案》试点计划。

7.2.4 美国对高新技术实施安全管制的主要机制

从限制生化武器及导弹技术的扩散，到垄断高新技术保持技术领先，美国主要通过出口控制、关税管理、投资限制、贸易救济等政策工具来把控“进”与“出”两个关口，达到对高新技术实施国家安全管制的目的。

1. 出口控制

美国的出口管制体制较为健全，主要通过国际机制与国内立法进行双重把控。在国际层面，美国是《瓦森纳协定》、核供应国集团、导弹及其技术控制制度、澳大利亚集团的成员国，在国际多边出口控制机制下积极推进技术出口管制。其中，《瓦森纳协定》是目前规制两用技术出口最为典型的国际多边机制，其前身是在冷战时期资本主义国家针对社会主义国家进行技术出口控制的“巴黎统筹委员会”（以下简称“巴统”）。《瓦森纳协定》主要加强对常规武器和两用物项及相关技术转让的监督和控制，其中两用技术主要包括电子设备、计算机、电信与信息安全等9大类。协定虽然允许成员国在自愿的基础上对各自的技术出口实施控制，但实际上成员国在重要的技术出口决策上受到美国很大的影响。在国内层面，美国已形成了以国会立法为基础，以总统为首的行政部门为政策实施部门的技术出口管理体系，主要的法律依据有《武器出口控制法》《国际突发事件经济权力法》《出口管理法》其实施细则《出口管理条例》等。在两用技术方面，主要由美国商务部产业和安全局根据《出口管理条例》制定的《商业管制清单》进行管制，管制内容在《瓦森纳协定》的基础上增加了“核材料、设施和设备”物项，定义的“出口范围”也较为宽泛，不仅限于传统的以跨境转移为标准的出口，还包括“转运出口”、“视同出口”（指美国人在美国境内向外国人泄露受管制技术或软件的行为）、“过境出口”等，力图实现全流程的管制。

2. 关税管理

关税一直是国际贸易管控的重要工具，也是最为典型的贸易政策。在贸易自由化时代，通过谈判降低关税促进贸易便利化逐渐成为全球共识，美国利用其战后形成的雄厚经济实力引领着全球互惠关税税率的谈判，主导建立了关税贸易协定以及后来的WTO，并一直对WTO贸易规则和其他美国贸易协定的监督与执行进行把控。在美国国内，美国主要依据《1930年关税法》、《1988年综合贸易和竞争法》以及《协调关税表》对进口产品和数量进行管理与调节。出于国家安全、国际收支平衡等原因，美国国会同时通过《1962年贸易扩展法》第232条款（国家安全）、《1974年贸易法》第122条款（国际收支平衡）等国内立法，授权总统、商务部等为维护国家安全征收关税的权力，因此加征关税往往成为贸易战中的“排头兵”。

3. 投资限制

在外国直接投资领域，美国主要依据《埃克森—佛罗里奥修正案》进行管理，该法案赋予总统基于国家安全理由对外资并购行为采取行动的权利，并确立了以外国投资审查委员会为中心的国家安全审查制度。2007年，美国颁布《外国投资法和国家安全法》，扩大了外国投资审查委员会的审查范围，主要增加了该委员会在评估交易时对“关键基础设施”“外国政府控制程度”等因素的考量，以加强对海外投资的国家安全审查。2008年颁布的《关于外国人收购、兼并和接管的条例》细化了2007年《外国投资法和国家安全法》,对“外国法人”“控制”“关键技术”“外国实体”“母公司”等术语进行了定义。外国投资审查委员会关键术语的范围界定较为模糊，审查存在较大主观性，在涉及“关键技术”的并购上又存在多部门的协调，综合考虑企业的性质、并购动机、治理结构、与政府的关联度等因素，程序复杂。

4. 贸易救济

贸易救济措施是为了保护本国贸易安全而制定的减轻乃至削减负面影响的措施。美国针对进口产品的贸易救济制度包括反倾销、反补贴、保障措施、对不正当贸易行为（主要是侵犯美国知识产权）所采取的贸易救济措施，最常见的有：

（1）“301调查”，即美国贸易代表办公室根据《1974年贸易法》第301节“维护美国公司权益，为美国产品和服务扩大海外市场准入，反对外国侵犯知识产权等行为”，对美国贸易伙伴违反双边或多边贸易协议、不正当、不合理、歧视性或给美国商贸造成负担或限制的法律、政策、措施进行调查。

（2）“337调查”，是指美国国际贸易委员会根据《1930年关税法》第337

节对进口贸易中侵犯知识产权的行为和其他不公平贸易行为发起调查。

（3）“332 调查”，是指美国国际贸易委员会按照《1930 年关税法》第 332 节对包括美国与他国产业竞争态势在内的涉及关税和贸易的事项进行常规性事实调查并出具报告。

（4）“201 调查”，是指美国国际贸易委员会根据《1974 年贸易法》的第 201 节启动的“全球保障措施调查”，并允许总统实施关税、配额等措施来限制进口，保护本国产业。近年来，美国频频采取贸易救济措施，遏制具有技术含量的中国产品的出口，具有浓厚的单边色彩。

7.2.5　美国对高新技术实施安全管制的动向

美国对技术出口管制的门槛自 2018 年起逐步提高，中美两国技术交流前景阴云密布，美国对于中美两国科技交流的限制也在持续加码。

2018 年 11 月 19 日，美国商务部工业和安全局出台了一份历来最严格的技术出口管制方案，方案拟管制 14 项涉及国家安全和前沿科技的技术出口，并就这一方案向公众征询意见。公众被要求在 2018 年 12 月 19 日之前提交他们的意见，现已经延长到 2019 年 1 月 10 日。该方案的基础是美国国会 2018 年 3 月通过的《出口管制改革法案》，美国试图通过建立一个新型管制机制应对新生科技带来的挑战，并提高技术转让门槛、防止美国失去在高科技领域的领先地位。根据这一法案，涉及敏感商品和技术的出口都需要预先获得商务部批准。这项法案通过双轨制分别管理商用、军民两用以及军用技术，前两者及较为不敏感的军用物品出口由 BIS 进行监管，主要甄别涉及国家安全和高技术范畴的出口，并以其制定的《出口管制条例》为主要法律依据。

2018 年 8 月，美国国会通过了《2019 财政年度国防授权法案》，美国总统特朗普也在 2018 年 8 月 13 日正式签署了作为该法案一部分的《出口管制改革法案》，将之前的美国出口管制实践立法，为 EAR 提供永久性法定授权，也增加了对美国“新兴和基础技术”的出口控制。这标志着美国继贸易保护主义之后开始采取新的保护主义形式——技术保护主义，通过限制高技术的出口特别是新兴前沿领域的高技术，截断全球创新链条，破坏全球产业分工体系，对全球科技合作和经贸发展都将产生明显的负面作用。

在BIS发布的先期通知中，列出了生物技术、人工智能和机器学习技术、位置、导航和定时技术、微处理器技术、先进的计算技术、数据分析技术、量子信息和传感技术、物流技术、增材制造、机器人、脑机接口、高超音速空气动力学、先进材料和先进的监控技术14个政府考虑进行管制的领域，这些“具有代表性的技术类别”具体内容如下：

（1）生物技术。包括：纳米生物学、合成生物学；基因组和基因工程；神经科学。

（2）人工智能（AI）和机器学习技术。包括：神经网络和深度学习（如大脑建模、时间序列预测、分类）；进化和遗传计算（如遗传算法、遗传编程）；强化学习；计算机视觉（如物体识别、图像理解）；专家系统（如决策支持系统、教学系统）；语音和音频处理（如语音识别和制作）；自然语言处理（如机器翻译）；规划（如统筹、博弈）；音频和视频处理技术（如语音克隆、深度伪造）；AI云技术；AI芯片组。

（3）位置、导航和定时技术。

（4）微处理器技术。例如：片上系统（SoC）；堆叠在芯片上的存储器。

（5）先进的计算技术。以记忆为中心的逻辑。

（6）数据分析技术。包括：可视化；自动分析算法；上下文感知计算。

（7）量子信息和传感技术。包括：量子计算；量子加密；量子传感。

（8）物流技术。包括：移动电力；建模和模拟；资产总体可见度；基于分销的物流系统。

（9）增材制造。例如：3D打印。

（10）机器人。包括：微型无人机和微型机器人系统；蜂拥技术；自组装机器人；分子机器人；机器人编制系统；智能微尘。

（11）脑机接口。包括：神经控制界面；意识—机器界面；直接神经界面；脑机接口。

（12）高超音速空气动力学。包括：飞行控制算法；推进技术；热保护系统；专用材料（用于结构、传感器等）。

（13）先进材料。包括：自适应伪装；功能性纺织品（如：先进的纤维和织物技术）；生物材料。

（14）先进的监控技术。例如：面部识别和声纹技术。

现在，美国又计划将最新14类技术纳入出口管制范围，虽然并未指明针对哪个国家，但从该清单来看，已经囊括了目前中国比较热门的技术领域，如生物技术、AI技术/AI芯片、机器人、量子计算、脑机接口等。

7.2.6　美国技术出口管制对中国高技术产业发展的影响

无论是出口管制，还是外资审查，美国一系列改革均反映出泛化的“国家安全”目标使用，针对中国的意味非常明显，将对中国的海外投资、技术引进、人才交流等产生较大的负面影响。

1. 中国对美技术引进和技术合作的难度将增加

现阶段，中国航空航天、信息技术、生物技术等核心技术领域迅猛发展，但与美国等科技大国相比仍有很大差距，核心关键技术仍大量依赖进口。随着美国对于高技术出口的审查和限制持续增强，中企利用投资途径进行先进技术、新兴技术合作的渠道将被收窄，中国科技发展面临巨大的“拦路虎”。此外，《瓦森纳协定》在近年的修订中逐步扩充了“密码技术”、“入侵技术”以及“信息安全相关技术”等物项的定义，使得美国在实践中可将其用于大多数信息安全技术的出口限制；再者，《瓦森纳协定》的成员国正在不断增加，2017年12月印度继日本、俄罗斯、韩国等亚太国家成为《瓦森纳协定》的第42个成员国，美国通过该协定对中国实施技术封锁的意图进一步明显，中国的技术合作将面临更为严峻的国际环境。具体来看，技术出口管制的加强对中国高技术产业发展带来如下影响：

（1）不利于中国通过模仿的方式促进国内技术进步。中国无论是在收入水平还是技术发展水平、产业结构水平等方面与美国都存在着较大差距。要想加快发展步伐，逐步缩短和美国的距离，技术进步是最重要的。但是自主开发技术具有高投资、高风险的特征，而中国虽然在技术创新资源，如资金和创新人才取得较快增长，但整体水平依然不能与美国相比，这就决定了中国的企业还无法广泛实施技术自主创新战略，而只能集中现有的力量，优先开发那些关系国计民生与辐射面广的重大的高新技术产品，而对于其他的高新技术产品还是需要依靠引进和模仿。这样做可以节约大量的研发费用和市场开拓费用，在一定程度上降低投资风险和市场开发风险。

具体说来，中国模仿美国的高新技术有两种方式。第一种是完全模仿创新，也就是对所进口的高新技术产品进行复制。从一项新技术被引入市场到其完全使市场饱和需要一段时间，所以中国可以充分利用这段时间完成技术的模仿，并将仿制产品投放市场，以占据一定的市场份额，获取一定的利润。此外，完全模仿相对于模仿企业来说也属于一种新的尝试，是一种技术、知识和经验的积累，有利于企业进一步的自主技术创新。第二种是模仿后再创新，也就是对所进口的高新技术产品进行研究，在此基础上将其吸收，并进行改进和完善，以达到不仅能生产出现有产品，而且能对被模仿产品的功能、性能、外观等方面加以改进，使产品更具市场竞争力。美国对其高新技术产品实施出口管制之后，使得中国很难获得相应的高新技术产品，模仿并进一步改进的可能性也大大降低。

以 AI 领域为例，中国拥有大量丰富的行业数据，也有规模最大的市场需求，美国的优势在于底层技术和算法，这一互补性促使不少中美两国的 AI 公司展开合作。过去几年，AI 产业在中国高速发展，来自美国的 AI 算法已经被不少中国的 AI 企业转化并使用。开源算法，对于美国来说，能够进一步增强研发基础；对于中国来说，能够更快进行数据处理、落地应用。

（2）有利于中国自主研发技术。模仿创新虽然能发挥后发优势，以较低的成本和风险发展本国科技，获得高新技术及其产品，但是模仿毕竟是模仿，它意味着本国的科技创新总是依赖于他国，在技术上总是受制于人，而且也不是所有的高新技术都可以被轻易模仿。当技术创新国对其高新技术产品实施出口管制时，进口国就很难获得这些高新技术产品，依靠模仿来发展本国科技的可能性也就大大地降低了。因此，从长远发展的观点来看，要想增强一国的经济实力，提升企业的核心竞争力，还是取决于自主开发大量的核心技术。广泛的高新技术产品出口管制使得各国更加清楚地认识到自主创新必不可少，也增强了各国政府支持自主研发的决心。此外，高新技术产品的进口被限制也意味着国外对国内高新技术产业的冲击减少了，从这个角度来讲，美国的高新技术产品出口管制政策反而有利于中国培育本国高新技术产业的竞争优势。

2. 中国对美投资并购难度和成本会增加

《外国投资风险审查现代化法案》的生效将使已经紧张的中美经贸关系“雪上加霜”，赴美投资的企业面临着更为复杂的审查程序。根据贝克·麦肯锡（Baker McKenzie）律所 2008 年 7 月公布的一份报告，2018 年上半年，中国对北美投资交易降至 9 年来最低点，仅有 25 亿美元，而 2017 年同期为 240 亿美元。在科技领域的并购方面，研究机构“451 调查”的数据显示，2017 年中国在美国科技领域并购交易的总金额从 2016 年的 149.7 亿美元锐减至 19.7 亿美元，并购交易数量从 2016 年的 28 宗降至 2017 年的 13 宗。伴随外国投资审查委员会的改革，美国否决中企投资呈现明显上升的趋势，仅 2018 年上半年，CFIUS 就先后否决了蚂蚁金服、海航集团、中国重汽等对美的投资并购活动。美国的这些做法还有可能使中国更多的科技企业或风投公司受到政策限制或经济制裁。值得注意的是，美国的做法也引发了其他国家“跟风”，包括法国、英国、德国在内的多个欧洲国家纷纷加强了对中国企业投资的审查力度，进一步恶化了中国国际投资和技术进口的环境。

3. 中国全球人才、留学生自由流动和科研合作将受影响

技术的竞争归根到底是人才的竞争，美国在签证政策上的模糊立场将严重影响中美之间留学生的自由流动，同时也将干预高校与企业之间正常的科研合作。但我们应该看到，中美关系的发展很大程度上得益于两国人员的交流，对

此，我们应从长计议，优化人才战略。一方面，继续改进优秀人才引进制度，吸引海外人才，广纳贤才；另一方面，升级教育战略，加强开放教育，引进外国大学联合办学，培养国际化精英人才。

纵观中美之间贸易往来，美国始终将中国视为高新技术管制对象，一直对中国高技术产业实行出口管制。1949～1989 年，美国对中国采取严格的技术出口管制，直到 1989 年之后才有所放松，但对关键核心技术以及相关设备仍采用严格的出口限制政策。在美国对华管制的情况下，中国实现了载人航天飞行以及具有自主研发知识产权的高铁技术的成功出口，高技术产业取得了长足发展。

整体来看，美国对高科技产品及新兴技术的出口管制或收紧高科技出口管制措施，对美国自己的高技术产业也会构成较大的伤害，中国是不少美国科技公司最重视的市场之一，限制技术出口损害的是中美双方的利益。技术出口管制并不能阻挡中国高技术产业自主创新的发展进程。美国的下游生产能力高度集中在中国，而且这种集中是不可能在短期内转移到其他国家的。如果美国真的出台相关措施，那么这只会激励中国同类产品的进口替代，同时也会激励其他国家厂商选择非美国供货来源，尤其是像中国这样的供应来源。

7.3 对策建议

针对发达国家对我国的技术出口管制，我国应积极从以下方面着手，推进我国与发达国家之间的经贸合作与交流，促进发达国家对我国技术出口管制的放开，升级自身科技水平和研发能力。

7.3.1 提高我国自主创新能力，推进高技术产业进步

目前，国家间竞争已趋于白热化，并逐步转化为科技创新能力的竞争。科技创新能力是影响一个国家发展全局的核心，因此，中国必须坚持走自己的

路，以自主技术发展为基础，才能从根本上减少国外技术出口管制的影响，甚至在未来更加便利地与发达国家开展技术合作，共同进行前沿技术的研发活动。

为推进我国高技术科技创新，可由国家部署，充分统筹和发挥各政府部门的职能，收集和分析国际高科技发展动态，研究发达国家对我国技术出口管制的相关内容，有针对性地进行战略层面的顶层设计和规划。如被管制领域所列举的出口管制技术，通常是具有国际竞争力的先进技术。对照各发达国家的清单，分析国家科技计划提出的重点任务的受限情况，可以认清我国在高技术领域的国际竞争状况，从而使我国重点任务的选择更加准确和完善。不仅如此，我国还可以优先发展与发达国家技术水平相近，且是我国急需的关键技术。适度发展与发达国家尚有较大差距，但属于战略型的技术等。

除此之外，还可以运用发达国家对我国出口管制技术的指标，作为研发工作的定量评价标准之一。研究发达国家对我国出口管制的清单，可以看到订单上包含与该限制技术有关的用途、相关的最终产品、相关的实现方法等具体说明，甚至包含设备的工作温度、抗辐射能力、形状、尺寸等具体的限制参数。而目前我国的一些科技计划项目则欠缺研发技术指标的设定，在考核成果时也缺乏定量的指标。因此，可以运用发达国家对我国出口管制的技术指标，作为研发工作的定量评价标准之一。

与此同时，还可以从立法、执法和行政方面入手，建立健全有关技术创新的政策法律体系，健全人才激励机制，完善技术创新的社会化服务体系。或是借鉴日本的有益经验，将科技、教育与社会发展各领域结合起来，通过官方、半官方及民间多渠道发展，在协作中追求科技进步。

7.3.2　有目标、有策略地开展国际科技合作和引进技术

在增强自主创新能力的同时，还应积极开展国际科技合作，创新合作模式，借鉴国外先进技术、设备和管理经验来加速推进与提升我国自身科技创新发展。

在开展国际科技合作过程中，相关部门可以针对我国经济和科技发展的实际需要，筛选出需要加强合作的重点区域、重点技术领域，积极策划一些重大的国际科技合作项目，认真做好前期的考察和准备工作，确定与外方合作的原则，制定外资机构与人员参与合作的标准，之后根据合作协议和进程，对合作过程严格把控，确保合作成效。例如，当前新能源、新材料、信息网络、生物医药、节能环保、低碳技术、绿色经济等已经成为新一轮产业发展的重点，可以将目光投向战略性新兴产业，开展高科技合作，共同研发，降低管制门槛。

而对某些确实无法直接进口的技术，企业可以灵活应对，通过以租代购、中间商和适当减少某些附加设备的方式引进所需。对于某些整机进口的先进技术设备，由于其一些技术参数超过了外国对华出口的绿区范围，因此不能获得批准。在此种情况下，可以通过减少相关附加设备的方法来实现。

7.3.3 改善科研软环境，吸引高层次科技人才

尽管我国政府在交流引智工作上做了很大努力，但科技人才政策是一个涵盖多层面、多部门的政策体系，我国整体的科研氛围、科研政策系统、激励政策体系、外语水平等科研软环境与发达国家还存在较大差异，不容易吸引一流的人才来我国工作。为此，政府应针对我国高技术创新发展的需求，制定某些技术领域特有的人才策略，进一步完善人才引进政策，完善人才激励机制，改善科研硬件条件及软环境，更有效吸收海外高层次人才来华工作或优秀学者来华兼职科研。例如，在现有的条件下，创造宽松的科研工作体制，在申请科研资金、利用国内外咨询和对外交流方面，使科研主体享有独立自主的运作权利，进出方便，使其研究不会因资讯短缺、交流不便出现断层，保障研究工作的连续性和后续性。

同时，建立健全科研支撑体系，如增加专业期刊种类、数量，加强专业学术协会的功能，积极参与和组织在中国召开的高水平国际专利会议，提升中国学术界在国际的影响力。

除此之外，还可以制定相应政策鼓励国内科技人员走出去，向发达国家学

习，进一步完善科技人才回国创业的机制，使其各尽其能，为我国的科技创新做出贡献。

7.3.4 加快完善我国两用物项出口管制体系的建设

我国两用物项出口管制起步较晚，对外宣传与国际合作相对滞后，发达国家缺乏对我国出口管制法律与政策的了解也是其难以放宽管制的原因之一，因此需要加快完善我国两用物项出口管制体系建设。具体可从以下几个方面着手：

（1）两用物项出口管制的法律体系的建立可以以发达国家的立法经验为借鉴，根据实践经验和我国的具体国情，研究制定我国有关两用物项出口管制专项法律，补充、调整和完善不同领域的保证制度、许可证制度、管制清单、全面控制原则等。

（2）在规范管理体系上，需要明确主要管理部门职责定位。例如，以商务部作为两用物项出口管制的牵头部门，建立由外交部、国防部、海关总署等相关部门协同参与的协调机制，部门理顺整合两用物项出口管制管理职能，增加两用物项出口管制管理人员编制。

（3）加强对出口管制研究，培养两用物项出口管制专业人才队伍。如持续跟踪发达国家出口管制政策的变化，准确评估国外对华出口管制政策对我国高技术领域发展所产生的影响，及时做好我国两用物项出口管制清单制定与更新，重视我国出口管制企业内控机制的建设等问题。

7.3.5 加强交流，增强互信，促进出口管制的放开

我国政府可以通过积极开展国家间的沟通与交流，邀请发达国家出口管制部门的负责人员来华参观中国的企业或技术研究部门，增进相互间的了解和信任，推动其在实际行动上放宽对中国的出口管制。并充分利用现有的对话机制和平台，抓住有利时机，建立互利共赢的贸易关系。

随着中国经济的迅速发展，发达国家的企业与中国企业的经贸合作不断增强。利用企业和民间组织向政府施加压力，对于发达国家对中国高技术出口管制也非常重要，发达国家如美国大企业和行业协会等利益集团对出口管制政策的制定有很大的影响作用。2012 年 2 月美国《华尔街日报》报道，行业贸易组织“航空航天工业协会”正越来越强烈地要求对美国政府出口管制政策做出改变。该协会指出，20 世纪 90 年代末以来，美国对商业卫星的出口管制已经导致美国减少了 2.7 万个工作机会，并为航空航天公司带来 210 亿美元的销售额损失。美国政府经考量后于 2013 年 4 月宣布放松对部分航空与航天工业项目出口的管制，商务部的出口审批流程也更加灵活，以期消除本国企业竞争劣势。因此，通过加强与发达国家企业和民间组织的交流合作，将有利于打开互利共赢的局面。

7.4 本章小结

高技术产品出口管制是指一些国家从其本身的政治、军事和经济利益出发，通过国家法令和行政措施，对本国高新技术产品出口贸易实行管理和控制。第二次世界大战以来，国际上实施高技术产品出口管制的国家越来越多，所管制的产品种类也越来越多。对高技术产品实行出口管制，从经济方面来看，可以限制某些短缺物资的外流，在一定程度上缓解供求不平衡的矛盾，有利于本国对商品价格的管制。如果该高技术产品是中间投入品，还可以起到为本国的加工工业提供较为充足的生产资料的作用。此外，适度的高技术产品出口管制可以保存本国在生产力方面的优势，有利于保持本国的技术领先优势，有利于本国的产品创新，从而在一定程度上维护国家经济安全。从军事和政治方面来看，通过限制或禁止某些可能增强其他国家军事实力的物资，特别是战略物资的对外出口，可以在一定程度上减缓别国军事实力的增长速度，从而维护本国或国家集团的政治利益与军事安全。再者，禁止向某国或某国家集团出售产品和技术也可以作为推行外交政策的一种手段。当两国关系紧张时，可以实施较为严厉的出口管制，当两国关系缓和或有意缓和关系时，可以适当放松出口管制。但是高技术产品出口管制有时也会为出口管制政策实施国带来一些负面影响，如损害国家外交利益和政治利益、削弱高新技术产品出口商的国际竞争力等。

本章对美国、日本、欧洲等主要国家和地区的技术出口管制体系进行了详细介绍，如技术出口管制的原因、出口管制政策的演变以及对政策实施国和管制国的影响。考虑到中美贸易争端持续不断，美国对中国的技术出口管制有进一步加强的趋势，着重分析了美国对中国技术管制趋势发展。进一步分析了对中国的高技术产业造成的影响。对我国来说，来自美国的技术管制加强既有积极影响也有消极影响。从消极方面来看，一是我国被管制领域的部分企业生存将面临挑战，我国在相应领域尚缺乏自主创新能力的部分公司，在短时间内将会出现技术供给不足、公司运营难以为继的局面；二是我国在相关领域与美国的科技合作将困难重重，根据最新的出口管制要求，美国商务部将要求非美国公民或持绿卡的人需要获得许可才能获得相关领域技术材料，这将直接导致中美两国在相关领域中断学术交流和科技合作，而清单中的 14 个领域中很多都是新兴的前沿领域，正需要各国共同探索。

从积极方面来看，这将是我国加速提升自主创新能力的好时机，最新的技术出口管制清单开始实施后，相应领域中产业发展亟须解决的关键核心技术将集中暴露出来，我们也能够有针对性增加研发投入，加大研发力度，提升这些领域的自主创新能力。并在此基础上给出了落地、可操作性强的政策建议。(1) 积极推动外部依赖型创新模式和内部依赖型创新模式的适时转化。(2) 加大技术攻关力度，解决关键核心技术短板。(3) 主动用好国内市场，推动自主技术快速产业化。(4) 持续扩大开放力度，强化与欧日韩的高技术产业合作伙伴关系。(5) 逐步加大高技术产业研发投入力度，培养优秀研究人才，引进高技术研发项目，增加资金扶持，提升我国高技术产业的核心竞争力。

第 8 章

技术性贸易壁垒

8.1 技术性贸易壁垒概念与分类

8.1.1 定义

技术性贸易壁垒是指一个国家或区域组织以其安全、保障人类健康和安全、保护动植物健康和安全、保护环境、防止欺诈行为、保证产品质量为由，采取的一些强制性和非强制性技术性措施。这些措施对其他国家或区域组织的商品、服务和投资自由进入该国或该区域市场产生障碍。它通常以技术法规、协议、标准和认证体系（合格评定程序）等形式出现。涉及内容广泛，涵盖科学技术、卫生、检疫、安全、环保、产品质量和认证等诸多技术性指标体系，呈现出灵活多变、名目繁多的特点。由于这类壁垒大量的以技术面目出现，因此常常会披上合法外衣，成为当前国际贸易中最为隐蔽、最难对付的非关税壁垒。

世界贸易组织框架下涉及技术性贸易壁垒的两个协议分别是《技术性贸易

壁垒协议》（以下简称“TBT 协议”）和《实施卫生和植物卫生措施协议》（以下简称“SPS 协议”）。TBT 协议有两个版本：第一个版本产生于 20 世纪 70 年代末期，是 GATT 东京回合的一个辉煌成果，由 47 个缔约方签署，称为《标准守则》（Standard Code），是现行 TBT 协议的前身，于 1980 年 1 月 1 日生效；第二个版本产生于 20 世纪 90 代中期乌拉圭回合谈判，在贯彻《标准守则》精神的基础上对其进行了重要修订，谈判结束时达成协议，成为即将成立的世界贸易组织协议之一，改称 WTO/TBT 协议，由世界贸易组织全体成员执行，于 1995 年 1 月 1 日生效。

由于世界贸易组织的《技术性贸易壁垒协议》并没有对技术壁垒进行明确的定义，因此国内学术界对技术性贸易壁垒的界定纷繁不一。本报告从政策目标的合法性和措施手段的合理性两个方面，以措施的制定目标—制定过程—实施过程—实施效果为逻辑脉络，来考察一项技术措施构成技术贸易壁垒所需条件和要素，借以阐明技术贸易壁垒的内涵。

1. 政策目标的合法性

TBT 在前言中指出：“认识到不应阻止任何国家在其认为适当的程度内采取必要措施，保证其出口产品的质量，或保护人类、动物或植物的生命或健康及保护环境，或防止欺诈行为，但是这些措施的实施方式不得构成在情形相同的国家之间进行任意或不合理歧视的手段，或构成对国际贸易的变相限制。”SPS 协议前言中也有类似的规定：“重申不应阻止各成员为保护人类、动物或植物的生命或健康而采用或实施必需的措施，但是这些措施的实施方式不得构成在情形相同的成员之间进行任意或不合理歧视的手段，或构成对国际贸易的变相限制。”由此可见，在不违反非歧视原则和自由贸易原则的前提下，为实现“保护人类、动物或植物的生命或健康及保护环境，或防止欺诈行为”等合理目标而采取必要的技术措施或卫生检验检疫措施是被 WTO 所允许和认可的，尽管这些措施会在一定程度上对国际贸易产生限制作用，但只要保证这些措施对贸易的限制不是任意、不合理或歧视性的就是合理的。因此，对贸易有限制作用的技术措施或卫生检验检疫措施并不等同于技术性贸易壁垒。

2. 措施手段的合理性

(1) 保护水平是否适当(程序方面)。

首先,保护水平的制定是否使技术措施对贸易的限制达到最小。一国之所以会采取一些技术措施或卫生检验检疫措施,是为了保护包括该国境内人类、动植物生命或健康、环境、国家安全等在内的基本安全利益。那么如何确定适当的保护水平以确保此类措施对贸易的限制作用减小到最低程度,TBT/SPS协议做出了相应的规定,体现在 TBT 协议第 2.2 条、SPS 协议第 2.2 条和 SPS 协议第 5.4 条规定中。

其次,保护水平的制定是否以风险评估、国际标准为基础。以上规定对保护水平的确定停留在指导性层面,从某种意义上来讲缺乏可操作性。为了弥补这一不足,TBT/SPS 协议对保护水平的确定做出了进一步具体的规定,指出保护水平的确定应以风险评估为基础,特别是 SPS 协议第 5 条专门对风险评估做出了明确规定。该条第 1 款在要求各成员在制订卫生与植物卫生措施的时候,要以相关的风险评估为基础,同时考虑有关国际组织制定的风险评估技术。在此基础上,该条第 2 款指出,“在进行风险评估时,各成员应考虑可获得的科学证据”。之所以有这样的规定,就是为了避免各成员在缺乏科学依据的情况下,主观上盲目夸大其境内人类、动植物生命健康所面临的风险,以感知而不是确实存在的风险为依据制定过高的保护水平,从而对国际贸易造成不必要的障碍。

(2) 实施方式是否得当(实体方面)。

首先,同等条件下措施的适用和实施是否具有歧视性。TBT 协议第 2.1 条、第 5.1 条以及附录 3 第 4 条中分别要求各成员在技术法规、合格评定程序和技术标准三个方面给予进口产品及其供应商不得低于其给予本国同类产品及其供应商或来自任何其他国家同类产品及其供应商的待遇;SPS 协议第 2 条、第 3 条也做出了类似规定。

其次,对国际贸易是否造成不必要的限制和障碍。第一个层面,保护措施的严格程度是否超过达到保护水平所需的程度(程序与实体脱钩)。根据一般逻辑，保护水平决定了与实现该水平相对应的具体措施，也就是说具体措施必须反映保护水平，两者不能彼此分离。SPS 协议第 5.6 条明确规定了各成员应保证卫生与植物卫生措施对国际贸易的限制不超过为达到适当的卫生与植物卫生保护水平所需求的限度，同时考虑其技术和经济可行性。该条款的注释进一步明确了超过必要的限度是指从技术和经济科学可行性考虑是否存在可合理获得的另一措施，该措施可实现适当的卫生与植物卫生保护水平，并且对贸易的限制大大减少。第二个层面，在不同情形下是否构成任意或不合理的差别待遇。SPS 协议第 5.5 条明确指出："为实现在防止对人类生命或健康、动物和植物的生命或健康的风险方面运用适当的卫生与植物卫生保护水平的概念的一致性，每一成员应避免其认为适当的保护水平在不同的情况下存在任意或不合理的差异，如此类差异造成对国际贸易的歧视或变相限制。"从该条款的字面含义理解，世贸组织允许成员在不同的情况下采取不同的措施，但是这些措施的差异不可以是任意或不合理的，对国际贸易造成歧视或变相限制。

3. 信息缺失——违反透明度原则

如果一成员国不对其技术措施和卫生检验检疫措施的制订、实施、修订或终止进行通报，国际贸易就会因为这种信息上的不流通而受到消极影响。为了避免这一情况的发生，坚持一贯的透明度原则，TBT/SPS 协议分别对通报制度进行了规定，要求成员国本着透明度的原则将本国的技术措施和卫生检验检疫措施的制订、实施、修订或终止及时通过相应的国际组织向其他成员国通报，并积极征求和认真考虑其他成员国的意见，这些在 TBT 协议的第 2.9 条、第 5.6 条以及 SPS 协议的第 7 条和附录 B 都有充分的体现。

8.1.2　技术性贸易壁垒的分类

技术性贸易壁垒是非关税壁垒的重要组成部分，主要内容如下：

1. 技术标准与法规

技术标准是指经公认机构批准的、非强制执行的、供通用或重复使用的产品或相关工艺和生产方法的规则、指南或特性的文件。技术法规是指必须强制执行的有关产品特性或其相关工艺和生产方法，包括法律和法规；政府部门颁布的命令、决定、条例，技术规范、指南、准则、指示，专门术语、符号、包装、标志或标签要求等；涉及劳动安全、环境保护、卫生与健康、交通规则、无线电干扰、节约能源与材料等。技术法规不像技术标准那样可以互相协调，技术法规一经颁布就必须强制执行，在国际贸易中构成了比技术标准更难以逾越的技术壁垒。

利用技术标准作为贸易壁垒具有非对等性和隐蔽性。在国际贸易中，发达国家常常是国际标准的制定者。他们凭借在世界贸易中的主导地位和技术优势，率先制定游戏规则，强制推行根据其技术水平制定的技术标准，使广大经济落后国家的出口厂商望尘莫及。而且这些技术标准、技术法规常常变化，有的地方政府还有自己的特殊规定，使发展中国家的厂商要么无从知晓、无所适从，要么为了迎合其标准付出较高的成本，削弱产品的竞争力。

2. 合格评定程序

合格评定程序是指按照国际标准化组织（International Organization for Standardization，ISO）的规定，依据技术规则和标准，对生产、产品、质量、安全、环境等环节以及对整个保障体系进行全面监督、审查和检验，合格后由国家或国外权威机构授予合格证书或合格标志，以证明某项产品或服务是符合规定的标准和技术规范。

合格评定程序一般由认证、认可和相互承认组成，影响较大的是第三方认证。认证是指由授权机构出具的证明，一般由第三方对某一事物、行为或活动的本质或特征，经当事人提出的文件或实物审核后给予的证明，这通常被称为“第三方认证”。认证包括产品认证和体系认证两个方面：产品认证是指确认产品是否符合技术规定或标准；体系认证是指确认生产或管理体系是否符合相应规定。其中因产品的安全性直接关系到消费者的生命健康，所以产品的安全认证为强制认证。当代最流行的国际体系认证有 ISO9000 质量管理体系认证和 ISO14000 环境管理体系认证。

合格评定虽然能够促进国际贸易的发展，但也有可能成为国际贸易发展的障碍。如果一种合格评定体系能被各国所接受，使对方的检验结果得到认可，将促进国际贸易的发展。然而，各国实行的合格评定是多种多样的，即使各国所采用的产品标准和检验方法相同，由于各国认证体系之间的差异，仍然会成为贸易中的技术壁垒。

3. 信息技术壁垒

目前，发达国家在电子商务技术水平和应用程度上都明显超过发展中国家，并获得了战略性竞争优势。发展中国家尤其是不发达国家在出口时，因信息基础设施落后、信息技术水平低、企业信息化程度低、市场不完善和相关的政策法规不健全等受到影响，存在信息不透明（如合格认定程序）、信息传递不及时（如技术标准更改）、信息传递途径不畅通等明显劣势。

4. 绿色技术壁垒

绿色技术壁垒是指那些为了保护环境而直接或间接采取的限制甚至禁止贸易的措施。如在 2009 年闭幕的哥本哈根气候会议上，欧盟希望通过发展低碳经济，重新主导全球经济。发展低碳经济，不但面临资金上的压力，更要面对众多的技术门槛。在技术领域，欧盟、美国、日本等发达国家（地区）在低碳经济上已经布局多年，进行了大量的研发，积累了众多的专利技术，例如英国在煤清洁领域积累的技术，德国在环保技术和环境技能上的领先地位，丹麦在风电领域的技术优势等。

发展中国家要在低碳经济领域有所作为，必然要面对技术壁垒的阻挠。如果发达国家继续沿用技术保护主义，用知识产权来为技术转让设置重重障碍，同时在承诺的资金支持上有名无实，发展中国家发展低碳经济将困难重重。

此外，为防止包装及其废弃物可能对生态环境、人类及动植物的安全构成威胁，许多国家颁布了一系列包装和标签方面的法律法规，以保护消费者权益和生态环境。在一定程度上包装制度确有积极作用，但它增加了出口商的成本，且各国技术要求不一、变化频繁，往往迫使外国出口商不断变换包装，失去不少贸易机会。

技术贸易壁垒是发达国家（集团）在发展到一定阶段，出于对人类、人类社会和环境的责任和（或）贸易保护主义的需要，对其他国家特别是发展中国家实行的惩罚措施，几乎所有的技术壁垒都能随着技术的更新和时代的进步（包括测试设备精度的提高；新技术的诞生，如互联网和低碳技术）而发展成更庞大严苛的壁垒。跨国公司几乎是所有这些技术、专利及认证测试的垄断者，发展中国家遇到的是“先天性的”不公平竞争环境。

8.2 技术贸易壁垒的经济效应

技术性贸易壁垒的经济效应是指一国实行的技术性贸易壁垒所产生的各种经济影响，包括对相关国家及本国各利益集团的利益得失及其变动的影响。本部分首先分析技术性贸易壁垒的作用机制，并在此基础上，从进口国设置技术性贸易壁垒的目的出发，进一步分析其对进口国的影响。最后，根据其对出口国长、短期影响的不同，对出口国贸易、消费者、生产者和整体福利效应分别进行说明。

8.2.1 技术性贸易壁垒的作用机制

从技术贸易壁垒的作用机制来看，一方面，技术性贸易壁垒具有控制进口商品数量的作用，即只有符合某些技术性要求的商品才能进口，否则不允许进口；另一方面，技术性贸易壁垒具有控制进口商品价格的作用，即增加进口商品成本，提高进口商品价格。冯宋宪、柯大纲（2001）将这两种作用机制分别称为技术性贸易壁垒的数量抑制机制和价格抑制机制。

1. 数量抑制效应

如图 8—1 所示，设进口国某产品国内需求曲线为 D，进口国国内生产该产品的企业对本国市场的供给曲线为 S，假定其需求和供给状况短期内不发生变动。进口国对该产品设置技术性贸易壁垒前，该产品国内市场均衡价格为 P_0，由需求曲线可知，国内市场需求量为 OF；由供给曲线可知，在价格为 P_0 时，国内产品供给量为 OE，则差额 EF 需从国外进口。在进口国对该产品实施技术性贸易壁垒初期，出口国部分产品因达不到预定技术门槛而不得不退出进口国市场，导致进口国市场总供给减少，商品供不应求，价格上升。设此时该产品价格上升至 P_1，由需求曲线可知，此时国内需求下降至 ON，国内供给上升至 OM，需求差额即该产品的进口数量减少为 MN。由此可知，进口国对某产品实施技术性贸易壁垒，将会对出口国的出口数量产生抑制作用，技术性标准越高，抑制效应越明显。

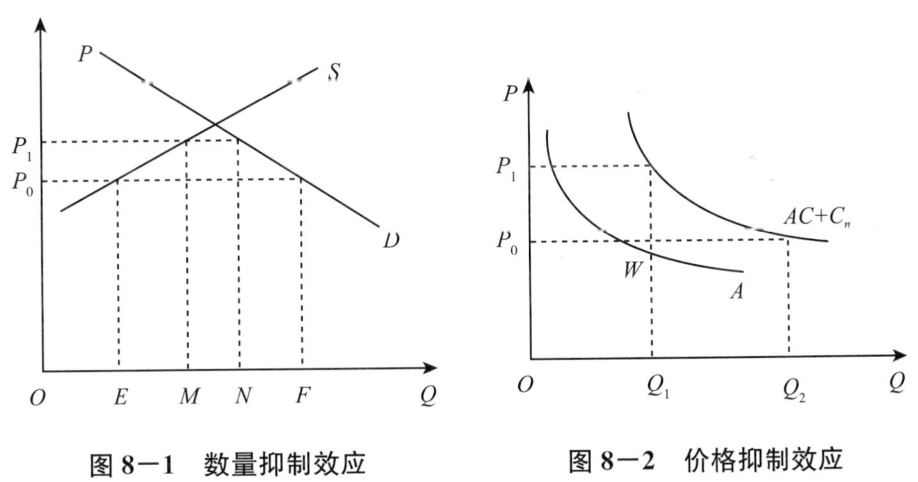

图 8—1　数量抑制效应　　**图 8—2　价格抑制效应**

2. 价格抑制效应

当进口国对某产品实施技术性贸易壁垒时，出口该产品的公司为克服壁垒，不得不改进生产技术、提高产品品质，导致生产成本增加，为减少亏损只能提高产品的销售价格，降低了该产品在进口国市场上的价格优势和竞争力，销量下降，单位利润减少，进而导致出口商总利润减少，体现了价格抑制效应。如图 8—2 所示，进口国没有实施技术性贸易壁垒时，出口国企业生产该产品的单位成本线如 AC 所示，设置贸易壁垒后，产品的生产成本增加，单位成本线由 AC 上移至 $AC+C_0$。设实施技术性贸易壁垒前，该产品在出口国市场上的价格为 P_0，出口量为 Q_1，此时出口商的利润为图中的 W 部分。当单位成本线由 AC 上移至 $AC+C_0$ 时，在出口量不变的情况下，出口商出口该产品的价格需要上升到 P_1 才能保证企业不亏损。但价格的提高会导致该企业产品的市场竞争力降低，为了不提高产品价格，厂商只能通过其他方式降低单位产品的生产成本，如扩大生产以产生规模效应。当该产品的生产数量由 Q_1 增加到 Q_2 或以上时，产品的单位成本降低，出口商只要把价格维持在 P_0 即可保证不出现亏损。

8.2.2 对进口国的经济效应

技术性贸易壁垒一般由进口国设置，其目的主要有保护国内产业和消除外部性两大目的。以产业保护为目标而设定的技术性贸易壁垒通过提升价格减少进口商品数量，保护国内产业，但这同时也会影响进口国的福利，造成无谓损失，这种影响在“大国”和“小国”之间存在差异。“小国”是指在国际市场上作为价格接受者的国家，其进口（出口）量的变化不会对国际市场价格产生影响。“大国”则是指其进口（出口）量的变化可以影响到国际市场价格。出于消除外部性目的而设置的技术性贸易壁垒主要通过对消费者和生产者行为的影响，进而影响进口国的福利效应。同理，进口大国和进口小国之间也存在着一定的差异。本部分从技术性贸易壁垒设置的目的以及进口大国和进口小国两个方面，分成四个部分分析技术性贸易壁垒对进口国的经济效应。

1. 国内产业保护的技术性贸易壁垒

出于国内产业保护的技术性贸易壁垒的经济效应，对于进口小国和进口大国的影响效果存在一定差距。对于进口小国而言，实施技术性贸易壁垒促使进口商品成本上升，国内商品消费量减少，不仅造成本国消费者福利的损失效应，还会造成本国整体福利水平下降。对进口大国而言，设置技术性贸易壁垒将会使世界价格降低，改善进口国的贸易条件，进口国将一部分成本转嫁给出口国，使得产业保护的代价降低，但该国的福利也会随之减少。损失的福利效应小于小国经济下设置技术性贸易壁垒而导致的福利损失。具体分析如下：

（1）进口小国经济效应分析。对于完全出于保护国内产业目的的技术性贸易壁垒，国外出口企业为了符合相关技术要求，会使进口商品的成本升高，国内商品消费量减少，该国经济福利受到损失。如图 8－3 所示，S_d 和 D 是国内供给曲线和需求曲线，S_w 是未实行技术性贸易壁垒时该国所面临的世界供给曲线，也是该国国内市场面临的供给曲线。S_w+C 是实行技术性贸易壁垒后该国所面临的世界供给曲线，也即该国在实行技术性贸易壁垒后国内市场面临的供给曲线。实行技术性贸易壁垒之后，该国面临的价格是 P_w+C，其中 C 表示国外企业为了达到该国要求所付出的成本。此时，国内消费量为 Q_3，国内供给为 Q_2，进口为 Q_3-Q_2，国内消费者剩余为三角形 AHB 面积，生产者剩余为三角形 HEG 面积，总福利为 AHB 所示面积与 HEG 所示面积之和；该国消费者福利损失为 $HKCB$ 所示图形的面积。其中，$EFKH$ 所示部分表示再分配效应，是消费者剩余向国内竞争商品的生产商转移的部分。三角形 EFM 面积表示保护效应，它说明了资源浪费对国内经济造成的损失，这些浪费是由生产额外的商品所增加的单位成本造成的。随着国内技术性贸易壁垒的设置，生产的资源使用效率越来越低，单位成本不断上升，此时国内资源的使用效率低于壁垒设置之前。在设置技术性贸易壁垒之前，消费者可以向国外的低价供给者购买商品。由于低效率的国内生产代替了高效率的国外生产，因而出现了保护效应。三角形 BCN 所示部分为消费效应，设置技术性贸易壁垒后，商品价格上涨，国内消费量下降，就造成了福利的损失。保护效应与消费效应加在一起，就是技术性贸易壁垒所造成的无谓损失，它表示由于设置了技术性贸易壁垒该国总福利的减少。技术性贸易壁垒与关税不同，在实行关税的情况下，$MNBE$ 所示部分变为政府的关税收入，不影响该国的福利水平；而在技术性贸易壁垒下，$MNBE$ 所示部分表示进口商品（Q_3-Q_2）为了达到标准要求而付出的成本，而这就以高价格的形式转移给国内消费者，在此，$MNBE$ 所示部分就是一种福利的损失。因此，设置技术性贸易壁垒会使一国产生经济福利的净损失，并且其损失程度比之一定的关税条件下还要严重。

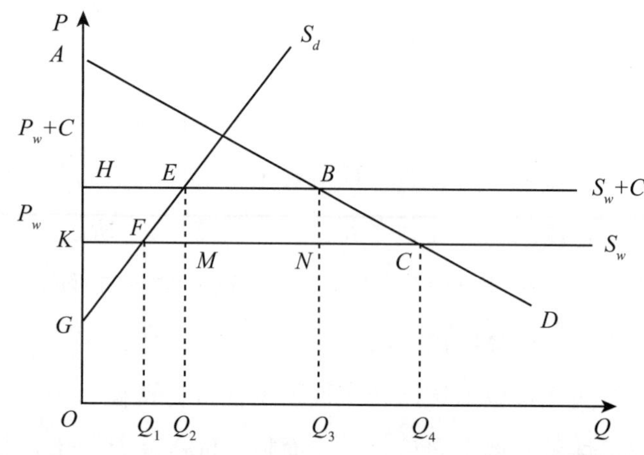

图 8—3 小国技术性贸易壁垒对国内产业的保护效应分析

（2）进口大国经济效应分析。出于产业保护目的的技术性贸易壁垒可以通过对进口量的调整影响国际市场价格，改善本国所面临的贸易条件，如图 8—4 所示。图 8—4 中，S_d 表示国内生产者的供给曲线，D 表示国内需求曲线，S_w 表示未设置技术性贸易壁垒时该国所面对的国内供给与进口总和的市场供给曲线（即国内市场的总和供给曲线），S_w+C 表示设置技术性贸易壁垒之后该国所面对的国内供给与进口总和的市场供给曲线（即国内市场的总和供给曲线）。在图 8—4 中，未设置技术性贸易壁垒时，均衡价格为 P_w，消费量为 Q_6，国内生产量为 Q_1，进口量为 Q_6-Q_1。在设置技术性贸易壁垒以后，国内市场总供给减少，总和供给曲线向左移动至 S_w+C，此时，均衡价格为 P_w+C_0（$C_0<C$），消费量为 Q_5，国内生产量为 Q_2（由于国内供给方影响因素未发生变化，因此国内供给曲线不变），进口量为 Q_5-Q_2，应注意到新均衡价格为 P_w+C_0，而 $C_0<C$，即符合成本在进口国与出口国之间进行了分配。此时，出口国所得

到的实际价格 P_w+C_0-C 是小于设置技术性贸易壁垒之前的均衡价格 P_w 的。令 $P_w^*=P_w+C_0-C$，即 P_w^* 为此时进口商品的世界价格，即为外国生产者所得到的实际价格。由于 $P_w^*<P_w$，所以该国面临的贸易条件得到改善。设置技术性贸易壁垒以后，该国面临的价格为 P_w+C_0（即 P_w^*+C）。此时，国内消费量为 Q_5，生产量为 Q_2，进口量为 Q_5-Q_2。在小国假设下，P_w+C 为设置技术性贸易壁垒以后的价格，P_w 为设置技术性贸易壁垒以前的价格。此时，国内消费量为 Q_4，生产量为 Q_3，进口量为 Q_4-Q_3。显然，$Q_5-Q_2>Q_4-Q_3$，进口量高于小国假设下进口量。因此，在大国假设下，设置技术性贸易壁垒后，世界价格降低，会使进口国的贸易条件改善，进口国将一部分成本转嫁给出口国，使得产业保护的代价降低，但该国的福利也会随之减少。从图 8－4 中可以看出，未设置技术性贸易壁垒时该国的福利水平为 ABC 所示面积与 CMN 所示面积之和，其中 ABC 所示图形的面积表示消费者剩余，CMN 所示图形的面积表示国内的生产者剩余；设置技术性贸易壁垒之后，消费者福利减少至 AEF 的面积，生产者福利有所增加，为 FMG 三角形面积，该国的福利水平为 AEF 和 FMG 两个三角形面积之和。整体而言，进口国的福利减少了 $GNBE$ 所示的部分，这是由于技术性贸易壁垒造成的无谓的损失。

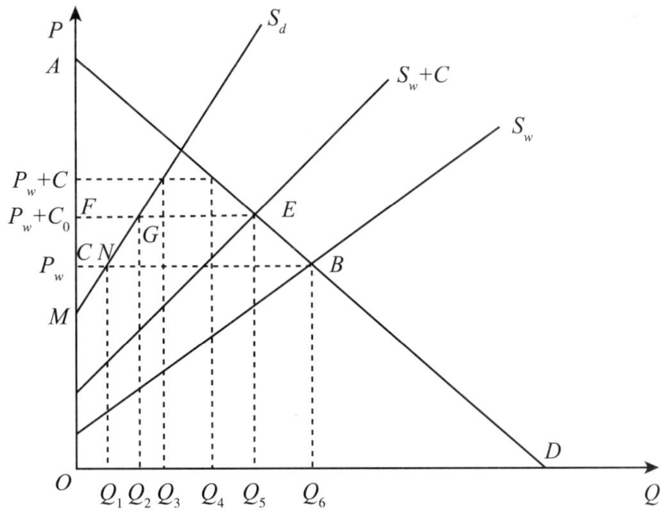

图 8—4　大国技术性贸易壁垒的经济效应分析

2. 消除外部性的技术性贸易壁垒

设置技术性贸易壁垒的另一个目标是减少市场交易中的信息不对称以及对生产者和消费者的负外部效应。对进口国的消费者而言，由于进口国设置了技术性贸易壁垒，这要求进口商品必须达到一定标准，这为消费者减少了因信息不对称产生的不确定性成本，使他们便于寻找高质量、安全的商品，提高消费者对商品的评价，增加进口国消费需求。因此，进口国合理设置技术性贸易壁垒，将增加国内消费者福利。对于生产者而言，进口的商品中可能携带着对国内生产者不利的非经济因素，如害虫、变态基因等。进口国为消除这种负外部性一般会采取禁止贸易或设置技术性贸易壁垒两种做法，而禁止贸易的福利效应的损失大于设置技术性贸易壁垒的损失。同时，由于负外部性的存在，只要技术性贸易壁垒设置合理，与不设置技术性贸易壁垒相比，会提高进口国的社会福利。对于进口大国和进口小国两者的作用途径与效果基本相同，唯一不同的是进口大国会影响世界市场价格，因此本部分依次分析出于消除外部性设置的技术性贸易壁垒对进口小国和进口大国消费者与生产者的影响，具体分析如下：

（1）进口小国的经济效应分析。设置技术性贸易壁垒的另一个目标就是要减少市场交易中的信息不对称及生产和消费的负外部效应。因此，一国设置技术性贸易壁垒必然会对国内消费者和生产者有一定的影响。首先，对国内消费者而言，技术性贸易壁垒节约了消费者寻找安全商品的成本，也提高了消费者对这种商品的评价，因此，需求曲线会向右移动，如图 8—5 所示。图 8—5 中，D_0 表示设置技术性贸易壁垒之前的国内需求曲线，D_1 表示设置技术性贸易壁垒之后的国内需求曲线，S_d 是国内生产者的供给曲线，S_w 是未设置技术性贸易壁垒时该国所面临的供给曲线，S_w+C 是设置技术性贸易壁垒之后该国所面临的供给曲线。图 8—5 反映了设置技术性贸易壁垒对需求曲线移动的影响。在设置技术性贸易壁垒之前，消费者剩余为 CBM 所示的面积，生产者剩余为 MEF 所示的面积，该国的福利水平为 CBM 和 MEF 两部分之和；设置技术性贸易壁垒之后，消费者剩余为三角形 ANH 所示的面积，生产者剩余为三角形 HGF 所示的面积，该国的福利水平为 ANH 和 HGF 两部分之和。若 $ABJN$

所示的面积大于 $GECJ$ 所示的面积，则实施技术性贸易壁垒可以提高该国的福利水平；若 $ABJN$ 所示的面积小于 $GECJ$ 所示的面积，则设置技术性贸易壁垒会使该国的福利水平下降。因此，若技术性贸易壁垒是出于保护消费者的目的，则应选择适度的技术标准，以使 $ABJN$ 所示的面积大于 $GECJ$ 所示的面积。

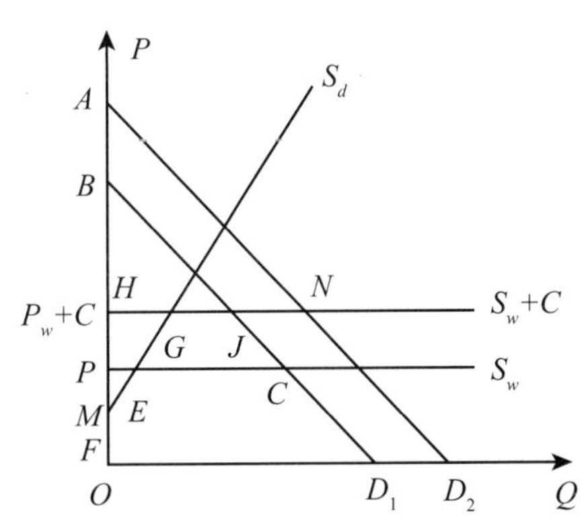

图 8—5　技术性贸易壁垒对进口小国消费者的影响

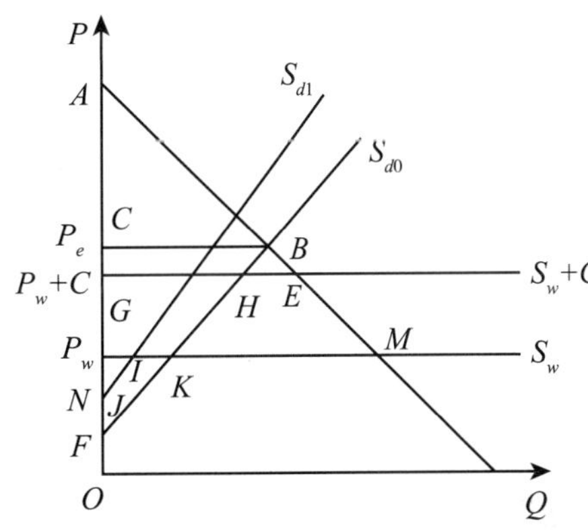

图 8—6　技术性贸易壁垒对进口小国生产者的影响

其次，如果进口商品中含有对国内生产者不利的非经济因素，如害虫、病菌等，就会对国内生产造成影响。如果政府要消除这种外部性，就需要有一定的技术性贸易壁垒，或者完全禁止贸易。在图 8—6 中，S_{d0} 表示没有危害时的国内生产者供给曲线；S_{d1} 表示进口商品对国内生产造成损害时的国内生产者供给曲线；S_w 是未设置技术性贸易壁垒时该国所面临的供给曲线；S_w+C 是设置技术性贸易壁垒之后该国所面临的供给曲线。当一国禁止贸易时，消费者剩余为图 8—6 中 ABC 所示的面积，生产者剩余为 FBC 所示的面积，该国的福利水平为两者之和。设置技术性贸易壁垒之后（假设设置的技术性贸易壁垒完全消除了进口商品中的危害），消费者剩余为图 8—6 中 AEG 所示的面积，生产者剩余为 FHG 所示的面积，该国的福利水平为 AEG 与 FHG 两部分面积之和。而从图 8—6 可明显看出，设置技术性贸易壁垒时的福利水平要比禁止贸易时大，三角形 BHE 表示设置技术性贸易壁垒时的福利水平超过禁止贸易时的福利水平的数量。如果该国在国际贸易中不设置技术性贸易壁垒，则国内消费者

剩余为三角形 AMN，国内生产者剩余为三角形 NIJ。与实施技术性贸易壁垒相比，国内消费者剩余增加了 $EGNM$，国内生产者剩余减少了 $GNKH+IJFK$。这时，如果 $EMKH$ 面积小于 $FIJK$ 面积，则设置技术性贸易壁垒后，该国的福利会增加；若 $EMKH$ 的面积大于 $FIJK$ 的面积，则表示设置技术性贸易壁垒之后，该国的福利效应会减小。

（2）进口大国的经济效应分析。在大国假设下，这种情况的福利效应与小国假设下的情况相似，最大的区别是大国可以影响进口商品价格。首先，对国内消费者而言，设置技术性贸易壁垒会由于减少信息不对称和提高商品评价两种因素使得需求曲线右移，如图 8—7 所示。在图 8—7 中，D_0 表示设置技术性贸易壁垒之前的国内需求曲线，D_1 表示设置技术性贸易壁垒之后的国内需求曲线。S_d 是国内生产者的供给曲线，S_w 是未设置技术性贸易壁垒时该国所面临的供给曲线，S_w+C 是设置技术性贸易壁垒之后该国所面临的供给曲线。未设置技术性贸易壁垒时，消费者剩余为 ABC 所示的面积，生产者剩余为 CEF 所示的面积，该国的福利水平为 ABC 和 CEF 两部分之和；设置技术性贸易壁垒之后，消费者剩余为三角形 IMN 所示的面积，生产者剩余为三角形 NJF 所示的面积，该国的福利水平为 IMN 和 NJF 两部分之和。若 $AIJM$ 所示的面积大于 $JEGB$ 所示的面积，则实施技术性贸易壁垒可以提高该国的福利水平；若 $AIJM$ 所示的面积小于 $JEGB$ 所示的面积，则设置技术性贸易壁垒会使该国的福利水平下降。因此，若技术性贸易壁垒是出于保护消费者的目的，则应选择

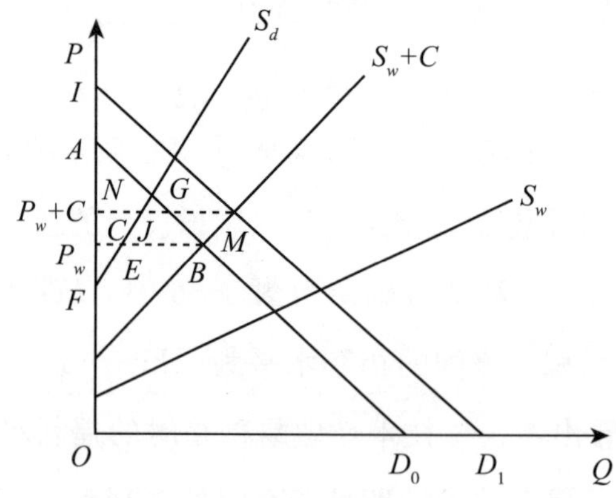

图 8—7 技术性贸易壁垒对进口大国消费者的影响

适度的技术标准，以使 $AIJM$ 所示的面积大于 $JEGB$ 所示的面积。

其次，对国内生产者而言，与小国假设下的情形类似，为了消除进口商品给本国带来的负的外部性，有两种做法：一是禁止贸易；二是设置技术性贸易壁垒。如图 8—8 所示，S_{d0} 表示进口商品对国内生产没有造成损害时的国内生产者供给曲线；S_{d1} 表示进口商品对国内生产造成损害时的供给曲线；S_w 是未设置技术性贸易壁垒时该国所面临的供给曲线；S_w+C 是设置技术性贸易壁垒之后该国所面临的供给曲线。假设设置技术性贸易壁垒完全消除了进口商品中的危害。设置技术性贸易壁垒时，消费者剩余为图 8—8 中 ABC 所示的面积，生产者剩余为 CEM 所示的面积，该国的福利水平为 ABC 与 CEM 两部分面积之和；禁止贸易时，消费者剩余为图 8—8 中 AGN 所示的面积，生产者剩余为 NGM 所示的面积，该国的福利水平为三角形 AGN 和三角形 NGM 两者之和。从图 8—8 可以明显看出，设置技术性贸易壁垒时的福利水平要比禁止贸易时的大，EGB 部分就表示了设置技术性贸易壁垒时的福利水平超过禁止贸易时的福利水平的数量。如果该国在国际贸易中不设置技术性贸易壁垒，则国内消费者剩余为三角形 AHI，国内生产者在此价格水平下不进行生产，剩余为 0。与设置技术性贸易壁垒相比，国内消费者剩余增加了 $BHIC$，国内生产者剩余减少了 CEM。这时，如果 $BHIC$ 面积小于 CEM 面积，则设置技术性贸易壁垒后，该国的福利会增加；若 $BHIC$ 的面积大于 CEM 的面积，则表示设置技术性贸易壁垒之后，该国的福利效应会减小。

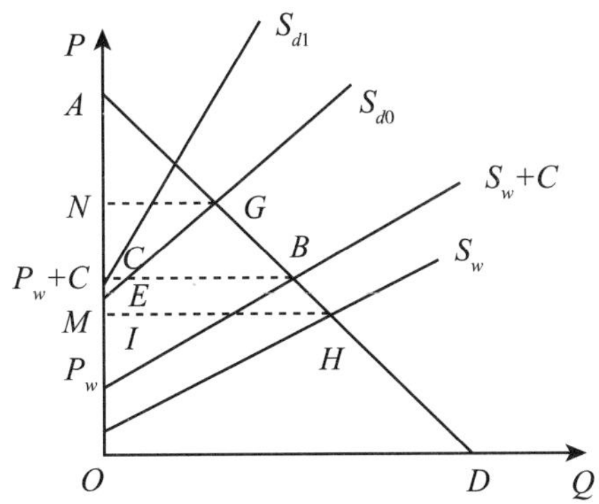

图 8—8　技术性贸易壁垒对进口大国生产者的影响

8.2.3 对出口国的经济效应

技术性贸易壁垒主要是由进口国设置的，但在国际贸易中，出口国的出口数量、贸易条件及社会福利等也必然会受到其影响，这种影响又存在短期与长期之分。短期来看，出口国贸易量减少，贸易条件随之恶化。消费者福利受到一定损失，部分生产者可能也会因此而破产，总体社会福利效应降低。但长期来看，合理的技术性贸易壁垒会使得出口国创新并提高其产品质量，增加出口，改善贸易条件，出口国消费者获得低价质优的商品，生产结构优化，社会总体福利增加，但这一长期效应存在的前提是合理的技术性贸易壁垒。

1. 贸易效应

短期效应表现为出口国的贸易量下降以及贸易条件的恶化。首先从超额需求曲线和超额供给曲线来看技术性贸易壁垒对出口国贸易量的抑制效应，如图8－9所示。MD表示进口国的进口需求曲线，XS表示出口国的出口供给曲线，正常贸易下的供求均衡点为E，即出口国以价格P_e出口Q_2的商品给进口国。实施技术性贸易壁垒以后，出口商想通过谈判或是提高技术水平来突破技术性贸易壁垒则需要付出额外的成本，即出口供给曲线向左上方移动，变为XS^*，假设进口需求不变，则该出口商品价格上涨变为P_1，出口量将减少至Q_1。考虑极端情况，若该技术性贸易壁垒过于苛刻以致出口国的技术水平无法逾越，此时出口国将不再出口。也即技术性贸易壁垒的要求越苛刻，逾越成本越高，则XS^*向左上方移动幅度越大，对贸易量的抑制效应越大。其次是技术性贸易壁垒对贸易条件的恶化效应，如图8－10所示。横轴和纵轴分别表示某商品的出口量和进口量，OE和OF是实施技术性贸易壁垒以前进口国和出口国的提供曲线，二者均衡在A点，贸易条件为OA；实施技术性贸易壁垒以后，由于逾越成本的存在，出口国的提供曲线向右移动，变为OF^*，新的均衡点为B点，贸易条件变为OB，可以看出由于技术性贸易壁垒，出口国的贸易条件恶化。

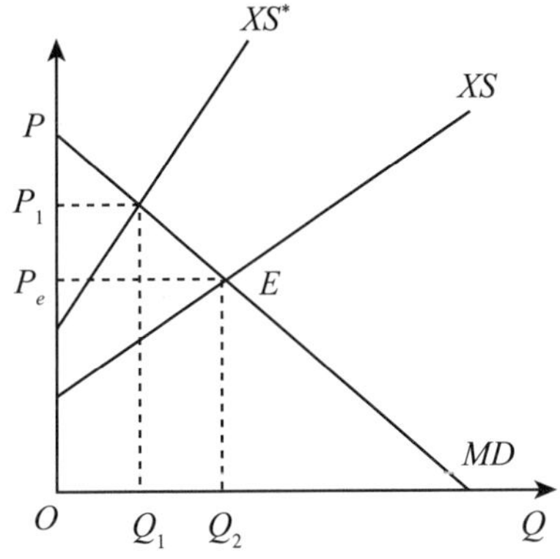

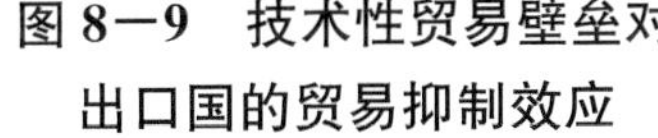
图 8—9　技术性贸易壁垒对出口国的贸易抑制效应

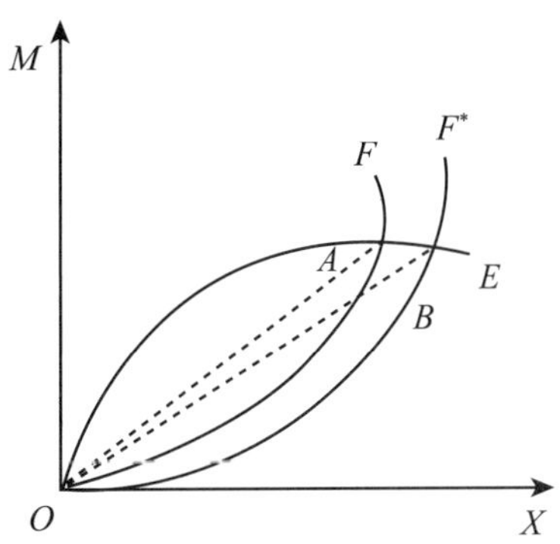

图 8—10　技术性贸易壁垒对出口国贸易条件的影响

根据波斯纳的模仿差距模型，技术变动有利于出口增加，但增加幅度随时间推移逐渐变弱，最后由他国模仿转而进口，图 8—11 中从 A 到 D 的实线显示了这种趋势。技术性贸易壁垒的实施往往发生在该商品的标准化阶段，新产品不易受到技术性贸易壁垒的影响，也即技术性贸易壁垒一般发生在图 8—11 中的 CD 段，短期内它会使 CD 向左下方偏移，变为 CD^*。如果这时出口国不采取任何措施，则出口会沿着 CD^* 以更快的速度下降；但这时如果出口国积极主动地提高技术水平，突破技术性贸易壁垒的限制，则会在出口量下降到一定时间时，如 E 点，这一技术性贸易壁垒将被打破，技术创新将使出口量更大幅度的增加，如图中 EF 所示。如此周而复始，技术性贸易壁垒反而加快了出口国

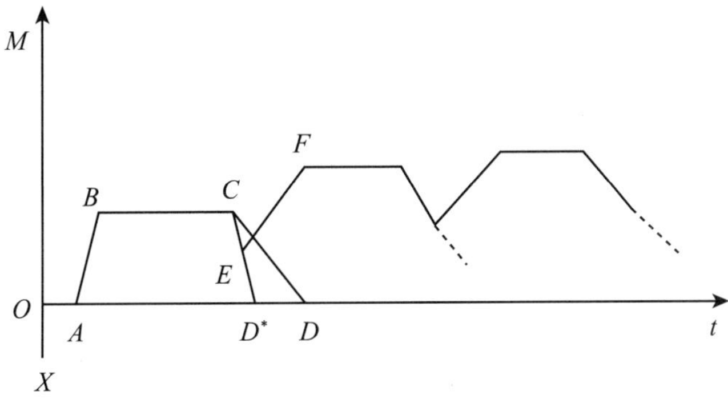

图 8—11　技术性贸易壁垒对出口国的贸易促进效应

技术创新的速度，增加了贸易量，即贸易促进效应。当然，这一促进效应的发生也有条件限制，出口国必须及时加快技术革新以突破技术性贸易壁垒，同时技术性贸易壁垒的设定也不能过于苛刻。因此，在长期内，如果对技术性贸易壁垒进行合理的管理和利用，将为出口国带来贸易促进作用。出口国的提供曲线会向左移动，同时出口产品技术的改进会使得进口国的提供曲线向右移动，新均衡使出口国贸易条件改善。

2. 消费者效应

为保护国内生产、市场和环境，限制对出口国产品的进口，进口国所设立的技术标准通常高于出口国的技术水平。面对进口国的技术标准，在短期内，出口国的出口厂商有三种策略可供选择：一是调整出口市场，规避或绕开壁垒，包括放弃该进口国市场转攻第三国市场，或者从第三国市场再进入该国；二是受到进口国技术壁垒的限制而减少甚至停止该产品的出口，在该产品停止出口之后，国内可能继续生产，也可能停止生产，还有可能通过对外直接投资来代替产品的出口；三是进行寻租活动，通过贿赂等方法获取进入进口国市场的资格。在中长期中，出口厂商则可以通过提高生产技术水平来直接满足技术性贸易壁垒的要求。出口厂商不同的应对方法对出口国国内消费者的影响不同。

在短期内，出口商采取第一种策略时，消费者效应的变化取决于出口规模的变化。若新市场需求旺盛，使国内生产规模扩大，国内消费者将从规模经济中获利。而相反，如果出口市场萎缩，规模缩小，则国内消费者将不得不为生产商承担一部分成本。当采取第二种策略时，出口国厂商可能将继续进行生产，并且将原来准备出口的部分或全部产品销售到国内市场，导致国内市场该种产品的供应增加，价格下降。这样，出口国消费者可基于替代效应和收入效应而增加该种产品的消费，消费者剩余增加（李春顶，2005）。在短期内，当出口厂商减少或停止产品出口后，如该产品的生产主要是为了出口，就会出现生产规模不经济，可能会促使厂商停止在国内生产；国内供应停止，则出口国国内的消费者将会损失一种商品的消费选择机会。此外，出口厂商还可能用对外直接投资的方式来替代产品的出口，以绕过进口国的技术性贸易壁垒，这时出口国消费者的福利几乎不会发生什么变化。当采取第三种策略时，贿赂意味着纯粹的成本增加，对国内消费者的福利没有任何正面影响。

在中长期中，出口厂商可以采取提高生产技术水平的方法来克服技术性贸易壁垒的限制作用。出口厂商在提高出口产品技术水平的过程中，如果国内市场和国外市场不能进行有效隔离，将会出现平行进口的现象。如果关税、配额、许可证、人员流动限制、外汇管制等措施使国内外市场相互独立，此时出口厂商面临以下三种选择：一是向国内市场提供同样改进后的产品；二是以原技术标准向国内市场供应产品；三是向国内市场同时供应新技术标准产品和原有技术标准的产品。第一种选择，出口商向国内市场提供技术改进后的产品，消费者是否愿意接受该种质高且价高的商品取决于对该产品的需求价格弹性和对产品质量的偏好。需求价格弹性越大，消费者需求量下降幅度越大；若国内消费者收入水平较高，或者基于技术性贸易壁垒的“唤醒效应”而对高质量商品具有较强的偏好，需求弹性效应将被大幅度削弱，消费者的福利将得到提高。若出口厂商向国内市场提供原有技术标准的产品，但是由于国内外市场不可能处于完全分割的状态，平行进口使消费者以更低的成本获得同样质量的产品，此时，消费者的福利改善。若出口厂商向国内市场同时提供两种技术标准的产品，消费者将获得对多种质量水平产品的选择机会，其消费的满足程度和福利水平有可能得到提高。

3. 福利净效应

在短期内，出口国对于进口国实施的技术性贸易壁垒是福利效应的净损失。当出口厂商采取第一种或第三种策略时，消费者剩余将使图8－12中长期出口国的贸易条件改善。假定贸易双方均为贸易大国，纵轴表示出口商品价格，横轴左边表示出口国的供求数量 Q^X，右边表示进口国的供求数量 Q^M；曲线 S_0、D_0 和曲线 S_1、D_1 分别表示进口国与出口国的供给及需求曲线。两国在自由贸易下的均衡为供求曲线的交点。贸易发生以后，两国以 P_e 的价格进行贸易，贸易量为图8－12中的 Q_1Q_4 或者 Q_5Q_8。但当进口国开始实施技术性贸易壁垒以后，会阻止很大一部分的进口量，这就使得出口国的该商品在国内供大于求，所以价格将下降；同时，进口国由于该商品供给的减少，价格反而上升，进口国的价格上升至 P_2，出口国价格下降为 P_1。这时，出口国的消费者由于价格下降而得益，其消费者剩余增加了（$d+e$）的面积，但生产者剩余减少了（$a+b+c+d+e$）的面积，两者相抵之后的将损失为（$a+b+c$）的面积。所以从短期来说，技术性贸易壁垒使得出口国的消费者得利，生产者损失，整体社会福利下降。

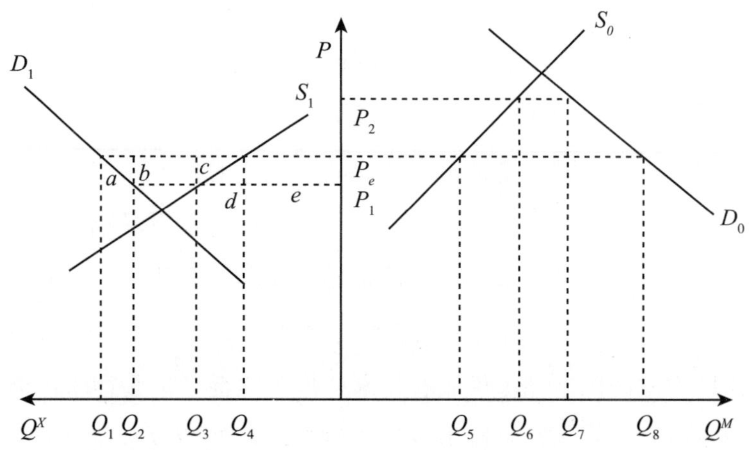

图 8－12　技术性贸易壁垒对出口国福利效应的影响

出口国对进口国实施的技术性贸易壁垒的中长期福利净效应由负转为正。社会福利效应的变化随贸易量变化而变化，所以在中长期之内，技术性贸易壁垒对出口国的贸易效应必然影响其社会福利。从前面的分析可知，在中长期之内，技术性贸易壁垒迫使出口国革新技术，提高生产率，由此带来出口贸易回暖，促进出口国的生产者剩余和消费者剩余增加。

4. 产业效应

在短期内，技术性贸易壁垒使得生产企业的销售量急剧下降，出口国生产者剩余损失了（$a+b+c+d+e$）的面积，这使那些经济实力单薄、出口依存度高且对外贸易地理方向单一、生产单一以及技术创新能力差的企业受到较大的挑战，甚至趋于破产。对那些实力雄厚、生产多样化、技术创新能力强或者是销售市场广阔的企业而言，则冲击有限。这类企业一般不会因为某些国家或地区实施技术性贸易壁垒而销售锐减。同时，它们的技术创新能力强，能够很快突破进口国的技术性贸易壁垒限制。

长期以来，实力薄弱、无法适应外界冲击的企业不存在产业效应，因为稍微苛刻的技术性贸易壁垒就足以使他们在市场中消失。但对竞争力较强的企业而言，它们能够较快地通过技术创新来突破技术贸易壁垒的限制，从而增强自身的产品竞争力，满足国际需求，促进商品的出口。从这个角度而言，技术性贸易壁垒具有一定程度上优化出口国产业结构，增强产业竞争力的长期效果。

8.3　中国面临的技术性贸易壁垒

进入 21 世纪，特别是全球金融危机以来，部分国家开始限制进口，实行“以邻为壑”的贸易政策，保护国内市场。但是在自由贸易和经济全球化的呼声下，传统贸易壁垒如关税、配额等被大幅度削减和限制，因此贸易保护主义选择以更为隐秘、灵活的形式重新出现，其中最主要的就是技术性贸易壁垒。中国虽然是世界第一贸易大国，但出口商品由于技术含量较低，与国际标准差距大，经常遭到技术贸易壁垒的冲击。据国家质检总局统计，2011～2015 年，中国年均约 40％的出口企业遭受过技术性贸易壁垒协定（TBT 协定）的影响，造成我国出口直接损失年均超 700 亿美元，2016 年损失额甚至高达 5300 多亿元。但也存在一定程度的积极影响。例如，促进我国出口贸易企业由低质量、低成本向高质量、高技术转型；倒逼出口企业创新，提高产品技术含量与检测技术标准；调整出口企业结构，注重塑造民族品牌，注意减少在生产过程中对资源的消耗和对环境的影响；带动国内其他企业生产和经营的理念转变等。虽然从长期角度来看技术性贸易壁垒可以促进我国企业的转型和提升，但仍不能忽视在现阶段这些不公平的技术性贸易壁垒对我国出口产业的遏制以及其对经济的负面影响。下面从类型、影响和对策三个层面分别分析中国面临的技术性贸易壁垒。

8.3.1 中国面临的技术性贸易壁垒类型

1. 按行业分类

（1）农产品。加入世贸组织后，我国农业对外开放格局已基本形成。然而，在开放程度不断提高的同时，制约我国农产品贸易发展的因素却越来越多，其中，以农产品贸易规则的冲击最具代表性。2008 年世贸组织成员通报的情况显示，农产品是中国遭受技术性贸易措施限制的重灾区之一，成因包括内因、外因两方面。内因主要包括中国农业的弱质性，农产品质量标准混乱，农产品市场秩序没有理顺，农业管理体制落后；对外国标准和国际标准不熟悉；出口农产品竞争策略的失误。外因表现在国际环保浪潮兴起；西方国家农业集团强大的政治势力；WTO 规则为各国农产品技术性贸易壁垒的合法性留下一定空间等方面。

日本、美国、欧盟和韩国是中国农产品最主要的进口国（地区），同时也是对中国农产品进行技术性贸易壁垒的主要封锁国（地区）。这些国家（地区）凭借自身先进的技术水平与经济优势对中国农产品出口制定了严格的技术标准、技术认证标准以及一系列苛刻的检验检疫程序等，这些措施对中国农产品出口造成了重大影响。日本从 2006 年 5 月起正式实施《食品中残留农业化学品肯定列表制度》，用以限制中国出口的农产品。美国关于农食产品进口的技术标准与法规体系名目繁多且非常分散，涉及检验检疫、技术标准、认证程序等各项内容，而且涉及范围日趋扩大。2002 年初，欧盟以中国出口的禽肉、龙虾制品中农药残留及微生物超标为由，全面禁止中国动物性源食品进口。韩国对中国农产品进口事实上采用最严格的检疫检验标准，一旦发现中国某个地区存在韩国禁止入境的动植物疫病或虫害，其他非疫区生产的同类产品也将被禁止。不仅如此，韩国农产品进口检疫检验制度取样和检测程序烦琐，对中国农产品实施的一些标准明显高于国际标准，甚至有时不顾合同约定，临时增加韩国强制性检验和合同检验之外的检验项目，并依据该检验结果对未能达标的产品征收附加关税。此外，在检验方式上，韩国对中国的农产品一律实施全检，对美国、巴西、泰国等主要进口来源地的农产品则一般实施感官检验和抽检。

（2）机电产业。机电行业是中国排名第一位的出口产业，在出口贸易中占据重要地位，但与发达国家相比，中国出口的机电产品总体以中、低端产品为主，这类产品技术含量低、容易受到技术性贸易壁垒的限制。例如，美国的 UL 认证、欧盟的 CE 安全认证和日本的 JIS 认证等，均对进口机电产品的安全、卫生、技术标准、商品包装和标签进行了严苛的规定。这些技术性贸易壁垒一方面对出口机电产品构成了市场准入障碍；另一方面削弱了产品的竞争力，增加了贸易纠纷和摩擦。

中国机电产品出口遭受技术性贸易壁垒既有贸易保护主义抬头等国际因素，也有机电企业、行业协会以及政府等国内因素的影响。从国外的角度来看：一是中国机电产品的出口给发达国家的机电产业造成了冲击，为了保护其国内产业，发达国家常常借题发挥，向中国发难。二是国际贸易保护主义有所抬头，从“军事威胁论”到“贸易威胁论”，形形色色的“中国威胁论”甚嚣尘上。其目的是从舆论上制造恐慌，形成对中国不利的舆论氛围，为采取贸易保护主义措施提供舆论支持。三是 WTO 规则和 TBT 协议不健全，争端解决机制落后。WTO 规则对于规范各国技术性贸易措施起到一定作用，但是协议中有例外和特殊规定。这往往被一些国家利用，为其设置技术性贸易壁垒提供合理的借口。从国内的角度来看：一是企业因素。中国机电企业产品技术水平低、缺乏自主知识产权。同时，企业又缺乏环保意识、标准意识，对通用的国际标准和技术性管理措施知之甚少。再加上企业信息闭塞，不能及时了解国外标准的改变，从而导致了企业面对技术性贸易壁垒屡屡受挫；二是行业因素。中国机电产品出口的市场结构和产品结构不合理。中国机电产品出口市场结构单一，主要集中在美国、欧盟和日本等发达国家和地区，并且中国机电产品出口的大头仍然是低附加值的劳动密集型产品，在国际分工中始终处于低端环节。三是政府因素。首先，国内技术法规和标准的制定起步较晚，与国际标准差距很大；其次，国内认证机构与发达国家还有很大差距，无法获得国际市场的承认；最后，国内监测、预警和应诉机制不完善。

(3) 纺织业。纺织品行业是我国出口创汇的主力军，但由于纺织业的弱质性和高污染性，近年来对纺织品进口要求日益严格，贸易壁垒越发严重。目前，影响我国纺织服装产品的主要技术壁垒因素包括产品检验制度、产品包装标签制度、产品认证制度等多种表现形式。

纺织业面临严重的技术性贸易壁垒主要有四个原因。一是我国有关纺织业的技术标准不健全，标准检查、检验设备落后。技术法规的不完善、标准过低成为我国技术性贸易壁垒体系的最大缺陷，已经严重影响到我国纺织服装产品的出口。二是纺织品生产企业环保意识淡薄，对产品标准化认证工作没有引起足够重视。特别是对"绿色认证"体系缺乏足够的认识，行动迟缓。三是纺织品出口企业的法律意识不强，对 WTO 规则特别是 TBT 协定了解不足，遭遇 TBT 时应诉的积极性不高。四是纺织业管理体制不够完善，政府职能缺位，纺织业协会也没发挥其应有的作用。政府、行业协会以及企业三者在应对 TBT 时的协调性不够。

从积极角度来看，技术性贸易壁垒一方面促使中国纺织品生产企业注重产品质量和生产过程，改变只注重经济利益而忽视消费者利益的错误观念；另一方面也有助于产业结构的调整以及纺织品出口的可持续发展，同时对于我国纺织品标准体系的建设也具有推动作用。从消极角度来看，技术性贸易壁垒使我国纺织品行业的出口成本大大增加，产品竞争力降低，国外市场占有率减少。

2. 按国家分类

(1) 中日技术性贸易壁垒。中国和日本是世界第二大与第三大经济体，两国之间有着广泛而深入的贸易往来。改革开放以来，中日两国在贸易上的交流联系越来越广泛、密切，但也导致中日两国间在农产品、纺织品、化工产品和金属制品等行业的贸易摩擦增多。日本为了保护国内的弱势产业实施对外技术性贸易壁垒，使双边贸易受到较为严重的负面影响。经测算，中日间技术性贸易壁垒程度每提高 1%，中日双边贸易额降低 0.6529%，且对中国东部沿海地区的影响要小于对中西部内陆地区的影响。[①] 这是因为东部沿海地区有着更高的技术水平和更活跃的市场经济环境，在东部沿海地区的企业有更强的应对技术性贸易壁垒的能力，这些因素可在一定程度上抵消中日间技术性贸易壁垒对这些地区企业的影响。

（2）中美技术性贸易壁垒。近年来，由于美国对华贸易逆差持续增加，双方贸易摩擦日益加剧，我国产品在美国的市场准入面临严峻挑战。美国对华贸易技术壁垒已成为双边贸易发展的一大障碍。其中，以防止病虫害传播为目的的技术壁垒阻碍贸易的情况表现得尤为突出。美国采用“危害分析与关键控制点”体系规范进口产品，我国食品企业由于无法达到认证标准，产品不能进入美国。美国对从我国进口的纺织品的技术要求不断增加，包括安全要求、有害化学物的禁用、用于纺织品的偶氮染料要求、可溶性重金属残留物、防腐剂、气味要求，并且对纺织品的整个加工制造过程以及原材料棉花的种植均有所要求。美国的 UL 标志涉及环保规定、节能要求、电磁波和安全性能测试，阻碍了我国机电产品对美出口。

（3）中欧技术性贸易壁垒。欧盟是当今世界上最大的贸易集团之一，也是最先意识到采用技术贸易壁垒和目前设置技术壁垒最多的国家集团。概括起来，欧盟实施的技术贸易壁垒主要有以下五个方面。

第一，技术标准、技术法规。欧盟各国由于经济、技术实力普遍较强，因而各国的技术标准水平较高，法规较严。欧盟不仅有统一的技术标准、法规，而且各国还可以在欧盟标准的基础上，制定各自的产品标准，尤其是对产品的环境规定严格，让一般发展中国家望尘莫及。以欧盟进出口肉类食品为例，不但要求检测农药残留，还要求检查出口国生产厂家的卫生条件。

第二，产品质量认证制度和合格评定。欧盟以外的国家，其产品必须符合欧盟指令和标准才能进入欧盟市场。欧盟指令规定了哪些产品要经过第三方认证、哪些可以自我认证，不同产品不同要求。实行自我认证的要保存一套完整

---

① 董斌昌等：《中日技术贸易壁垒对双边贸易的影响》，载于《管理学刊》2017 年第 3 期。

的资料并且要先寄样品到该国检验。

第三，产品的检验和检查。欧盟理事会通过了一项决议，要求对输入欧盟的产品加强安全检查，不管从哪个成员国的口岸进来，均需按统一标准接受安全和卫生检查。从欧盟检验和检查的产品品种看，主要是对进口玩具、食品和药品的卫生检验和安全检查。

第四，产品的标签和包装。欧盟通过产品包装、标签的立法来设置外国产品的进口障碍。如对易燃、易爆、腐蚀品、有毒物品等，欧盟法律规定其包装和标签都要符合一系列特殊标志要求。在包装上，欧盟 1999 年 6 月 1 日颁布决议，要求各成员国实行紧急措施，对所有来自中国的货物木质包装实行新检验标准，具体要求为：木质包装不得带有树皮，不得有直径大于 3mm 的虫蛀洞；必须对木质包装进行热处理，使木材含水量低于 20%等。

第五，绿色技术壁垒。绿色技术壁垒包括绿色技术标准、绿色环境标准、绿色包装制度、绿色卫生检疫。绿色技术标准是指为了达到限制进口的目的，一些国家往往借口保护环境及人类、动植物的卫生安全健康之名，制定严格的、发展中国家很难达到的强制性技术标准。如根据欧盟启动的环境管理系统，一般消费品进入欧盟国家，必须从生产前到制造、销售、使用以及最后的处理阶段都要达到规定的技术标准。绿色环境标志是一种在产品或其他包装上的图形，表明该产品不但质量符合标准，而且在生产、使用、消费、处理过程均符合环保要求，对生态环境和人类健康均无损害。

欧盟采取的上述措施，的确对统一内部大市场的建立和区域内的贸易自由化起了巨大的促进作用。但这些措施的实施对欧盟以外的国家而言，则是扩大了贸易壁垒的范围，强化了对包括中国在内的其他国家产品进入欧盟市场的限制，对中国出口产生了越来越大的影响。例如，纺织服装是我国出口欧盟的主要商品之一，自 20 世纪 90 年代以来，却屡屡遭受绿色壁垒的限制。欧盟有关国家通过的 OKO－Tex100 纺织品环保标准，对进口服装的偶氮游离甲醛等 100 多种有害物质含量进行了限制。

8.3.2　中国面临技术性贸易壁垒的影响

1. 增加中国出口产品的难度，减少中国产品在国际市场的份额

近年来，中国出口贸易逐年增加，在国际市场上的份额甚至超过发达国家，在世界贸易市场起到重要作用，所以经常受到来自发达国家尤其是与中国有经常贸易往来的欧盟、美国、韩国与日本的技术性贸易壁垒的限制。随着我国贸易顺差的拉大，遇到的因技术性壁垒造成出口限制的情况不断增多，力度也越来越大。例如，对我国出口的农产品通过立法或设置严格标准等形式达到限制其出口的目的。由于我国在产品环保和食品卫生标准方面的滞后，很多标准没有达到国际通行标准。当他国有针对性地对我国加强检测和设置严格卫生检疫标准时，就会严重影响我国相关产品的出口。例如，韩国、日本和一些欧洲国家曾限制我国禽类产品的进口，因我国禽类特别是冻鸡肉未能达到该国卫生检疫标准，美国、加拿大和欧盟国家也曾限制我国蜂蜜产品对该国的出口，严重影响了我国与该国有贸易合作关系的蜂产品企业的养殖量，对我国养蜂业造成较大打击。水产品养殖户也曾因为出口贸易的限制被迫改变出口水产品的养殖品种，等等。这些技术性贸易壁垒严重降低了我国出口贸易在世界市场的占有率，给我国造成巨大损失。

2. 降低了中国出口产品的国际竞争力

为规避技术性贸易壁垒对我国出口产品的限制，就要通过相关检测或达到一定技术标准，这些都会增加我国商品进入国际市场的时间或成本，大大降低我国产品在国际市场的竞争力。例如，我国在出口产品检验和检测方面是落后于发达国家和国际标准的，很多国家以此为理由拒绝承认我国商品的检测结果，要求重新得到其信任的第三方检测机构认证方可进口，这增加了我国商品的认证费用，进而增加了我国商品的出口成本。由于我国环保机制发展落后，不符合发达国家绿色标准条款，导致我国的农产品、蔬菜和肉鱼类等产品被禁

止入境或被退货，造成不良的国际影响，降低了我国产品在世界市场的声誉。技术性贸易壁垒的限制性因素越来越严苛，除产品本身，还延展到整个商品生产加工过程，甚至包含商品标签和外包装等部分。例如，1998年我国出口美国商品的外木质包装被美方检测出有天牛而被退货，此次影响随后蔓延到我国出口到其他国家的商品。之后加拿大、英国等国家也限制我国含有木质包装的商品进口，要求我国出口商品出示非木质包装证明甚至要增加环保标志。日本对我国出口的大米检测极其严格，包含579项检测，此外还要求挑选出大米中的异色粒，但只有日本拥有这项技术。所以要想出口日本大米，先要高额购买日本异色粒筛选设备，这增加了我国大米的出口成本。技术性贸易壁垒还会设置非常烦琐的资格认证和检验程序，这些都拖延了我国商品的出口时间，也错过了在国际市场上的最佳销售时机。

3. 增加了中国与贸易合作伙伴间的矛盾

近年来，我国商品逐步改变过去低价格、低质量的状况，逐渐转为保证质量、价格适中，使我国出口贸易发展迅速，这也在一定程度上影响了一些国家商品与产业。特别是在新一轮经济危机影响下，很多受到严重影响的国家把本国经济发展缓慢甚至衰退等问题归咎于中国商品的进口冲击了本国市场和经济，所以对中国商品产生一定抵触。曾经与我国贸易关系良好的国家也设置了技术性贸易壁垒，借以转嫁国内矛盾和缓解贸易逆差，保护本国企业与经济。

8.3.3 中国面临技术性贸易壁垒的对策

1. 政府的对策

由于技术性贸易壁垒本质上是国内规制导致的贸易壁垒，因此我们不仅要依托多边贸易规则应对挑战，也要将其与贸易伙伴的国内立法特别是行政立法相结合。在认清技术壁垒本质的前提下，做好技术壁垒交涉工作，同时遵循世贸规则进行相关国内依法行政各项制度的建设。对外国要加强与其他国家之间的交流，确保能够第一时间了解外国技术壁垒的最新变化。对内则应提高我国产品的整个生产流程的工作水平，逐步完善我国产品的技术标准和合格评定程序，并且要严格执行。

（1）对外交涉。

第一，进一步加强我国参与世贸组织技术贸易协定完善的相关工作。中国已经是世界第一货物贸易大国，技术贸易壁垒对我国出口的影响也越来越严重。完善的TBT、SPS协定有助于缩减成员技术性贸易壁垒，促进我国出口。同时，也应当把多边交涉与中美、中欧等双边交涉结合起来，把WTO内的交涉与中国在区域经济合作中的工作结合起来。例如，中国可推动在亚太经济合作组织提起相关议题。此外，针对当前相关政府工作部门缺乏与产业界、中介组织联系的现状，也应强调发挥行业协会、企业及进出口商品技术服务中心的技术支撑作用。

第二，积极参与国际标准化组织等标准制定机构相关活动，实现从规则遵守者向规则制定者的转变。国际标准化组织相关规则较为松散、易被操控，以英、法、德为主的西欧国家和美国一直将注意力放在国际与区域标准化活动上。例如，按承担国际标准化组织技术委员会和分技术委员会秘书处数量和资助额计算，德国DIN（Deutsches Institut für Normung e. V）在ISO中的贡献率为19%，英国BSI（British Standards Institution）为17%，美国ANSI（American National Standards Institute）为15%，法国AFNOR（Association Francaise de Normalisation）为12%；欧洲标准委员会、欧洲电工标准化委员会、欧洲电信标准协会中所占份额分别为28%、22%和21%。相比较而言，目前中国对国际标准化组织的参与依然有限，且无法实质性影响其标准制定规则。接下来，中国需要更加积极地参与国际标准化组织，不断提高参与力度，并力争完善标准化组织规则，以此维护本国的贸易利益。中国在此方面也已经有了一定发展。例如，用于磁铁等的稀土国际标准规格拟定工作已经启动，在中国主导下，包括日本在内的6个国家组成了专业委员会，将在2016年底之前敲定国际标准化组织的新标准。预计国际标准规格约在今后三年内生效。专业委员会由中国担任理事国，日本、美国、澳大利亚、韩国和印度参加。纳入规格对象的是保管和运输方法、化合物中所含元素的分析方法等。随着规格的统一，进行贸易时企业分析稀土情况的时间和费用将随之大幅减少。

第三，建议新兴国家间国际组织在制度建设方面提供切实可行的国际援助。发展中国家普遍缺乏有关技术性贸易壁垒的知识与制定经验，有关国际组织应对发展中国家的技术性贸易壁垒制度建设给予资金、技术及培训上的援助，也可以研究金砖国家开发银行在推动发展中国家应对技术性贸易壁垒相关制度建设方面所应发挥的作用。

第四，积极促进多渠道的“管制合作”机制，从软治理层面活化技术性贸易措施治理机制。目前，对技术性贸易措施的全球治理机制是多层次并互为补充的，除积极参与 WTO 及国际标准制定机构等硬治理层面外，中国也可向美国学习，充分发挥自身在其主导的双边或多边“对话”及“论坛”（如亚太经济合作组织及 20 国集团峰会）的影响力，通过制定“良好管制实践”等文件，以软法形式“活化”互为差异的技术性贸易措施。

（2）对内协调。

第一，重视构建技术性贸易措施预警与多主体联动协调应对机制。尽管多边体制为成员应对技术壁垒提供了专门平台，但也应认识到，WTO 项下规无视成员差异、硬性规定要求的做法与其尊重各国主权的基本原则存在冲突，一旦发生争议，通过 WTO 争端解决机制向构成技术性贸易壁垒的技术贸易措施做出反击仅是一种理论层面的设计，实操性并不大。

为此，中国也应重视构建本国的技术性贸易措施预警机制和多主体联动协调机制，依靠合力与贸易伙伴交涉，维护自身贸易利益。建立完善中国应对技术性贸易壁垒的多主体联动协调机制，使中央政府相关部门、地方政府、相关行业协会及受损企业能够有效沟通信息并协调行动，形成合力与贸易伙伴交涉，积极化解技术性贸易壁垒产生的不利影响。

第二，改革国内标准制定模式，进一步鼓励企业自主制定标准模式的发展及其对国际标准制定活动的参与。国内标准制定的现实生态长期是政府出资金、官员定标准、企业被动接受，此种模式使得制定技术标准成为技术监督等部门的“单兵作战”，缺乏与行业、企业之间的有效沟通。国家标准数量虽多，但由于官员掌握信息有限，实效性并不强，此种状况亟须改变。国外经验表明，私人主体的标准制定体现了科学发展、市场需要以及自我规制等特点的指导精神。为此，中国应学习美国及欧盟的标准制定模式，有节有度地在标准制定主体上优化“公私伙伴关系”，努力实现标准治理中公平与效率这对矛盾的合理平衡。政府应激发企业发展先进技术标准、积极参与国际标准制定的积极性，同时也要充分扮演好监管角色，实现公平。

第三，改变出口产品类型，进行集约化和绿色化转变。对外开放是我国的基本国策，绿色产品是我国的出口产品到国际市场进行大量销售的重要策略。我国应该大力鼓励绿色产业，凡事以绿色产品优先考虑为主，并且专门为绿色产品建立发展基金。引进、学习和吸收外国的先进技术，将其运用到传统的出口产品之中，通过增加技术含量改造其产品，使我国出口产品的增长形式由粗放型转变为集约型。

2. 企业的对策

首先，必须深入学习 WTO 的规则，与相关部门共同努力做好技术壁垒的研究工作，研究如何通过利用技术壁垒协议中规定的发展中国家的特殊待遇，获得外国更多的技术支持。

其次，由于我国的出口产品检测标准和国际标准与外国先进标准相差甚远，如果根据我国的标准会使很多出口产品受到技术壁垒限制，但是根据国际标准和外国先进标准就会缩小我国出口产品质量与发达国家产品质量之间的差距，所以，我国企业必须要高度重视。此外，国际认证是我国出口产品进入国际市场进行销售的通行证，国际认证有 ISO9000 认证和 ISO14000 认证，我们的产品要想出口就应该积极申请，获取相关资格。这使得我国的出口产品能够突出技术壁垒的限制，促使我国的出口产品实现可持续经营。

最后，企业和我国相关部门应该积极研究技术性贸易壁垒，并根据近年来的相关数据资料对其进行评议，及时采取措施应对技术性贸易壁垒对我国出口产品的影响。技术性贸易壁垒在未来很长时间内针对出口产品进入国际市场将会发挥非常大的作用，随着经济的不断发展，技术壁垒的形式与内容也将会不断变化。中国应该根据当时技术壁垒的情况，采取对应的策略，提高出口产品的技术含量与质量，跨越技术壁垒。

8.4 本章小结

技术性贸易壁垒又称技术性贸易措施或技术壁垒，通常以国家或地区的技术法规、协议、标准和认证体系（合格评定程序）等形式出现，涉及内容广泛，涵盖科学技术、卫生、检疫、安全、环保、产品质量和认证等诸多技术性指标体系。由于其大量地以技术面目出现，因此常常会披上合法的外衣，如果对其运用不当便会形成不必要的国际贸易障碍。技术性贸易壁垒主要通过数量机制和价格机制影响进口国和出口国的经济效应。一般而言，技术性贸易壁垒大多由进口国设置，进口国一般基于保护国内产业和消除外部性。对于进口国而言，出于国内产业保护而设置的技术性贸易壁垒会造成国内社会福利无谓的损失，对于进口大国一部分损失会转嫁给出口国。

中国自2001年加入WTO以来，出口贸易一直受到国际技术贸易壁垒限制，发达国家企图利用这一极具隐蔽性的非关税壁垒来控制我国商品对其出口的数量。特别是国际金融危机后，发达国家为应对本国经济衰退，减少经济危机冲击，采用更多形式的技术性贸易壁垒遏制我国的出口贸易，主要贸易伙伴施行的各类技术性贸易措施所产生的技术壁垒已成为中国出口的主要障碍。由于中国制造对世界各国产生的冲击性影响，中国在农业、机电业和纺织业方面面临着众多的技术性贸易壁垒，与美国、欧洲和日本等主要贸易伙伴的技术性贸易争端更是屡见不鲜。这一方面增加了我国产品出口的难度，减少了我国产品在国际市场的份额；另一方面降低了我国出口产品的国际竞争力，对我国出口贸易的稳定快速发展产生了极大的不利影响。对此，中国政府和企业应积极采取措施，改变不利局面。从政府的角度来说，首先要加强对外交涉，积极参与国际标准化组织等标准制定机构的相关活动，实现从规则遵守者向规则制定者的转变；其次要重视对内协调，构建技术性贸易措施预警与多主体联动协调应对机制。从企业的角度来说，增强对 TBT 规则的认识和提高本企业产品质量双管齐下，才能更加从容地面对国际贸易中形式各样的技术性贸易壁垒。

参考文献

[1] 邴绍倩：《我国机电相关产品遭遇技术性贸易壁垒态势研究》，载于《中国经贸导刊》2012 年第 26 期。

[2] 蔡旺春、吴福象、刘琦：《研发补贴与中国高技术细分行业出口竞争力比较分析》，载于《产业经济研究》2018 年第 12 期。

[3] 柴华奇：《中国区域高技术产业技术创新效率测度研究》，载于《情报杂志》2010 年第 8 期。

[4] 陈超、姚利民：《制造业单位劳动成本的国际比较及其对出口与福利的影响》，载于《世界经济研究》2007 年第 6 期。

[5] 陈广猛：《中国和以色列双边经贸活动不对称的互补关系》，载于《对外经贸实务》2017 年第 9 期。

[6] 陈昊：《高新技术产品出口影响因素的实证分析——基于 14 个省际的数据》，载于《调研世界》2011 年第 3 期。

[7] 陈继勇：《中美高技术产品贸易失衡问题研究》，载于《湖北大学学报》（哲学社会科学版）2010 年第 2 期。

[8] 陈丽静：《技术创新、知识产权保护对中国进口商品结构的影响——基于 1986～2007 年时间序列数据的实证分析》，载于《国际贸易问题》2011 年第 5 期。

[9] 陈丽静：《知识产权保护、技术创新与贸易结构优化》，浙江大学学位论文，2012 年。

[10] 陈启斐、张为付、唐保庆：《本地服务要素供给与高技术产业出口——来自中国省际细分高技术行业的证据》，载于《中国工业经济》2017 年第 9 期。

[11] 陈晓娟、穆月英：《技术性贸易壁垒对中国农产品出口的影响研究——基于日本、美国、欧盟和韩国的实证研究》，载于《经济问题探索》2014 年第 1 期。

[12] 陈毅华、赖明勇：《中挪双边贸易结构和竞争互补性分析》，载于《财经理论与实践》2011 年第 5 期。

[13] 陈颖芳：《中日高新技术产品贸易竞争性与互补性研究》，载于价格月刊 2011 年第 5 期。

[14] 程慧：《英国出口管制进展与中英高新贸易》，载于《经济》2012 年第 12 期。

[15] 揣莉坤：《美国对华技术出口管制制度研究》，西南政法大学硕士学位论文，2009。

[16] 崔丕：《艾森豪威尔政府的东西方贸易管制政策》，载于《东北师大学报》(哲学)，1999 年第 2 期。

[17] 崔守军、梁书矾：《 中以关系的转型及其面临的挑战》，载于《现代国际关系》2018 年第 3 期。

[18] 邓峰：《美国对华贸易管制政策与日中贸易关系（1948～1958 年）》，载于《东北亚论坛》，2001 年第 3 期。

[19] 邓路：《研发投入、行业内 R&D 溢出与自主创新效率——基于中国高技术产业的面板数据（1999—2007)》，载于《财贸研究》2009 年第 5 期。

[20] 丁阳、金夷、王云飞：《国外技术性贸易壁垒对我国企业出口的影响》，载于《科技管理研究》2016 年第 9 期。

[21] 董斌昌、杨万平、牛思远、贺婕：《中日技术贸易壁垒对双边贸易的影响》，载于《管理学刊》2017 年第 3 期。

[22] 范柏乃：《我国高技术产品贸易发展与对策研究》，载于《同济大学学报》(社会科学版) 2002 年第 5 期。

[23] 方慧、赵甜：《中国企业对“一带一路”国家国际化经营方式研究——基于国家距离视角的考察》，载于《管理世界》2017 年第 7 期。

[24] 封荔：《中国对外技术贸易的现状、问题与竞争力提升策略》，载于《对外经贸实务》2018 第 3 期。

[25] 冯文娜：《高新技术企业研发投入与创新产出的关系研究》，载于《经济问题》2010 年第 9 期。

[26] 伏玉林、杜凯：《中国农产品市场开放与贸易政策——技术性贸易壁垒的视角》，载于《学术月刊》2012年第8期。

[27] 傅帅雄、罗来军：《技术差距促进国际贸易吗？——基于引力模型的实证研究》，载于《管理世界》2017年第2期。

[28] 傅素英：《我国高新技术产品出口特征及竞争力影响因素分析》，载于《宁波大学学报》(人文科学版) 2010年第4期。

[29] 宫旭平：《约翰逊政府时期美国的东西方贸易管制政策》，载于《吉林师范大学学报》(人文社会科学版) 2005年第4期。

[30] 顾学明：《中美高新技术产品贸易现状、问题及建议》，载于《国际贸易》2012年第9期。

[31] 郭又新：《杜鲁门政府的中日贸易管制政策》，载于《东北师大学报》(哲学社会科学版)，2003年第3期。

[32] 国家发展改革委监察局、高技术司考察团（金春田、徐彬、邵明朝、郑重、黄继龙)：《瑞典高技术产业发展及监管环境》，载于《宏观经济管理》2010年第2期。

[33] 韩立余：《美国外贸法》，法律出版社1999年版。

[34] 韩露：《法国出口管制与中法高技术合作展望》，载于《经济》2013年第1期。

[35] 洪明顺：《中国机电产品出口面临技术性贸易壁垒的问题研究》，载于《经济研究导刊》2013年第18期。

[36] 胡晓：《我国专利构成对我国出口商品结构影响分析》，载于《工业技术经济》2011年第6期。

[37] 黄军英：《美国对华技术出口管制政策走向分析》，载于《国际经济合作》，2009年第6期。

[38] 金学军：《进一步扩大中以双边投资的思考》，载于《观察探索》2014年第8期。

[39] 靳风：《美国出口管制体系概览》，载于《当代美国评论》2018年第2期。

[40] 李安方：《美国对华技术出口管制的效果评判与前景分析》，载于《国际

贸易问题》，2004 年第 7 期。

[41] 李琛：《丹麦对企业持续技术创新的政策引导及启示》，载于《当代经济》2014 年第 6 期。

[42] 李春顶：《技术性贸易壁垒对出口国的经济效应综合分析》，载于《国际贸易问题》2005 年第 7 期。

[43] 李鹏：《美国的对华技术出口管制及其原因》，外交学院硕士学位论文，2004 年。

[44] 李树、陈刚：《技术性贸易壁垒的经济效应分析》，载于《经济问题》2009 年第 5 期。

[45] 李硕：《国际技术性贸易壁垒的新态势及对我国的影响》，载于《经济纵横》2015 年第 12 期。

[46] 李志军：《美国对华出口管制与中美贸易逆差：实质与对策》，载于《世界科技研究与发展》，1999 年第 4 期。

[47] 林利民：《美国防部 1998 年度国防报告的新特点》，载于《现代国际关系》1998 年第 4 期。

[48] 林玲：《美中高新技术产品贸易逆差的原因探讨》，载于《商业时代》2007 年第 35 期。

[49] 刘冰、陈淑梅：《RCEP 框架下降低技术性贸易壁垒的经济效应研究——基于 GTAP 模型的实证分析》，载于《国际贸易问题》2014 年第 6 期。

[50] 刘建生、玄兆辉、吕永波、任远：《国际金融危机以来中国高技术产品的贸易结构特征》，载于《中国科技论坛》2018 年第 7 期。

[51] 刘娟：《知识产权保护对中国高技术产品进口的影响路径研究——基于三元边际的实证考察》，载于《现代财经——天津财经大学学报》2013 年第 2 期。

[52] 刘钧霆、曲丽娜、佟继英：《进口国知识产权保护对中国高技术产品出口贸易的影响——基于三元边际的分析》，载于《经济经纬》2018 年第 4 期。

[53] 刘俊：《中国机电产品出口遭受技术性贸易壁垒问题研究》，载于《现代经济信息》2016 年第 20 期。

[54] 刘美佳：《技术性贸易壁垒对我国纺织品出口的影响》，载于《合作经济

与科技》2016 年第 15 期。

[55] 刘威：《论中美高技术产品贸易失衡之“谜”》，载于《现代经济探讨》2009 年第 4 期。

[56] 刘伟：《中国技术创新影响因素的行业差异研究——以高技术产业为例》，载于《新疆财经大学学报》2009 年第 4 期。

[57] 刘雄：《贸易管制：一段不容忘却的历史》，载于《读书》2002 年第 8 期。

[58] 柳玉兵：《后配额时代中国纺织业应对国外技术性贸易壁垒的法律思考》，载于《世界贸易组织动态与研究》2007 年第 1 期。

[59] 陆娇：《发达国家技术出口管制政策对中国的影响与启示》，载于《科学》2015 年第 6 期。

[60] 罗来军、罗雨泽、刘畅：《基于引力模型重新推导的双边国际贸易检验》，载于《世界经济》2014 年第 12 期。

[61] 罗小明、王岚：《技术性贸易壁垒内涵辩正》，载于《现代财经（天津财经大学学报）》2007 年第 11 期。

[62] 马丹、许少强：《中国国际竞争力的历史变迁与冲击来源——来自“制造业单位劳动成本指数测算的人民币实际有效汇率”的证据》，载于《国际金融研究》2006 年第 1 期。

[63] 明洁：《科技创新对江苏省高新技术产品出口竞争力影响分析》，载于《科技管理研究》2015 年第 4 期。

[64] 庞磊：《高新技术行业产业内贸易状况分析与指数测度》，载于《统计与决策》2018 年第 19 期。

[65] 彭爽：《论美国的出口管制体制》，载于《经济资料译丛》2015 年第 2 期。

[66] 彭中文：《我国高新技术 R&D 投资与其产品国际竞争力研究》，载于《统计与决策》2006 年第 7 期。

[67] 祁欣：《出口管制系列之四 德国出口管制及中德高科技合作走向》，载于《经济》2012 年第 7 期。

[68] 祁欣：《中芬经贸投资合作前景探析》，载于《国际经济合作》2012 年第 6 期。

[69] 齐俊妍：《IPR 对中国高新技术产品出口竞争力的影响分析》，载于《管理理论与实践》2015 年第 1 期。

[70] 齐俊妍：《金融发展与高新技术产品出口关系研究——基于中国各地区的面板数据分析》，载于《经济经纬》2010 年第 4 期。

[71] 邱立成、康茂楠、刘灿雷：《外资进入、技术距离与企业研发创新》，载于《国际贸易问题》2017 年第 9 期。

[72] 沈国兵：《知识产权保护与中国外贸发展：以高技术产品进口贸易为例》，载于《南开经济研究》2010 年第 3 期。

[73] 石光：《典型国家高技术产业发展的主要特征及启示》，载于《重庆理工大学学报》（社会科学）2018 年第 2 期。

[74] 石其宝：《日本政府对华出口管制政策评析》，载于《东北亚论坛》2010 年第 2 期。

[75] 宋欣：《中欧贸易的技术贸易壁垒及应对策略》，载于《世界经济情况》2006 年第 5 期。

[76] 孙建：《技术引进与自主创新：替代或互补》，载于《科学学研究》2009 年第 1 期。

[77] 孙莹、李二青：《中国—东盟高技术产品产业内贸易问题研究》，载于《首都经贸大学学报》2017 年第 7 期。

[78] 汤碧：《中日韩高技术产品出口贸易技术特征和演进趋势研究——基于出口复杂度的实证研究》，载于《财贸经济》2012 年第 10 期。

[79] 涂竞：《中国高新技术产品贸易发展现状、形势与政策建议》，载于《国际贸易》2012 年第 6 期。

[80] 汪文卿、刘晓锋：《中国与挪威双边经贸关系发展潜力分析》，载于《国际经贸探索》2014 年第 11 期。

[81] 王海燕、梁洪力：《挪威创新系统的特征与启示》，载于《中国国情国力》2014 年第 5 期。

[82] 王玲：《日本实行重大技术出口审查机制综述》，载于《全球科技经济瞭望》2011 年第 12 期。

[83] 王庆喜、王巧娜、徐维祥：《我国高技术产业省际知识溢出：基于地理和技术邻近的分析》，载于《经济地理》2013 年第 5 期。

[84] 王伟光：《技术引进、自主创新与技术效率——基于技术能力与技术效率的系统动力学研究》，载于《辽宁大学学报：哲学社会科学版》2015 年第 5 期。

[85] 王燕武、李文溥、李晓静：《基于单位劳动力成本的中国制造业国际竞争力研究》，载于《统计研究》2011 年第 10 期。

[86] 魏浩、郭也：《中国制造业单位劳动力成本及其国际比较研究》，载于《统计研究》2013 年第 8 期。

[87] 魏浩：《知识产权保护强度与中国的高新技术产品进口》，载于《数量经济技术经济研究》2016 年第 12 期。

[88] 伍穗龙：《技术性贸易壁垒最新态势与我国的应对策略》，载于《中国流通经济》2016 年第 3 期。

[89] 线凤阳：《浅谈中以经贸关系及其前景》，载于《国际研究参考》2018 年第 10 期。

[90] 肖黎明：《技术引进对企业自主创新的影响分析》，载于《江西社会科学》2014 年第 7 期。

[91] 邢源源：《美国对华贸易技术壁垒的政治经济学分析》，载于《国际商务》（对外经济贸易大学学报）2007 年第 1 期。

[92] 徐光耀：《高技术产品贸易特征及科技政策启示——基于 2012 年数据的分析》，载于《中国科技论坛》2014 年第 1 期。

[93] 徐光耀：《全球国家创新能力评价差异分析——兼论中国创新的位置》，载于《科学管理研究》2014 年第 3 期。

[94] 许陈生：《我国知识产权保护与高技术产品进口》，载于《国际商务》（对外经济贸易大学学报）2012 年第 6 期。

[95] 许和连：《知识产权政策的进口贸易效应：扩张或垄断？——基于中国高技术产品进口贸易的实证研究》，载于《财经研究》2011 年第 1 期。

[96] 许婧：《中国高新技术产品贸易的现状、问题及对策》，载于《北方经贸》2007 年第 1 期。

[97] 许平：《美国出口管制体系改革进展》，载于《中国航天》2011年第2期。

[98] 闫逢柱：《中美高新技术产品贸易互补性实证研究》，载于《商业经济与管理》2009年第8期。

[99] 晏聪：《追随美国日本对华执行严格出口管制》，载于《经济》2012年第11期。

[100] 杨波：《技术性贸易壁垒成因：博弈与实证分析》，载于《世界经济研究》2007年第10期。

[101] 杨波：《中国R&D投入与高新技术产品出口的相关性分析》，载于《科学管理研究》2006年第4期。

[102] 杨朝峰：《区域创新能力与经济收敛实证研究》，载于《中国软科学》2015年第1期。

[103] 杨晨、王海鹏、韩庆潇：《基于SNA方法的国际服务贸易网络结构特征及其影响因素识别——来自亚太地区的经验证据》，载于《国际商务》（对外经济贸易大学学报）2017年第6期。

[104] 杨宁：《英国技术出口管制体系对我国开展国际科技合作的启示》，载于《中国高校科技》2016年第1期。

[105] 杨森然：《技术性贸易壁垒对我国外贸发展的影响及对策》，载于《知识经济》2018年第3期。

[106] 杨仕辉：《美中高技术产品贸易逆差的特点与原因分析》，载于《湖北经济学院学报》2006年第2期。

[107] 杨益民：《美国对华技术出口管制与中美贸易不平衡问题》，载于《今日科技》2004年第2期。

[108] 余长林：《知识产权保护与我国的进口贸易增长：基于扩展贸易引力模型的经验分析》，载于《管理世界》2011年第6期。

[109] 张波、刘枕岳：《基于美国出口管制视角的中美贸易失衡问题研究》，载于《对外经贸》2009年第3期。

[110] 张继民：《美国对华贸易政策的决定——政治经济视角下的均衡》，复旦大学出版社2009年版。

[111] 张仁开：《当代国际技术贸易发展的新态势与新格局》，载于《对外经贸实务》2004 年第 10 期。

[112] 张威：《中国高新技术产品贸易发展现状、形势与展望》，载于《国际贸易》2011 年第 9 期。

[113] 张永成：《开放条件下企业自主创新与技术引进的关系研究》，载于《科技管理研究》2009 年第 10 期。

[114] 赵琳：《我国高技术产业技术创新效率的测度及动态演化分析——基于因子分析定权法的分析》，载于《科技进步与对策》2011 年第 11 期。

[115] 赵永宁：《中国国际技术贸易的问题及对策研究》，载于《云南财经大学学报》2003 年第 5 期。

[116] 郑明贵：《知识产权保护对我国外贸出口的影响分析》，载于《江西理工大学学报》2009 年第 4 期。

[117] 钟建军：《中国高技术产品出口真的超过日本了吗——基于三元边际分解的实证分析》，载于《国际贸易问题》2016 年第 11 期。

[118] 周菲、王宁：《芬兰发展战略性新兴产业的经验与启示》，载于《对外经贸实务》2010 年第 2 期。

[119] 朱启荣：《技术贸易壁垒问题的政治经济学分析》，载于《世界经济研究》2003 年第 9 期。

[120] 朱玉春、种胜兵：《我国农产品遭遇他国技术贸易壁垒的实证分析》，载于《国际贸易问题》2007 年第 1 期。

[121] Akanbi, O. A., Jordaan, A. C., "The Recardian theory of comparative advantage between South Africa and the USA in the manufacturing sector", *Journal for Studies in Economics & Econometrics*, 2008, 32 (2).

[122] Balassa, B., "An Empirical Demonstration of Classical Comparative Cost Theory", *Review of Economics & Statistics*, 1963, 45 (3): 231-238.

[123] Carlin, W., Glyn, A., Reenen, J. V., "Export Market Performance of OECD Countries: An Empirical Examination of the Role of Cost Competitiveness", *Economic Journal*, 2001, 111 (468): 128-162.

[124] Costinot, A., Donaldson, D., Komunjer, I., "What Goods Do Countries Trade? A Quantitative Exploration of Ricardo's Ideas", *Nber Working Papers*, 2010, 79 (16262): 581—608 (28).

[125] Edwards, L., Golub, S. S., "South Africa's International Cost Competitiveness and Exports in Manufacturing", *World Development*, 2004, 32 (8): 1323—1339.

[126] Edwards, L., Golub, S. S., "South Africa's International Cost Competitiveness and Exports in Manufacturing", *World Development*, 2004, 32 (8): 1323—1339.

[127] Elsevier, International comparative performance of the UK research base 2016. http: //elsevier. com/research-intelligence/research-initiatives/BEIS2016, 2016; https: //www. gov. uk/government/publications/industrial-strategy-building-a-britain-fit-for-the-future, 2017.

[128] Filippini, C., Molini, V., "The determinants of East Asian trade flows: a gravity equation approach", *Journal of Asian Economics*, 2004, 14 (5): 695—711.

[129] Jaffe, A. B., "Technological Opportunity and Spillovers of R & D: Evidence from Firms' Patents, Profits, and Market Value", *American EconomicReview*, 1986, 76 (5): 984—1001.

[130] James, A. Henderson, J. R. and Aaron D. Twerski, 1999, What Europe, Japan, and Other Countries Can Learn from the New American Restatement of Products Liability.

[131] Macdougall, D., "British and American exports: a study suggested by the theory of comparative costs", *Economic Journal*, 1951, 61 (244): 697—724.

[132] Schwab, K., The Global Competitiveness Report 2018. World Economic Forum, http: //reports. weforum. org/global-competitiveness-report-2018/?doing_wp_cron=1557305190. 1129050254821777343750, 2018.

[133] Stein, N. V., Sick, N., Leker, J., "How to measure technological

distance in collaborations? The case of electric mobility", *echnological Forecasting & Social Change*, 2015, 97: 154—167.

［134］ Stern, R. M, "British and American productivity and comparative costs in international trade ", *Oxford Economic Papers*, 1962, 14 (3): 275—296.

［135］ UK Department for Business, Energy & Industrial Strategy. Industrial Strategy: Building a Britain Fit for the Future.

［136］ UK Department for International Trade. Trade and investment core statistics book, https://www.gov.uk/government/statistics/trade-and-investment-core-statistics-book, 2019.

后　记

加快推动技术贸易发展，是优化我国对外贸易结构，实现我国对外贸易高质量发展的重要方式。正是基于以上考虑，我们选择了技术贸易作为本年度报告的主题。本报告是作者及北京师范大学创新与全球化研究中心研究团队在这一领域长期研究的重要成果，也是北京师范大学“双一流”学科建设综合专项的阶段性成果。

本报告是集体智慧的结晶，在课题主持人的组织下，研究团队从题目拟订、研究框架，到具体研究思路、撰写内容、关键概念界定、数据采集和统计分析，经过多次的深入研讨。研究团队由北京师范大学经济与工商管理学院曲如晓教授、科技部中国科学技术交流中心杨修副研究员构成，参加写作的还有曾燕萍、刘霞、李雪、李婧、肖蒙、邓颖、王叶、臧睿、张旭、高利、楼月聪等博士和硕士。

全报告由曲如晓教授负责通稿、修改和定稿，杨修、李雪负责排版和校对。在研究过程中，研究团队及时对书稿中存在的问题进行深入研讨与修改，为本报告的完成贡献了智慧与思想，在此向所有参与人员表示衷心的感谢。

北京师范大学经济与工商管理学院、创新与全球化研究中心对本书给予了大力支持，经济科学出版社赵蕾女士对本书的出版给予了高度关注并付出了辛勤劳动，在此致以诚挚的谢意。

由于时间仓促和水平有限，本书难免存在错漏与不足，恳请广大读者批评指正。

曲如晓
2019 年 4 月

图书在版编目（CIP）数据

中国对外贸易发展报告．技术贸易篇/曲如晓，杨修，刘霞著．—北京：经济科学出版社，2019.8

ISBN 978-7-5218-0790-5

Ⅰ.①中… Ⅱ.①曲…②杨…③刘… Ⅲ.①对外贸易-可持续性发展-研究报告-中国 Ⅳ.①F752

中国版本图书馆CIP数据核字（2019）第183253号

责任编辑：齐伟娜 赵 蕾
责任校对：王肖楠
责任印制：李 鹏

中国对外贸易发展报告
——技术贸易篇
曲如晓 杨 修 刘 霞/著
经济科学出版社出版、发行 新华书店经销
社址：北京市海淀区阜成路甲28号 邮编：100142
总编部电话：010－88191217 发行部电话：010－88191540
网址：www.esp.com.cn
电子邮件：esp@esp.com.cn
天猫网店：经济科学出版社旗舰店
网址：http://jjkxcbs.tmall.com
北京季蜂印刷有限公司印装
787×1092 16开 18.75印张 290000字
2019年10月第1版 2019年10月第1次印刷
ISBN 978－7－5218－0790－5 定价：75.00元
（图书出现印装问题，本社负责调换。电话：010－88191510）